Bei uns in Charlottenburg

Bei uns in Charlottenburg

Geschichte in Geschichten

erzählt von
Klaus Kordon

Stapp Verlag

In Zusammenarbeit mit dem
Bezirksamt Charlottenburg von Berlin
– Abteilung Volksbildung –

Umschlagbild: Schloß Charlottenburg, © Fabrizio Bensch, Berlin

ISBN 3 87776 059 7

Satz und Gestaltung: Buchwerbung in Berlin GmbH
Druck: Color-Druck Dorfi GmbH, Berlin
Bindung: Stein Industriebuchbinderei, Berlin

Inhaltsverzeichnis

Wie alles anfing

Lusze, Lutze, Lütze

In Charlottenburg und drum herum

Der Wassermann vom Lietzensee

Der ungetreue Prinz

Eine »schöne« Wilhelmine

Napoleon kommt – Napoleon geht

Freiheiten und andere »Gemeinheiten«

Im grünen Charlottenburg

Wir werden immer größer

Der Stadtbezirk Charlottenburg

Dunkle Jahre

Die West-Berliner City

Wie alles anfing

Charlottenburg liegt zwischen Reinickendorf und Wilmersdorf, Tiergarten und Spandau, Wedding und Schöneberg. Da lag es schon immer, und da soll es liegenbleiben. Aber natürlich war es nicht immer das Charlottenburg mit dem berühmten Schloß, dem Funkturm und der Gedächtniskirche. Es war nicht mal nur ein kleines Nest in der Nähe eines anderen kleinen Nestes (Berlin!), es war – ganz früher – nichts weiter als ein karger Landstrich mit viel Sand, ein paar Seen, ein paar Sümpfen, jeder Menge großer Steine – und keinen Menschen.

Findlinge finden

Woher diese Steine kamen? Aus den norwegischen Felsengebirgen. Vor ungefähr einer halben Million Jahren herrschte in Europa noch tropisches Klima, das sich im Verlaufe vieler Jahre immer weiter abkühlte. Irgendwann konnte dann der Schnee in den norwegischen Gebirgen nicht mehr abschmelzen und erstarrte zu Eis. Die Eisdecke dehnte sich aus und schob sich – 500 bis 1000 Meter hoch! – millimeterweise immer weiter nach Süden. Und dabei führten diese Eisgletscher all den Sand, das Geröll und die Steine mit, die noch heute ganz Norddeutschland bedecken.

Wir nennen diese Zeit »Eiszeit« und vermuten, daß sie 500.000 Jahre andauerte. Es können aber auch hunderttausend Jahre weniger gewesen sein, so genau wissen wir das nicht. Danach wurde es dann allmählich wieder wärmer, das Eis begann zu tauen, und das Schmelzwasser floß in gewaltigen Strömen nach Nordwesten ab. Riesige Täler – Urstromtäler genannt – bildeten sich und hinterließen uns als Reste aus dieser Zeit die vielen Berliner Seen, um die uns heute so viele beneiden.

Erst vor 20.000 Jahren war die Eiszeit beendet, weitere 10.000 Jahre später streiften die ersten Menschen durch unsere Gegend: Jäger und Sammler, die nirgendwo lange blieben. Erst vor etwa neuntausend Jahren begannen die Menschen langsam seßhaft zu werden; meistens ließen sie sich an Flüssen oder Seen nieder. Und natürlich wunderten sie sich über die vielen riesigen Steine, die sie überall vorfanden. Weil sie sich aber nicht richtig erklären konnten, woher diese Gesteinsbrocken kamen, glaubten sie an Hexen- oder Teufelsspuk. Viele alte Sagen entstanden um die »Findlinge«, die wir heute noch so nennen, weil sie eben »gefunden« worden sind.

Einer dieser Findlinge liegt auf dem Schulhof zwischen Leistikowstraße und Kastanienallee. »Dieser Stein wurde 1909 beim Bau der Schule gefunden«, ist darauf eingemeißelt worden. Ein noch größerer liegt am Lietzensee. Aber Findlinge kann man auch sonst überall finden. Sie gehören zur Mark Brandenburg wie der Sand und die Kiefern, die Flüsse und Seen, die Spree und die Havel.

Mammute in der Masurenallee

Genauer gesagt gab es nicht nur eine Eiszeit, sondern gleich drei, weil es innerhalb der vier- bis fünfhunderttausend Jahre, die die Eiszeit andauerte, immer mal wieder für längere Zeit ein bißchen wärmer wurde. Schon vor Beginn der letzten Vereisung (etwa 170.000 bis 50.000 v. Chr.) aber lebten auf dem Gebiet des heutigen Berlin jede Menge Tiere. Darunter Nashörner, Hirsche, Wildpferde, Bären, Elche, Wölfe – und Mammute! Bei Ausschachtungsarbeiten wurden immer wieder Knochen von ihnen gefunden, so auch bei Bauarbeiten nicht weit vom Funkhaus Masurenallee.

Erst glaubte man, der riesige Beckenknochen sei vielleicht zufällig hierhergekommen. Dann untersuchte man die Erde rund um die Knochenfundstelle und stellte fest, daß sie reich an Tierfett war. Das war der Beweis: Das Mammut hatte wirklich hier gelebt, war also ein echtes »Charlottenburger« Mammut. Und da auch in anderen Stadtteilen entsprechende Funde gemacht wurden, kann mit Fug und Recht angenommen werden, daß in und um Berlin früher viele Mammute lebten. Kein Grund, stolz zu sein, aber interessant zu wissen ist es schon.

Die ersten Charlottenburger

Es gibt Anzeichen dafür, daß jene Jäger und Sammler, die vor ungefähr zehntausend Jahren durch das Berliner Gebiet streiften, zwar die ersten, aber nicht die allerersten Menschen im Berliner Raum waren. Fundstücke aus Feuerstein, Mammutrippen und Riesenhirschknochen, die Spuren einer Bearbeitung tragen, verraten uns, daß schon vor etwa 55.000 Jahren – in einer der sogenannten Zwischeneiszeiten – in unserer Gegend Menschen gelebt haben müssen. Mehr allerdings ist uns von ihnen nicht überliefert, deshalb können wir über jene »allerersten Charlottenburger« nicht viel berichten. Die Jäger und Sammler jedoch, die später »nach Berlin« kamen, haben uns viel über sich verraten. Wir wissen, wie sie lebten, sich kleideten und arbeiteten; wissen, wie sie aßen und welche Götter sie anbeteten! Wir kennen ihre Werkzeuge und Waffen, die sie aus Knochen, Holz oder Steinen anfertigten, und ihre Jagdmethoden. Ausgrabungen und Grabfunde haben uns alles über sie verraten. Und da in manchen Sümpfen so guterhaltene Leichen gefunden wurden, daß sogar noch ihre Kleidung erkennbar war, wissen wir auch, womit sie sich schmückten.

Jene Zeit, in der die Menschen ihre Waffen und Werkzeuge aus Steinen – zumeist aus Feuerstein – anfertigten, nennen wir die Steinzeit. Und obwohl es erstaunlich ist, was unsere Vorfahren alles aus Stein anfertigten, waren jene Waffen und Werkzeuge noch sehr unvollkommen. 2000 Jahre v. Chr. änderte sich das: Die Menschen hatten entdeckt, daß man aus einer Mischung aus weichem Zinn und weichem Kupfer Bronze herstellen konnte. Seither gossen und schmiedeten sie alle Waffen, Geräte und auch ihren Schmuck aus diesem Metall – die Steinzeit war der Bronzezeit gewichen.

Im Garten des Herrn von Siemens

Natürlich waren es nicht nur pfiffige Frühberliner oder Urcharlottenburger, die jene bedeutsame Entdeckung machten. Überall in Europa und Asien begann man mit Bronze zu arbeiten. Tatsache aber ist, daß man im Berliner Raum besonders viele Spuren aus der Bronzezeit fand – eine davon in der heutigen Otto- Suhr-Allee.

Die Otto-Suhr-Allee hieß früher Berliner Straße, weil sie nach Berlin führte, zu dem Charlottenburg damals ja noch nicht gehörte. Eines der schönsten Gebäude in dieser von vielen alten Lindenbäumen gesäumten Straße war in jener Zeit das Haus des Firmengründers Werner von Siemens. Alte Eichen, Kiefern und Buchen standen in seinem großen Garten und auch ein paar Birken. 1881 nun wollte Werner von Siemens auch ein paar Gemüsebeete anlegen lassen –und dabei stieß der Gärtner auf ein Urnenfeld aus der Vorzeit. Man ließ den berühmten Professor Virchow holen, nach dem heute das Rudolf-Virchow-Krankenhaus benannt ist, der untersuchte das Urnenfeld und beschrieb den Fund folgendermaßen:

»Die Urnen waren mit Steinen umgeben und bedeckt. Die größeren waren leider meist zerbrochen. Von den kleineren Gefäßen waren jedoch einzelne gut erhalten. Irgendwelche äußeren Anzeichen der Grabstellen, z. B. Erhöhungen, Steinsetzungen oder dergleichen, waren nicht vorhanden. Die Urnen waren einfach in den losen Sand gesetzt. Eine größere Anzahl war mit einfachen oder geschlagenen Steinen umsetzt, ohne daß jedoch eigentliche Kammern oder Kästen gemacht waren. Nur war in der Regel jede größere Urne mit einem platten Stein, meist aus rötlichem Sandstein bedeckt. Noch häufiger standen sie auf einem solchen. Die Gräber schienen in langen Reihen angeordnet zu sein. Es mögen wohl über 100 über die Fläche verteilt gewesen sein. In den Urnen befanden sich gebrannte und zerschlagene Menschenknochen mit Sand vermischt. Als Beigaben waren in kleineren Töpfen und Näpfen kleinere Bronzesachen, namentlich Ringe und Nadeln. An einzelnen Stellen fand sich auch Holzkohle, zum Teil in größeren Stücken. An einem Punkt war eine größere mit Steinen gepflasterte und mit Kohlen bedeckte Fläche, die mit großen Findlingen umgeben war. Es handelte sich dabei um eine alte Feuerstelle. In den Urnen ließ sich außer Asche und Knochenresten nichts Besonderes wahrnehmen. Die Gefäße waren auffallend einfach. Sie waren sämtlich mit der Hand geformt. Zum Teil waren sie recht unregelmäßig. Obwohl sie mit einer Flüssigkeit geglättet waren, war die Oberfläche uneben. Ihre Farbe war durchweg eine graugelbe oder bräunliche, wie sie durch einfachen Brand entsteht. Die Gefäße haben Buckel und eingedrückte Furchen. Sowohl größere als auch kleinere Gefäße haben Henkel oder doch Ösen mit querer Durchbohrung. Die topfartigen haben einen flachen, meist engen Boden und einen abgesetzten, gut entwickelten Hals, so daß zum Teil recht schöne Formen dabei waren.«

Auch an anderen Stellen wurden Urnen oder Werkzeuge aus der Bronzezeit gefunden. So in einem Garten an der Marchstraße und beim Aufstellen von Turngeräten im Schulhof in der Cauerstraße, auf dem Platz Alt-Lietzow, beim Bau des Schlosses und an den Ufern des Lietzensees. Einige davon werden im Museum für Vor- und Frühgeschichte aufbewahrt; wer will, kann sie sich ansehen.

In der Folgezeit wechselte die Bevölkerung im Berliner Raum ständig. Gegen Ende der Bronzezeit (etwa 700 v. Chr.) wurde es nämlich wieder ein wenig kühler und feuchter in »Berlin«. Für den Wald war das gut, der breitete sich aus, die Siedler aber zogen fort, und benachbarte Germanen drangen ein. Die Germanen mieden das hochwassergefährdete Urstromtal, siedelten statt dessen auf den erhöht liegenden Talsandflächen der Nebengewässer von Spree und Havel, erbauten Pfostenhäuser und züchteten Rinder und Schweine, Pferde, Schafe und Ziegen. Außerdem bauten sie Flachs an und stellten Leinwandtücher her.

Etwa 100 v. Chr. war das Havel-Spree-Mündungsgebiet dann wieder so dicht besiedelt, daß Forscher von einem Höhepunkt in der Bevölkerungsgeschichte und der wirtschaftlichen Entwicklung sprechen. Doch es blieb nicht so. Das »Berliner« Klima! Es verschlechterte sich wieder mal. Und dann kam es Mitte des 1. Jahrhunderts v. Chr. auch noch zu Spannungen zwischen den verschiedenen Germanenstämmen. Also zogen viele dieser »Frühberliner« von Spree und Havel wieder fort und siedelten sich an Main und Rhein an. Für einige Zeit war der Berliner Raum deshalb etwas weniger dicht besiedelt. Doch schon im Jahre 50 n. Chr. wanderte ein neuer Germanenstamm ein: die Semnonen! Die Siedlungen, die jetzt entstanden, aber hatten keine großen Ausdehnungen mehr. Nur Einzelgehöfte und kleine Gehöftgruppen aus Langhäusern, in denen Menschen und Tiere zusammenlebten, wurden gebaut. Dazu kamen Handwerkerhütten zum Spinnen und Weben, Vorratsgebäude und sogar einige Kalköfen und Eisenschmelzöfen – die erste »Berliner Industriehandlung« enstand!

Gegen Ende des 2. Jahrhunderts n. Chr. zogen große Stammesteile der Semnonen wieder fort, und ostgermanische Burgunden wanderten zu, die größere, vielgestaltigere Gehöfte bauten. Doch auch die Burgunden blieben nicht lange, »nur« etwa zweihundert Jahre. Ende des 4. Jahrhunderts n. Chr. kam es nämlich zur Völkerwanderung, da war ganz Europa »auf Achse« – und der Berliner Raum fast zweihundert Jahre lang so gut wie menschenleer. Das war für die Tier- und Pflanzenwelt sehr erholsam. Ein richtiges kleines Paradies muß »Berlin« damals gewesen sein. Schade, daß es keine Postkarten oder Filmaufzeichnungen davon gibt!

Ende des 6. Jahrhunderts kamen dann die Slawen nach Berlin – und blieben! Und im Lauf der Zeit bildeten sich zwei Stämme heraus: die

Heveller und die Sprewanen. Die Heveller lebten an der Havel (Brandenburg, Potsdam, Spandau, Zehlendorf, Wilmersdorf, Reinickendorf), die Sprewanen an der Spree (Köpenick, Treptow, Pankow, Lichtenberg). Ein zwanzig Kilometer breiter Waldgürtel trennte ihre Siedlungsgebiete voneinander –, und mitten in diesem Wald lag das damals noch nicht vorhandene »Charlottenburg«.

In der Innenstadt von Braunschweig steht neben dem Dom und der Burg Dankwarderode eine große Säule. Auf ihr steht seit fast 1000 Jahren ein majestätischer Löwe aus Bronze. Er soll an den deutschen König Heinrich den Löwen erinnern. Er hatte im Jahre 928 an der Elbe die Slawen besiegt und das Havelland erobert. 983 kam es in diesem Gebiet zum großen Aufstand der Slawen. Die Elbe wurde für lange Zeit wieder die Grenze zwischen »Ost und West«.

Der Deutsche Kaiser Lothar III. wollte sich damit nicht abfinden. Er bestellte den Askanierfürsten Albrecht den Bären aus dem thüringischen Ballenstedt zum Markgrafen der Nordmark. Sein Sohn und seine Enkel besiedelten dieses Gebiet, und sie gründeten Berlin.

Lusze, Lutze, Lütze

Im Jahre 1239 regierten die Enkel Albrecht des Bären, Johann I. und Otto III., als Markgrafen in der Mark Brandenburg. Die beiden Brüder wollten dem Nonnenkloster St. Marien ein Geschenk machen, und das beste Geschenk damals wie heute ist Land. Zu dem Stück Spandauer Land, das die beiden Markgrafen den Nonnen schenkten, aber gehörte auch der einsam gelegene Hof Lusze, der in der Fastenzeit dem Kloster Fische liefern mußte. Lusze ist eine wendische Bezeichnung und bedeutet nichts anderes als Sumpf oder Morast, denn allein davon war dieser Hof umgeben. Die tapferen Nonnen jedoch ließen es sich nicht verdrießen und faßten den kühnen Plan, um den Hof herum ein ganzes Dorf zu errichten und Felder anzulegen.

Der Treck der jungen Bauernsöhne

Zu jener Zeit lebte in einem Dorf am Niederrhein ein junger Bauernbursche, Peter Behrend hieß er. Als der sich eines Tages beim Schmied sein Pferd beschlagen lassen wollte, näherte sich in einer Staubwolke eine lange Reihe von Planwagen. Neugierig sah der junge Mann den Fremden entgegen und erkannte bald einen der üblichen Kaufmannszüge, die häufig durch das Dorf fuhren.

Die Wagen machten halt, ein Mann sprang vom ersten Fahrzeug und bat den Schmied in einer fremd klingenden Sprache, einen locker gewordenen Reifen wieder zu befestigen. Der Schmied besah sich den Schaden und fing sofort mit der Arbeit an, während der Fremde ihm dabei zusah. »Ein Wunder, daß das Rad so lange gehalten hat«, erzählte er. »Wir haben eine beschwerliche Reise hinter uns und waren viele Wochen unterwegs.«

Der Schmied stellte ein paar Fragen, und der Fremde erzählte weiter: »Wir waren im Ostland, weit hinter der Elbe.«

»Ist dort wirklich noch Land zu haben?« wollte der Schmied wissen. »Es heißt, daß junge Bauernsöhne sich dort ansiedeln können.«

»So ist es«, sagte der Fremde. »Ich habe mit eigenen Augen gesehen, daß noch große Gebiete unbebaut sind. In Spandow will das Kloster St. Marien sogar ein ganzes Dorf gründen. Gesucht wird ein umsichtiger Mann, der junge Bauern mitbringt und das Dorf einrichtet. Er selbst erhält mehr Land als die anderen und wird Dorfschulze.«

Der Peter Behrend hatte aufmerksam zugehört. »Ich hätte schon Lust, ins Ostland zu ziehen und einen eigenen Hof zu erwerben«, meldete er sich zu Wort. »Da ich meines Vaters dritter Sohn bin, kann ich den Familienbesitz doch nicht erben und bleibe bei meinem ältesten Bruder Knecht. Anderen geht es genauso wie mir, hier reicht das Land längst nicht mehr für alle.«

Der Fremde sah den jungen Mann prüfend an. »Bist du nicht zu jung für eine so schwere Aufgabe?«

»Jung bin ich«, erwiderte der Peter Behrend stolz, »aber ich bin auch kräftig und traue mir vieles zu. Sagt mir nur, wie ich nach Spandow komme. Ich will erst mal allein dorthin, mich umsehen und hören, was man uns bietet.«

Dem Fremden gefiel der junge Bauer. »Gut«, sagte er. »Bei Neumond komme ich wieder durch euer Dorf. Wenn du willst, kannst du dich auf der Rückreise anschließen.«

Und ob der Peter Behrend wollte! Am Tag der Abreise stand er schon früh am Dorfeingang und sah dem Wagenzug ungeduldig entgegen. Seine Freunde waren mitgekommen, und auch seine Eltern gaben ihm das Geleit. Und natürlich weinte seine Mutter, die ihren Sohn nicht gern in die Fremde ziehen lassen wollte. Der Peter Behrend aber konnte es kaum noch erwarten, seine zukünftige Heimat kennenzulernen, und mußte sich sehr bald in Geduld fassen, denn die Reise dauerte mehrere Wochen. Nur mühsam kamen die schwerfälligen Wagen auf den sandigen Straßen vorwärts. Tiefe Wälder mußten durchfahren werden, und an den Furten der Flüsse gab es oft Aufenthalt.

Schließlich jedoch stand der Peter Behrend vor dem Amtmann des Klosters St. Marien in Spandow und brachte sein Anliegen vor. Und er machte einen guten Eindruck, denn was er sagte, war durchdacht. Man konnte ihm die Gründung und Führung eines neuen Dorfes wohl zutrauen. Der Amtmann legte ihm daher den Plan vor, nach dem das Dorf angelegt werden sollte. Der Peter Behrend aber wollte auch den Boden sehen und machte sich, von einem Klosterknecht begleitet, am nächsten Tag auf den Weg zum Hofe Lutze, wo das Dorf entstehen sollte. Danach kehrte er zufrieden ins Kloster zurück und schloß mit dem Amtmann den Vertrag ab.

Wieder in seinem Heimatdorf, versammelte der Peter Behrend alle jungen Bauernsöhne um sich. »Hört zu!« sagte er. »Weit im Osten liegen die Städte Berlin-Cölln und Spandow. Zwischen ihnen fließt die Spree, und an diesem Fluß liegt ganz einsam ein einzelner Hof mit Namen Lusze. Der soll aufgesiedelt werden. Ich habe mir die Gegend gründlich angesehen. Ringsum breiten sich feuchte Wiesen aus und große Wälder. Die Sumpfwiesen eignen sich nicht zum Ackerbau, aber durch Roden des Waldes können wir viel Ackerland gewinnen. Der Boden ist sandig und nicht so fruchtbar wie hier, doch mit Fleiß werden wir gute Ernten erzielen.«

Er rechnete seinen Freunden vor, welche Abgaben sie zu zahlen hätten und wie sie zukünftig leben würden, und sagte ihnen, daß er als Schulze das Dorf Lusze verwalten würde, was einige Vorteile und einen Nachteil mit sich brächte. Die Vorteile waren, daß er als Schulze abgabefrei leben durfte, mehr Wiesenrechte bekam und auch Anrecht auf den Mist aus dem Stall hatte. Der Nachteil: Im Kriegsfall mußte er mit einem seiner Pferde in den Krieg ziehen.

Die jungen Bauernsöhne überlegten nicht lange. Hier gab es für sie nicht viel zu verlieren; sie waren bereit, mit dem Peter Behrend in das unbekannte Ostland zu ziehen.

Schon bald brachen sie auf und kamen nach wochenlangen Reisen mit ihren Frauen und Kindern auf dem Hof Lusze an. Die Familien richteten sich ein, so gut es eben ging, und die jungen Männer gingen sofort an die Arbeit. Sie fällten Bäume, hieben die Stämme zurecht, und bereits nach kurzer Zeit standen die ersten Häuser und Ställe.

Der Priesterweg

Zweihundert Jahre lang arbeiteten die Luzser Bauern für das Kloster St. Marien. Sie rodeten und pflanzten, säten und ernteten und waren, obwohl sie trotz all ihrer Arbeit nicht reich wurden, zufrieden mit der neuen Heimat. Als der Peter Behrend starb, wurde sein Sohn Dorfschulze, und als der starb, dessen Sohn. Und immer so weiter. Und auch die Bauern vererbten ihre Höfe und gründeten neue, und das Dorf Lusze wuchs und wuchs und zahlte pünktlich seine Abgaben an das Spandauer Nonnenkloster. 1539 sollte sich das ändern:

1517 hatte der Doktor Martin Luther seine Thesen verkündet, seither wandten sich immer mehr Menschen dem neuen Glauben zu, wurden also evangelisch. Auch der Kurfürst Joachim II. Und mit dem Übertritt zum neuen Glauben befahl Joachim die Schließung aller katholischen Klöster. Anders als die meisten evangelischen Fürsten aber vertrieb er die Mönche und Nonnen nicht, sondern stellte ihnen frei, ob sie im Kloster bleiben wollten oder nicht. Viele der Männer und Frauen traten aus den Klöstern aus, andere blieben drin wohnen und erhielten ihren Lebensunterhalt nun von Joachim, dem aller Landbesitz der Klöster zugefallen war. Das bedeutete, daß die Lutzer Bauern – man schrieb den Namen des Dorfes nun Lutze anstatt Lusze – von sofort an dem Kurfürsten die Abgaben zu zahlen und ihm ihre Hand- und Spanndienste leisten mußten; einen großen Unterschied jedoch machte das für sie nicht.

Mit dem neuen Glauben bekam Lutze auch einen neuen Pfarrer. Da das Dorf aber viel zu arm war, als daß es einen eigenen Prediger hätte bezahlen können, mußte der Wilmersdorfer Pfarrer sonntags nach Lutze laufen, um dort den Gottesdienst abzuhalten. Und wenn ein Verstorbener bestattet wurde, ein Paar Hochzeit hielt oder ein Säugling getauft wurde, mußte er den Weg auch wochentags machen; was sicher kein Vergnügen für ihn war. In der Sommerhitze wirbelte der Staub hoch, bei Regen war der Weg verschlammt, und im Winter setzte dem Pfarrer die Kälte zu. Trotzdem versah er treu seinen Dienst; jeden Sonntag sahen ihn die Bauern einen Weg herankommen, den sie längst »Priesterweg« getauft hatten.

Diesen »Priesterweg« gibt es heute noch. Er führt von der Konstanzer über die Brandenburgische Straße in die Leibnizstraße – die noch um 1900 Priesterweg hieß, weil viele Jahre zuvor der Wilmersdorfer Pfarrer über diesen Weg zu seinen Lutzer Schäfchen geeilt war.

Die tapfere Anna

Im Dreißigjährigen Krieg (1618–1648) hatte auch das Dorf Lutze schwer zu leiden. Nur fünf Bauern und fünf Tagelöhner überlebten. Und die Bauern besaßen keine Kühe und Schweine mehr und die Tagelöhner keine einzige Ziege. Das Schlimmste aber war, daß sie kein Getreide mehr hatten, weder zum Brotbacken noch zur Saat. In ihrer Not lebten sie von Wurzeln und aßen Brot aus gemahlener Baumrinde. Und zu all dem Hunger und der Not kamen noch die Seuchen, vor allem die Pest; viele Menschen fielen ihr zum Opfer.

Als der Dreißigjährige Krieg in sein einundzwanzigtes Jahr ging, in der Nacht vom 28. zum 29. November 1638, setzte eine schwedische Reiterabteilung bei Lutze über die Spree und drang bis nach Wilmersdorf und Schöneberg vor, wo sie zweiunddreißig Pferde raubten. Wie die Schweden da gehaust haben, ist uns in einer Schilderung überliefert:

Heute nachmittag erschienen dreißig schwedische Reiter in unserem Ort und verbreiteten Furcht und Schrecken. Sie brachen das Rathaus gewaltsam auf und plünderten es ebenso wie den danebenliegenden Kramladen. Sie nahmen uns das letzte Stück Fleisch und den letzten Bissen Brot. Wer nicht in die Wälder geflüchtet war, wurde auf die qualvollste Weise gemartert oder niedergemetzelt.

In dieser Zeit spielt auch eine der bekanntesten Berliner Sagen, nämlich jene von dem berühmten Fußabdruck im Lutzer Dorfkirchlein. Sie geht so:

Im Dreißigjährigen Krieg wurde die Stadt Berlin lange Zeit von den Schweden belagert. Hunger und Not zogen ein, und die schwarze Fahne auf dem St. Georgen-Hospital zeigte an, daß die Pest ausgebrochen war. Kurfürst Georg Wilhelm war geflohen und hielt sich im fernen Königsberg auf, sein Minister Adam von Schwarzenberg sollte das Land verwalten und gegen die Feinde verteidigen. Doch der Minister lag mit seinen Söldnern in der Festung Spandau, hörte, sah und wußte nichts. Gern hätten die Berliner ihm Nachricht von ihrer bedrängten Lage gegeben und ihn um Hilfe gebeten, die wachsamen Schweden aber ließen niemand in die Stadt hinein und auch niemanden heraus.

Nun lebte zu jener Zeit in Berlin eine Nichte des Kurfürsten, die Prinzessin Anna Katharina. Die sah die Not und wollte helfen. Also schlüpfte sie eines Nachts durch die feindlichen Linien und lief auf das Dorf Lutze zu. Dort lebte damals ein alter Fischer namens Lietzmann. Sie klopfte bei dem Alten, den sie gut kannte, und ließ sich von ihm mit dem Kahn nach Spandau bringen.

Nach einer Stunde Kahnfahrt durch die dunkle Nacht gelangten die beiden endlich vor der Festung an, und Anna Katharina ließ sich sogleich zum Minister bringen. Der bewunderte ihren Mut und versprach ihr, gleich am Morgen Soldaten loszuschicken, die Berlin aus seiner Not befreien sollten. Freudig kehrte die Prinzessin zu dem alten Fischer zurück und ließ sich wieder heimwärts rudern.

Jetzt aber graute bereits der Morgen. Der alte Lietzmann ruderte mit voller Kraft, um zurück zu sein, bevor der helle Tag anbrach. Doch er schaffte es nicht, die Schweden entdeckten die beiden Wagemutigen und verfolgten sie in einem Kahn, den sie am Ufer losgemacht hatten. Rasch ruderte der alte Fischer in der Nähe eines Ziegelbrennofens an Land, holte schnell einige noch ungebrannte Lehmsteine und legte sie auf den sumpfigen Uferrand, damit die Prinzessin über die Steine hinweg ans Ufer eilen konnte. Das tat sie auch, und so entkamen die beiden ihren Verfolgern. Später aber kam der alte Fischer zurück und holte einen der frischen Lehmsteine, auf dem der Fuß der Prinzessin einen deutlichen Abdruck hinterlassen hatte, um ihn brennen zu lassen und danach zum Andenken an jene gefahrvolle Nacht in seiner Hütte aufzubewahren.

Als dann endlich wieder Frieden war, wurde die im Krieg zerstörte Lutzer Dorfkirche wieder aufgebaut und der Stein mit Anna Katharinas Fußabdruck unter der Kanzel eingemauert, um auf immer und ewig an die *trübe, schreckliche Zeit des Krieges zu erinnern*, wie der Wilmersdorfer Ortspfarrer damals sagte. Dreihundert Jahre später aber, im II. Weltkrieg, wurde das Lutzer Dorfkirchlein so schlimm zerstört, daß es nicht wieder aufgebaut werden konnte.

Als der Tiergarten noch ein Tiergarten war

Der Dreißigjährige Krieg hatte böse Verwüstungen angerichtet. Es dauerte lange, bis die Menschen und das Land sich von diesen schlimmen Jahren erholt hatten. Auch in Lutze. Irgendwann aber waren die niedergebrannten Höfe wieder aufgebaut, die Felder wurden neu bewirtschaftet, junges Vieh aufgezogen. Dreizehn Häuser waren es nun, die die kleine Kirche umstanden, alles stroh- und rohrgedeckte Fachwerkbauten mit Lehmwänden und Holzschornsteinen.

Einige Lutzer Bauern gaben sich zu jener Zeit auch mit Bienenzucht und Fischfang ab. Sogar Wein sollen sie angebaut haben. Den Honig jedoch benutzten sie nicht nur als Brotaufstrich, sondern auch zum Süßen der Speisen; die Herstellung von Zucker aus Zuckerrüben war ja zu jener Zeit noch nicht erfunden. Aus dem Bienenwachs goß man Kerzen, die in Kirchen und Schlössern sehr begehrt waren. Und wie immer, wenn kein Krieg ist, wechselten gute und schlechte Jahre einander ab. Den häufigsten Ärger bereitete den Lutzer Bauern jetzt wohl das

Wild, das aus dem nahe gelegenen Tiergarten kam und ihnen die Felder kahlfraß.

Damals lebten im Tiergarten wirklich noch Tiere, wie zum Beispiel Rehe, Büffel, Hirsche, und auch Auerhähne, die dort gehalten wurden, damit der Große Kurfürst was zu jagen hatte. Er kam dann immer mit seiner Meute vom Berliner Schloß über die Hundebrücke (heute Schloßbrücke) geritten.

Den Großen Kurfürsten nannte man jenen Friedrich Wilhelm (1640–1688), der heute als Reiterdenkmal vor dem Charlottenburger Schloß steht. Den Titel »Groß« erhielt er nach seinem Sieg über die Schweden 1675 bei Fehrbellin. Wirklich »groß« aber war er nicht als Feldherr, sondern als Staatsmann, der sein Land aufbaute und den Bewohnern das Gefühl von Sicherheit und Heimat gab. Unter seiner Regierung kam es zum Ausbau Berlins zur Garnisons- und Festungsstadt.

Der Große Kurfürst kann aber kein ungrechter Mann gewesen sein. Denn als die Lutzer Bauern sich bei ihm wegen des Wildschadens beschwerten, ließ er den gesamten Tiergarten mit einem Zaun umgeben und stellte auch noch extra einen Zaunsetzer ein, der den Zaun instand halten mußte, damit nirgendwo ein Tier durchschlüpfen konnte. (Wenn Hochwasser war, wurde der Zaunsetzer zum Fährmann; dann mußte er mit seiner Fähre Menschen und Tiere über die Spree bringen.) Auf diese Weise konnte das Wild aus dem Tiergarten nicht mehr auf die Lutzer Felder, und fortan hatten die Lutzer Bauern einen Kummer weniger.

Charlotte braucht ein Schloß

Nach dem Tode des Großen Kurfürsten regierte dessen Sohn Friedrich III. in Brandenburg. Friedrich war mit einer Welfenprinzessin namens Sophie Charlotte verheiratet; unserer Charlotte, denn dieser Charlotte aus Hannover verdankt Charlottenburg seinen Namen.

Die Kurfürsten wohnten damals alle im Berliner Schloß, das im II. Weltkrieg zerstört und leider nicht wieder aufgebaut wurde. Der »Palast der Republik« steht dort heute. Aber natürlich reichte den Fürsten ein einziges Schloß nicht. Sie brauchten nebenbei immer noch ein paar Jagd- und Sommerschlösser.

Sophie Charlotte hatte ein sehr schönes Sommerschloß in Caputh bei Potsdam, nahe am Schwielowsee. Ihr Mann, der Kurfürst, hatte es ihr geschenkt. Es lag ihr jedoch zu weit weg von Berlin, deshalb wünschte sie sich ein neues Sommerschloß näher an der Stadt. Sie wußte nur noch nicht wo. Da kam sie auf einem Jagdausflug an dem Dorf Lütze vorbei, wie Lutze nun hieß. Die schöne Gegend mit all den Wäldern und Feldern, der weiten Sicht und dem breiten Flußlauf gefiel Charlotte sofort. Kurz entschlossen bat sie ihren Mann, hier ihr Sommerschloß bauen zu dürfen. Das Schloß in Caputh sollte er dafür zurückerhalten. Der Kurfürst war einverstanden und schenkte seiner Frau im Tausch gegen den Besitz in Caputh die Gemeinde Lütze, die Vorwerke Ruhleben und Tiergarten, den Lietzensee und einige Grunewaldseen.

1694 wurde das für den Schloßpark und das Schloß bestimmte Gelände gerodet und mit der Anlage des Schloßparks begonnen. Ein Jahr später ging der Baumeister Nering daran, das Schloß zu bauen. Da er bald danach starb, vollendete der Baumeister Grünberg den Bau. Am 11. November 1699 dann, dem Geburtstag des Kurfürsten, konnte Sophie Charlotte ihr neues Schloß endlich in Besitz nehmen. Es wurde mit einem großen Fest eingeweiht und erhielt den Namen Lützenburg, später auch Lietzenburg genannt.

Über dieses Fest wird berichtet, daß es ein großes Feuerwerk gab und danach ein Ball stattfand. Im Jahr darauf wurde des Kurfürsten Geburtstag dann wiederum in Charlottenburg gefeiert, diesmal mit einem großen Maskenball.

Charlotte erschien als Frau eines Heilkundigen, der Kurfürst verkleidete sich als Matrose. Wieder ein Jahr später wurde hier die Krönung Friedrich III. zum König Friedrich I. gefeiert. Zu diesem Anlaß wurde in dem inzwischen ebenfalls erbauten kleinen Opernhaus eine italienische Oper aufgeführt. Nach dem anschließenden Festmahl fuhr der frisch gekrönte König nach Berlin zurück, weil er nur ungern spät schlafen ging; auf Schloß Lützenburg aber wurde weitergefeiert. Am folgenden Tag, so wird erzählt, bekämpfte der dreizehnjährige Kronprinz auf der Spree vor dem Schloß ein türkisches Seeräuberschiff und rettete das Schloß damit vor Plünderungen. (Kein Wunder, daß aus ihm später der »Soldatenkönig« wurde.) Abends wurde dann wieder ein Singspiel aufgeführt.

Auf Schloß Lützenburg war damals was los, würde man heute sagen. Ein richtiges Schloß aber war der nüchtern-strenge Bau zu jener Zeit noch lange nicht. Es gab noch keinen Wirtschafts- und auch keinen Kavaliersflügel, nur der Mittelbau des heutigen Schlosses war schon vorhanden. Trotzdem: Für die Lützer Bauern war Schloß Lützenburg ein Gewinn. So ein Schloß brauchte ja Bedienstete und Weizen, Fleisch,

Fische und vieles andere mehr. Also gab es was zu verdienen, und wohlhabend waren die Lützer Bauern nie. So manches Mal werden sie aber auch geschimpft haben auf die großen Leute, die ihnen ihre Ruhe nahmen. So ist es ja immer: Alles Gute ist nie beisammen.

Charlotte wird Königin

1701 wurde Friedrich III. König in Preußen und nannte sich von nun an Friedrich I. – als König war er ja der erste Friedrich. Und weil Friedrich nun König war, wurde Sophie Charlotte die erste Königin in Preußen. (Warum in und nicht von? Siehe S. 26)

Sophie Charlotte aber war nicht einfach nur »die Königin«, sie wurde bald nur noch »die philosophische Königin« genannt, weil sie für eine Königin ungewöhnlich starke geistige Interessen hatte. Schon immer hatte sie das Theater und die Musik, vor allem aber prächtige Feste geliebt, jetzt, als Königin, feierte sie nicht nur noch prächtiger, auch wichtige Impulse für die verschiedensten Künste und Geisteswissenschaften gingen von ihr aus.

Leider reichte der Raum im Schloß Lützenburg nicht aus, alle ihre Gäste zu beherbergen. Die kamen ja mit Gefolge, Pferden und Wagen. Und Bürgerhäuser gab es im Dorf Lütze nicht, sonst hätte man dort Quartier besorgen können. Die kluge Charlotte sah es deshalb gern, daß sich ihr Oberstallmeister in der Nähe des Schlosses ein eigenes Haus bauen wollte, und schenkte ihm das dafür notwendige Gelände. Und der berühmte schwedische Baumeister Eosander Göthe, nach dem die Eosanderstraße benannt wurde, entwarf den Bauplan für einen richtig schmucken Palast – und das wurde dieses »Häuschen« für den Oberstallmeister dann auch. Dem Palast gegenüber ließ Charlotte bald ein großes Gasthaus errichten. und der Gastwirt mußte sich verpflichten, Charlottes Gäste mitsamt Dienerschaft, Pferden und Wagen aufzunehmen. Dafür brauchte er keine Abgaben zu zahlen und seine Nachkommen auch nicht.

Auch sonst war Charlotte eine großzügige Frau. Ihren beiden türkischen Kammerdienern Aly und Hassan half sie ebenfalls, sich eigene Häuser zu bauen. Sie entließ ihnen einfach die Steuern für ihre Häuser, das regte den Unternehmungsgeist der beiden an. Anderen Baulustigen schenkte sie Grundstücke und dazu ebenfalls 15 Jahre Steuerfreiheit. Natürlich strömten auf diese Weise die Ansiedler nur so herbei. Eine ganze Allee von Bürgerhäusern entstand; sechzig Meter breit war sie und reichte vom Schloßhof bis an den Bach, der damals aus dem Lietzensee floß. Diese Allee erhielt den Namen Schloßstraße, so, wie sie auch heute noch heißt.

Und noch zwei berühmte Straßen haben wir der geselligen Charlotte zu verdanken: Weil nämlich die Verbindung vom Stadtschloß in Berlin nach Schloß Lützenburg nicht gerade die angenehmste war – die Wege durch den Tiergarten waren holprig und verschlungen –, bat sie ihren Gemahl Friedrich I., Abhilfe zu schaffen. Und der König erfüllte ihr auch diesen Wunsch und ließ die Straße Unter den Linden bis Lützenburg verlängern und sie mit sechshundert Laternen besetzen. Wenn Charlotte jetzt eines ihrer vielen Feste feierte, erleuchteten diese Laternen ihren beeindruckten Gästen den Weg.

Diese beiden Straßen heißen heute vom Brandenburger Tor bis zum Ernst-Reuter-Platz »Straße des 17. Juni« und vom Ernst-Reuter-Platz bis zum Schloß Charlottenburg »Otto-Suhr-Allee«.

Danke, Charlotte!

Charlotte vergrößert sich

Bürgerhäuser für die Unterkunft der Gäste waren fortan vorhanden, und die Zufahrtswege waren auch ordentlich hergerichtet, das Schloß Lützenburg aber war, wenn Charlotte es so recht bedachte, doch nur ein Schlößchen. Für eine Kurfürstin mochte es ja reichen, aber für eine Königin in Preußen?

Eosander wurde gerufen und mit dem Ausbau des Sommerschlosses beauftragt. Schloß Lützenburg sollte genauso schön, groß und prächtig werden wie die französischen Schlösser. Schließlich wollte man sich in Preußen hinter Frankreich nicht verstecken müssen. Und damit das auch klappte, schickte der König seinen Baumeister gleich 1701 nach Paris, damit er dort die entsprechenden Studien machen konnte. Nach seiner Rückkehr war Charlotte von Eosanders Entwürfen dann so begeistert, daß sie ihn sofort zum Berater in allen ihren Bauangelegenheiten machte.

Eosander plante, das Schloß nach Osten und Westen – also nach beiden Seiten hin – zu verlängern. An der Südseite wollte er außerdem zwei dreizehnfenstrige Flügel anbauen. Zwischen ihnen sollte ein großer Schloßhof entstehen, der vom Vorplatz (Luisenplatz) durch ein Eisengitter abgetrennt wurde. Am Eingang zum Schloßhof waren links und rechts je ein Schilderhäuschen für die Wachtposten vorgesehen. Als Schmuck sollten die Häuschen bronzene Fechter mit Schild und Schwert tragen. Im Westen wie im Osten wollte Eosander an das Schloß je ein Gewächshaus (Orangerie) anfügen, in deren Mitte ein Festsaal lag. Auf der vorspringenden Vorhalle des Mittelbaues plante er den Bau eines achteckigen Turmes. Er sollte mehr als doppelte Schloßhöhe haben und mit einer goldleuchtenden Glücksgöttin (Fortuna) geschmückt werden. So hoffte er, der Schloßstraße einen prächtigen Abschluß geben zu können.

Kein Wunder, daß Charlotte so begeistert war. Nur dauerte es natürlich eine Reihe von Jahren, bis aus dem Plan ein neues Schloß geworden war. Und leider reichte zum Schluß das Geld nicht mehr, weshalb von den geplanten Orangerien erst mal nur die westliche errichtet wurde.

Ein Aprilscherz?

Charlotte war gern in ihrem Sommerschloß und lud sich oft Besuch hierher ein. Der berühmte Philosoph Leibniz, mit dem sie sehr befreundet war, weilte häufig im Schloß Lützenburg. Viele Künstler kamen, vor allem Sänger, und natürlich kam auch Charlottes Familie aus Hannover hin und wieder angereist. Nur im Winter war es ruhig im Dorf Lütze und dessen Umgebung. Dann war Charlotte bei ihrer Mutter, der Kurfürstin Sophie, in Hannover. So auch im Jahre 1705. In diesem Jahr erkrankte die Königin während ihres Besuches an einem Halsleiden, an dem sie schon nach wenigen Tagen starb. Ihr Tod stimmte das ganze Land traurig, denn die großzügige, so voller Pläne steckende, gern Feste feiernde, musik- und theaterbesessene Charlotte war sehr beliebt gewesen im Volk. Und auch der König trauerte und gab seiner Frau zu Ehren Schloß Lützenburg einen neuen Namen: Charlottenburg.

Am 1. April 1705 verlieh Friedrich I. Charlottes Sommerschloß diesen Namen und verkündete gleichzeitig, daß die Stadt, die vor dem Schloß schon halb entstanden war, ab sofort ebenfalls Charlottenburg heißen sollte.

Warum Friedrich I. sich ausgerechnet einen 1. April ausgesucht hatte, den Lützern und Lützenburgern das zu verkünden, wissen wir nicht. Daß er seine Kanzlei in Cölln an der Spree am 5. April aufforderte, die Stadturkunde für Charlottenburg auszustellen, zeigt aber, daß er es ernst meinte. Allerdings hat die Stadt Charlottenburg diese Urkunde nie erhalten! Was einen wiederum nachdenklich stimmen könnte, wüßte man nicht, daß Schloß Charlottenburg von nun an Friedrich I. Hauptwohnsitz und er damit selbst zum Charlottenburger wurde.

Warum Friedrich I. sich nur König in und nicht König von Preußen nennen durfte? Weil Preußen sich aus West- und Ost-Preußen zusammensetzte und West-Preußen nicht Teil des deutschen Reiches war, sondern Teil Polens. Der Königs-Titel war auch an Preußen gebunden; das bedeutete: Friedrich I. und seine Nachfolger blieben in Brandenburg Kurfürsten. (Als brandenburgische Kurfürsten durften sie den deutschen Kaiser »küren«, also wählen). Dieser feine Unterschied zwischen König in Preußen, Kurfürst von Brandenburg wurde bald vergessen, und Friedrich und seine Nachfolger waren halt Könige und benahmen sich auch so.

In Charlottenburg und drum herum

Friedrich I. wurde aber auch seiner Sophie Charlotte gerecht. Zeit seines Lebens förderte er die Kunst und die Wissenschaft – und machte dafür viele Schulden. Auch Charlottes prachtvollem Feste hielt er am Leben. Der geistige Ruhm der Residenz Sophie Charlottes jedoch verblaßte unter ihm.

Stadt zu verkaufen

Erst mal aber machte Friedrich sich, nachdem er Charlottenburg zur Stadt erklärt hatte, zum 1. Bürgermeister dieser Stadt und bildete mit einigen Ratsherren zusammen den Magistrat. Der brauchte natürlich ein Rathaus. Also wurde das Haus des Oberstallmeisters gekauft, das Charlotte einst so gefördert hatte. Ein kleiner Turm mit Uhr und Glocke wurde draufgesetzt, und fertig war das Rathaus.

Und wie zuvor seine Frau verlockte nun auch der König viele Berliner mit großzügigen Angeboten dazu, in Charlottenburg zu bauen. Natürlich nicht so wie jeder wollte: Charlottenburg sollte ein einheitliches Aussehen erhalten! Dazu mußte der Schloßbaumeister Eosander einen Plan zeichnen, nach dem die Stadt angelegt werden sollte. Das tat der dann auch, und wie es seine Art war, sehr gründlich und ausführlich.

Maurer und Zimmerleute kamen – und viele Felder und Waldstücke mußten weichen. Die Häuser, die gebaut wurden, aber waren zum Großteil für einfache Leute bestimmt. Also waren sie klein, wurden häufig nur mit Stroh gedeckt und hatten hölzerne Schornsteine. Das war gefährlich, leicht konnte ein Brand ausbrechen. Darum mußten in jedem Haus ein lederner Eimer und eine Handspritze vorhanden sein.

Den Hofbeamten, die in Charlottenburg wohnen wollten, empfahl der König, ihr Haus an der Berliner Straße (Otto-Suhr-Allee) zu bauen. So wurde diese Straße bald zur Hauptstraße der Stadt. Sie war auch breiter als die anderen, mit Ausnahme der Schloßstraße.

In Charlottenburg Hausbesitzer zu werden, war auf den ersten Blick ziemlich einfach. Der König schenkte jedem Siedler außer dem Baugrund für das Haus ein Stück Acker, etwas Roggen zur Aussaat und so viel Wiese, daß zwei Pferde und eine Kuh gehalten werden konnten. Selbst das Bauholz durften sich die Siedler aus dem Wald holen, und zwar kostenlos! Trotzdem bauten nur wenige Siedler ihr Haus zu Ende. Zwar hatten alle mit Begeisterung das Bauholz zu schlagen begonnen, aber dann war der Eifer der meisten auch schon wieder verflogen. Jetzt erst erkannten sie, wie schwer die Arbeit war, die ihnen noch bevorstand. Erstens waren die Straßen für den Transport der schweren Hölzer und Baustoffe viel zu schlecht, zweitens mußte der Acker erst ausgerodet und urbar gemacht werden. Außerdem bildeten die Wiesen keinen sicheren Besitz, weil seit altersher die Wilmersdorfer und Dahlemer, ja sogar die Berliner, dort ihr Vieh hüteten. Ein solches Wiesengelände nannte man damals »Die Freiheit«, weil hier freie Hütung gestattet war. Dieses Recht wollten sich die älteren Nutznießer natürlich nicht nehmen lassen. So mußte das Stadtgericht einschreiten und den Händel schlichten. In der Zwischenzeit aber hatten viele Siedler längst aufgegeben, ließen das Bauholz verfaulen und suchten sich anderswo eine günstigere Stelle.

Handwerker hatten es auch nicht leichter, denn in der damaligen Zeit durften sie sich nicht einfach niederlassen, wo sie wollten. Es bestanden strenge Gesetze, die alle handwerklichen Tätigkeiten in Stadt und Land bis aufs kleinste regelten. Und die Innungen und Gewerke – so nannte man die Vereinigungen der Handwerker – achteten auf die genaue Befolgung dieser Gesetze. So war es zum Beispiel verboten, ohne Erlaubnis der Berliner Innung in einem Umkreis von einer Meile rings um die Stadt zu mauern oder zu zimmern. Die Berliner Innungen wollten diese Bauaufträge ganz allein erhalten. Als nun der Charlottenburger Stadtmaurer- und Zimmermeister Gottfried Müller, ohne erst lange zu fragen, seine Tätigkeit aufnahm, drohten die Berliner Maurer: »Wenn der Kerl nicht aufhört zu bauen, schlagen wir ihn lahm.«

Was sollten die Charlottenburger Handwerker da tun? Sie wandten sich an den König. Weil dem der Aufbau der Stadt am Herzen lag, erlaubte er ihnen, eigene Innungen zu gründen. Damit war die Sache geklärt, und die Berliner Handwerker hatten das Nachsehen.

Kaufläden gab es in Charlottenburg zu dieser Zeit noch nicht. Wenn die Hausfrauen einkaufen wollten, gingen sie zu den »Scharren«. Das waren hölzerne Buden, die am Weg zwischen dem Küchengarten des Schlosses und der Sumpfwiese standen. In den Scharren hielten die

Bäcker und Fleischer ihre Waren feil. So entstand die Scharrenstraße, die über den Kirchplatz hinwegführte, auf dem die neue Stadtkirche errichtet werden sollte. Heute heißt die Scharrenstraße nach dem ehemaligen Oberbürgermeister Charlottenburgs Schustehrusstraße.

Da Friedrich I. auch ein eifriger Jäger war, ließ er sich in Charlottenburg ein hübsches Jagdhaus errichten, das er den »Jägerhof« nannte. Es stand etwas abseits der Schloßstraße, von der aus die Jägerstraße (Wulfsheinstraße) hinführte. Das war aber nur eines der kleineren »Nebengeschäfte« dieses Königs, das meiste baute er natürlich in Berlin. Zahlreiche Prunkbauten, Schlösser, Lusthäuser und Kirchen prägten das Stadtbild der Residenzstadt zur damaligen Zeit. Leider fehlte Friedrich das Geld, um diese Bauten zu bezahlen. So machte er Schulden – als er starb, betrugen sie ungefähr 20 Millionen Taler. Das war damals noch viel mehr, als es sich heute anhört. Ein Witzbold klebte deshalb nach Friedrichs Tod ein Plakat an das Berliner Stadtschloß: »Dieses Schloß ist zu vermieten – und diese Residenz Berlin ist zu verkaufen.«

Das Charlottenburger Stadtwappen

Die Städte besaßen von altersher das Recht, eine Bürgerwehr zu unterhalten. Diese Truppe sollte die Stadt bei Kriegsgefahr und Unruhen schützen. Auch in Charlottenburg wurde eine solche städtische Bürgerwehr geschaffen; die Gewehre schenkte ihnen der König. Außerdem ließ er der Charlottenburger Bürgerwehr ein Schießhaus und einen Schießstand einrichten.

Bei feierlichen Anlässen führten die Bürgerwehren Fahnen mit sich, die aus schwerer, kostbarer Seide bestanden und reich bestickt waren. Auch die Charlottenburger Bürgerwehr wollte eine Fahne. Also stiftete Friedrich I. der Stadt Charlottenburg eine solche Fahne. Die zeigte damals schon das Wappen, das heute noch Charlottenburger Stadtwappen ist: Ein blaues Burgtor mit hochgezogenem Schießgatter, links und rechts von einem Turm mit rotem Dach begrenzt. Der eine Turm zeigt das Niedersachsenroß Hannovers, der Stammheimat der Königin Sophie Charlotte, der andere den preußischen Adler. Das Burgtor trägt ein rotes Dach mit zwei Fahnen, die eine ist weiß und schwarz, die andere weiß und rot aufgeteilt. Die schwarzweiße ist die Hausfahne der preußischen Könige, die rotweiße die Fahne Brandenburgs.

Pferde oder Soldaten

Friedrich I. war nicht immer so großzügig. Einmal, es war genau am 8. März 1708, zeigte er sich sogar ziemlich knauserig:

Dieser 8. März vor nun fast dreihundert Jahren war ein sehr schöner Frühlingstag. Seit einer Woche schon schien die Sonne, Spree und Lietzensee waren zum größten Teil eisfrei. Auch der Boden war bereits getaut und dampfte in der Sonne. Also günstiges Wetter für die Lützer Bauern, mit ihren Gespannen auf die Äcker zu fahren, um zu pflügen oder zu eggen. Mitten in ihrer Arbeit aber hörten sie auf einmal Kanonendonner. Erschrocken blickten sie auf und entdeckten eine Wolke Pulverqualm, die sich über die Rasenflächen des Schloßparks wälzte.

Was war passiert? Wer schoß an so einem friedlichen Tag mit Kanonen?

Als die Rauchschwaden sich endlich verzogen hatten, sahen die Lützer Bauern, daß es ihr König war. Friedrich I. Lustjacht lag vor dem Schloßpark auf der Spree. Er hatte sie sich in Holland bauen lassen – für 100.000 Taler! – und sie nach sich selbst »Friedrich« getauft. Das sollte zeigen, wie sehr er seine neue Jacht liebte. Nun wollte er alle an seiner Freude über die Neuerwerbung teilhaben lassen, deshalb der Kanonendonner, deshalb auch die vierundzwanzig bunt gekleideten Trompeter und Paukenschläger, die nun losschmetterten.

Während die Lützer Bauern noch staunten, saß Friedrich I. in allerbester Laune mit seinen Gästen in der mit kostbarem Samt ausgeschlagenen und reich mit Gold verzierten Kajüte und prostete ihnen zu. Bald aber verschlechterte sich seine Laune. Die Weiterfahrt nach Berlin verzögerte sich, weil sich der Wind gelegt hatte. Ohne Wind nützten der stolzen Jacht auch die allerschönsten Segel nichts. In Berlin jedoch wartete man bereits auf den König, um ihm und seiner neuen Jacht einen triumphalen Empfang zu bereiten.

Nun war es damals üblich, daß Schiffe auch vom Ufer aus durch Kanäle oder Flüsse gezogen wurden, und zwar von Pferden. Also ließ Friedrich I. die Lützer Bauern bitten, sie möchten doch ihre Pferde vor seine Jacht spannen. Die Lützer Bauern lehnten das ab. Sie seien gerade bei der Frühjahrsbestellung und könnten ihre Pferde nicht entbehren, erklärten sie. Nur wenn der König die Dienstleistung bezahle, wären sie bereit, ihm zu helfen.

Dieser Vorschlag machte den König wütend. Er, der doch gerade erst hunderttausend Taler Schulden gemacht hatte, sollte schon wieder Geld ausgeben? Vielleicht sogar einen ganzen Taler pro Bauer? Nein! Lieber ließ er seine Soldaten die Gäule spielen. Und weil die Soldaten im Gegensatz zu den Bauern nicht widersprechen durften, mußten einhundert von ihnen den König samt seiner Jacht und allen Gästen nach Berlin ziehen. Was sie dabei dachten, wissen wir nicht; besonders froh über ihren sonst so verschwenderischen, plötzlich aber so knauserigen König werden sie kaum gewesen sein.

Die »Friedrich« war übrigens nicht die einzige Jacht, die Friedrich I. sich bauen ließ. Schon als Kurfürst hatte er sich vier davon in England bauen lassen. Offensichtlich liebte er das Wasser. Und seine Charlotte auch. Die fuhr gern auf der Treckschute von Berlin nach Charlottenburg.

Auch die Treckschuten wurden von Pferden oder Soldaten mit einem Strick vom Ufer aus gezogen. Viele von ihnen waren so groß, daß ganze Gesellschaften darin Platz nehmen konnten. Sie wurden zuerst nur von der königlichen Familie und ihren Gästen benutzt, später wurden sie auch für den allgemeinen Waren- und Personenverkehr eingesetzt. Zweimal täglich fuhr eine Schute von Berlin nach Lützenburg und zurück. Mit einer Glocke wurde das Zeichen zur Abfahrt gegeben. Die Fahrt kostete pro Person zwei Groschen und drei Pfennig. Oft waren Musikanten an Bord, und dann wurde es ziemlich lustig unterwegs.

Die Schuppenkirche

Wir sind immer noch im Jahr 1708. Nur ist jetzt schon Mai. Wieder ist es ein sonniger Tag, und obwohl Sonntag ist, herrscht in einem Haus in der Berliner Straße (Otto-Suhr-Allee) in Charlottenburg bereits reges Leben. Besuch war gekommen bei dem Kunst- und Buchdruckereibesitzer Lupius, Besuch aus Berlin! Man hatte die Morgensuppe gemeinsam am großen Tisch in der Wohnstube gegessen, nun machten sich Familie und Gäste fertig zum Kirchgang.

»Beeilt euch«, drängte der Onkel aus Berlin, der gern ein wenig angab. »Euer Lützer Dorfkirchlein ist für uns alle ja viel zu klein. Voriges Jahr haben wir kaum noch Platz bekommen.«

Vater Lupius beruhigte den Onkel. Zwar war die Lützer Dorfkirche tatsächlich viel zu klein, um neben den Lützern auch noch die Charlottenburger und ihren Besuch aufzunehmen, aber dahin wollte der Kunst- und Buchdruckereibesitzer mit seinem Besuch ja auch gar nicht. Seitdem die Berliner das letzte Mal hier waren, hatten die Charlottenburger nämlich eine eigene Kirche bekommen – und zwar eine ganz besondere!

Den Charlottenburgern hatte es schon lange gereicht, immer bis nach Lütze zur Kirche gehen zu müssen. Vor allem im Winter, wenn Schnee lag und die Kälte in die Ohren biß. Deshalb hatten sie den König um Erlaubnis gebeten, ihren Gottesdienst fortan im Rathaus abhalten zu dürfen. Das war an manchen Orten Brauch, wenn eine Kirche fehlte.

Friedrich I. hatte lange hin und her überlegt und den Charlottenburgern diese Bitte schließlich abgeschlagen. Sein Rathaus wollte er für sich selbst behalten. Den offenen Wagenschuppen hinter dem Rathaus aber, den hatte er ihnen gegeben.

»Einen Wagenschuppen als Kirche?« staunte die Berliner Nichte. »Das ist ja zu komisch.« Als sie jedoch mitsamt den anderen Charlottenburgern und Berliner Familienmitgliedern die »Schuppenkirche« betrat, staunte sie noch mehr, denn die Charlottenburger hatten ein kleines Wunderwerk vollbracht: Nichts erinnerte noch an einen Schuppen. Im Gegenteil, alles in der Kirche war freundlich hergerichtet. Eine Kanzel war da, Sitze, Stühle und sogar eine Glocke. Die hatte ihnen ihr großzügiger König geschenkt – es war genau die Glocke, die zuvor die Abfahrt der Treckschute angekündigt hatte. Also keine Kirchenglocke, aber bimbim machte sie auch, nur eben nicht bim-bam.

»Tja«, sagte Vater Lupius stolz. »Es ist zwar nur ein Notbehelf, aber es ist eine eigene Kirche! Bis wir eine richtige Stadtkirche bekommen, muß sie reichen.« Und noch stolzer verkündete er seiner hochnäsigen Berliner Verwandtschaft, daß sie zur eigenen Kirche nun auch endlich einen eigenen Pfarrer bekommen hätten, nämlich den Pfarrer Crusius, der aus Polen hergeflüchtet war. Diesen Pfarrer hätte Friedrich I. sogar mit eigenen Ohren geprüft, bevor er ihn für seine lieben Charlottenburger in den Dienst nahm.

Die Berliner schwiegen geknickt. Sie gaben zwar selber gerne an, aber wenn andere angaben, tat es ihnen weh.

Vater Lupius genoß seinen Triumph und erzählte lang und breit weiter, wie der erste Prediger in Charlottenburg eingeführt worden war. »Sogar der Probst kam zur Feier. Und der Oberkämmerer des Königs mußte ein Reh und ein Wildschwein schießen – extra für unsere Festtafel! Auch der Kronprinz gab uns die Ehre. Und zu trinken gab's aus der Königlichen Kellerei.«

»Is ja gut! Is ja gut!« murrte der Onkel aus Berlin. »Was meint ihr, wieviel Kirchen wir in Berlin haben? Und Pfarrer haben wir mehr, als wir brauchen können.«

Die Luisenkirche

Acht Jahre lang gingen die Charlottenburger zum Gottesdienst in die Schuppenkirche, denn ihr verschwenderischer König hatte kein Geld für eine Stadtkirche. Dafür hatte er aber eines Tages eine Idee: Er befahl allen Kirchen seines Landes, für die Charlottenburger Stadtkirche Geld zu sammeln. So wurde seine Kasse geschont, und die Kirche würde doch irgendwann gebaut werden können. Die Frage war nur, wann.

1712, ein Jahr vor Friedrich I. Tod, war es geschafft; eine ausreichende Summe war zusammengekommen, der Grundstein konnte gelegt werden. Als Bauplatz wählte man die von Eosander schon vor Jahren bezeichnete Stelle, und dann wurde losgebaut. Da jedoch das Geld für eine große Kirche nicht reichte, wurde eine sehr viel kleinere Kirche errichtet, als von Eosander vorgesehen. Allein ein hölzernes Türmchen zierte das Dach, kein Glockenturm, wie man es von einer Stadtkirche erwartet hätte. Doch ob klein und ärmlich oder nicht, die Charlottenburger freuten sich. Endlich hatten sie beides: Einen eigenen Pfarrer und eine eigene Kirche!

1823 wurde die Kirche nach einer Zeichnung des Baumeisters Schinkel umgebaut, und 1826 erhielt sie einen richtigen Turm. Nach dem Umbau taufte der damalige König Friedrich Wilhelm III. das Gotteshaus »Luisenkirche«; der Name sollte an seine verstorbene Frau, die Königin Luise, erinnern.

Einhundertzwanzig Jahre später, im II. Weltkrieg, wurde die Luisenkirche bei einem Luftangriff fast völlig zerstört. Der Innenraum glich einer Trümmerstätte, übrig blieben nur rohe Mauern und der von vielen Rissen durchzogene Turm. Es schien unmöglich, die Luisenkirche wieder aufzubauen. Zur Freude der Luisengemeinde aber gelang es in den Jahren 1953/54 doch. Nun strahlt am Gierkeplatz die Kirche wieder im alten Glanz.

Zwei Wege nach Spandau

Wo heute die Schloßbrücke über die Spree führt, überquerte um 1700 eine Fähre den Fluß. In den Jahren davor mußte, wer auf die andere Seite wollte, zu Fuß oder mit dem Karren durch die Lützer Furt waten oder fahren.

Die Fähre kostete nur ein paar Pfennige – und wurde trotzdem nur selten benutzt! Wer wollte denn schon nach Charlottenburg?

Ein wenig weiter nördlich herrschte reger Verkehr. Dort rollten den ganzen Tag über große Kaufmannswagen von Berlin nach Spandau und in umgekehrter Richtung durch die Jungfernheide. Viele kamen von weit her und rasteten vor den Gasthäusern, anderen brach unterwegs eine Achse oder ein Rad. Dann bekamen die Handwerker zu tun.

Die Gastwirte und Handwerker entlang des Großen Spandauer Wegs konnten sich zu jener Zeit über mangelnde Kundschaft wirklich nicht beschweren. Zwar wäre es näher gewesen, über Charlottenburg von Berlin nach Spandau oder umgekehrt zu fahren, aber die Berliner Straße (Otto-Suhr-Allee) war noch nicht gebaut und der Tiergarten für den öffentlichen Verkehr gesperrt, damit des Königs Wild nicht unruhig wurde. So lag Charlottenburg still und verlassen zwischen dem Grunewald und dem Tiergarten. Auf holprigen, ungepflasterten Straßen rumpelten die Ackerwagen ins Feld; wenn nicht gerade ein Fest im Schloß gefeiert wurde, war kaum ein Auswärtiger zu sehen. Kein Wunder, daß da die Charlottenburger neidisch wurden auf all diejenigen, die am regen Verkehr auf dem Großen Spandauer Weg so gut verdienten. Konnte man den Verkehr denn nicht durch ihren Ort leiten, fragten sie sich und betonten immer öfter, daß der Weg über Charlottenburg nach Spandau doch viel näher sei – es fehle halt nur eine Brücke über die Spree.

Im Jahre 1708 verloren die Charlottenburger dann endgültig die Geduld und schrieben eine Bittschrift an Friedrich I.: Er solle doch bitte anordnen, daß Kaufmannswagen und Postkutschen ihren Weg über Charlottenburg zu nehmen hätten, wenn sie von Berlin nach Spandau wollten. Und sie schlugen dem König vor, die Straße nördlich der Spree zu sperren und anstelle der Fähre eine Brücke über die Spree zu errichten. Der Verkehr sollte dann durch den Tiergarten und Charlottenburg über die neue Brücke zur alten Landstraße nach Spandau gehen.

Wie so oft erfüllte Friedrich I. seinen Charlottenburgern ihren Wunsch. Schon 1709 – außerordentlich schnell entschieden, geplant und gebaut für die damalige Zeit – war die Brücke fertig, der bisherige Fährdienst wurde eingestellt. Und Friedrichs Sohn Friedrich Wilhelm I. half den Charlottenburgern später ebenfalls, indem er anordnete, daß alle Wagen ungehindert durch den Tiergarten gelassen werden sollten. Und das, obwohl Friedrich Wilhelm I. die Jagd im Tiergarten über alles liebte. (Einmal, so berichtet eine alte Urkunde, sollen auf einem einzigen seiner Jagdausflüge »400 Stück Tannenwildbret und Damwild, 38 wilde Säue und zwei Füchse« erlegt worden sein.) »Soll kein Tiergarten mehr sein«, ordnete Friedrich Wilhelm I. kurzerhand an und verbot obendrein auch noch die Benutzung des Großen Spandauer Wegs.

Damit, so würde man heute sagen, war die Konkurrenz ausgeschaltet, und die Charlottenburger Gastwirte und Handwerker durften sich freuen. Schöne Zeiten standen ihnen bevor – was man von den enttäuschten Gastwirten und Handwerker entlang des Großen Spandauer Weges nicht gerade sagen konnte.

Der Retter der Stadtkasse

1760 mußte die Schloßbrücke dann eiligst abgebaut werden. Nach Friedrich Wilhelm I. war dessen Sohn Friedrich II. auf Preußens Thron gekommen. Der alte Fritz, wie dieser König später genannt wurde, führte drei schlesische Kriege; der dritte dauerte nicht weniger als sieben Jahre. Das war eine Zeit der Not für das Land, und auch die Charlottenburger bekamen den Krieg zu spüren.

Im Oktober jenen Jahres nämlich drangen russische, österreichische und sächsische Reiter bis nach Berlin vor. Da die Stadt kaum verteidigt wurde, fiel sie schnell in die Hände der Feinde. In der Festung Spandau aber lagen noch preußische Truppen. Die wollten sich wehren, solange es ging. Und damit dem Feind der Anmarsch nach Spandau erschwert wurde, sollten alle Brücken, die nach Spandau führten, abgebrochen werden. Also erhielt auch der Charlottenburger Bürgermeister Weidner den Befehl zum Abbruch der Schloßbrücke.

Der kluge Mann ließ erst mal alles Vieh in den Spandauer Wald treiben und danach die Bohlen und Balken der Charlottenburger Holzbrücke nach Spandau schaffen. Dann spannte er seine besten Pferde vor den Wagen, ließ seine Familie einsteigen und flüchtete mitsamt der Stadtkasse nach Hamburg. Nur seine Schwiegermutter ließ er zurück; die sollte Haus und Hab und Gut bewachen.

Nach wenigen Tagen waren die Feinde da. Nördlich der Spree, nicht weit von der Schloßbrücke entfernt, fand ein Gefecht mit preußischen Soldaten statt, die nach Spandau fliehen wollten. Bald darauf kam eine

Schar russischer, österreichischer und sächsischer Reiter in die Stadt Charlottenburg geritten. Sie drangen ins Schloß ein und verwüsteten alle Räume. Tapeten, Vorhänge und Gardinen, Teppiche und Betten, Polster und Möbel wurden zerrissen, zerschnitten und zerschlagen, die Gemälde durch Säbelhiebe und Lanzenstiche beschädigt, die Bildsäulen im Park umgestürzt und zerbrochen. (220.000 Taler betrug der Schaden.) Den Schloßaufseher schlugen die fremden Soldaten böse zusammen, und auch die Häuser der Bürger, die Kirchen und das Rathaus plünderten sie. Frauen und Mädchen wurden mißhandelt und zwei Männer totgeschlagen. Außerdem mußten die Charlottenburger Bürger ihnen in aller Eile eine große Summe Geld aushändigen.

Einige Soldaten stürmten auch die Wohnung des Bürgermeisters und schrien: *Wo sein Bürgermeister?*

Ich weiß nicht. Er ist fortgelaufen, antwortete die tapfere Schwiegermutter. Die Soldaten glaubten ihr nicht. *Du lügst!* schrien sie und prügelten die arme Frau halbtot.

Erst nach vier Tagen zogen die fremden Soldaten mit ihrer Beute wieder ab. Inzwischen war die Stadt arm geworden – nur die Stadtkasse, die war gerettet.

Zweihundert Jahre danach

Gut fünfzig Jahre später, im Jahre 1817, wurde auf der Spree die Dampfschiffahrt eingeführt. Der erste Personendampfer hieß – »Sophie Charlotte«. Um die Durchfahrt durch die Schloßbrücke zu erleichtern, aber mußte die hölzerne Zugbrücke durch eine eiserne ersetzt werden; die hatte eine bedeutend breitere Brückenöffnung. Kamen Lastkähne angesegelt oder Dampfer die Spree entlanggequalmt, wurde die Brücke aufgezogen. Nur wenn die Freiwillige Feuerwehr zum Löschen ausrückte, blieb die Brücke geschlossen. In diesem Fall mußten Schiffe und Dampfer warten. Für alle übrigen Fahrzeuge und für die Fußgänger jedoch bildete die aufgezogene Brücke ein Hindernis, weil sie den Verkehr zwischen Berlin und Spandau beträchtlich verzögerte. Also entschloß man sich um 1900, die Brücke von Grund auf zu erneuern. Es entstand eine Bogenbrücke mit Eckpfeilern aus Sandstein, die so hoch war, daß jedes Schiff hindurch konnte.

Damit war wieder ein Problem behoben und Charlottenburg verkehrsmäßig noch ein bißchen näher an Berlin herangerückt.

Zweihundert Jahre nach dem Siebenjährigen Krieg, im Frühjahr 1945, erlitt die Schloßbrücke ein ähnliches Schicksal wie unter dem Alten Fritz. Es waren die letzten Tage des II. Weltkrieges, und obwohl die Menschen in ganz Deutschland sehnlichst auf das Ende dieses bisher schlimmsten aller Kriege warteten, ließ die verbrecherische Hitlerregierung bis zum letzten Atemzug weiterkämpfen. Also wurde in und um Berlin auch noch die letzte Häuserzeile verteidigt, obwohl der Krieg auf diese Weise nur noch mehr Opfer kostete. Um die Rote Armee der Sowjetunion auf ihrem Vormarsch in die Berliner Innenstadt aufzuhalten, ließ man schließlich auch die Schloßbrücke sprengen; nach dem Krieg mußte sie dann wieder aufgebaut werden.

Der Wassermann vom Lietzensee

Es gibt viele Sagen, die in und um Berlin spielen: Eine ganz berühmte erzählt vom Lietzensee. Sie geht so:

Wie der Lietzensee entstand

Wo heute der Lietzensee liegt, stand einst ein Dörfchen, in dem ein gottesfürchtiger Bauer lebte. Als der eines Morgens sehr zeitig seinen Stall betrat, erblickte er dort einen alten Wassermann, der in Fischhaut gekleidet war. Er hatte dem Vieh bereits Futter gestreut und war eben dabei, die bunte Milchkuh zu bürsten. Erschrocken stieß der Bauer mit dem Fuß an den Melkeimer. Da war der Wassermann plötzlich unsichtbar. Aber seine Stimme schimpfte: *Warum hast du mich in der Arbeit gestört?*

Der Bauer bekreuzigte sich und seine Tiere und rief:
Verschwinde, du Teufel! Ich will keine Hilfe von gottlosen Wesen.

Da wurde die Stimme des Wassermannes ganz traurig: *Du meinst, ich sei der Teufel? Das stimmt nicht. Ich bin ein Christ wie du selbst.*

Der Bauer wollte das nicht glauben. Da sang der Wassermann – es war gerade Pfingstsonntag – mit zarter, klarer Stimme das Lied vom heiligen Geist von Anfang bis Ende. Und als der Landmann noch immer zweifelte, sagte der Wassermann einen frommen Psalm her und betete zum Schluß auch noch das Vaterunser. Nur als er an die Stelle von der Schuld kam, verwirrten sich seine Worte.

So bist du ein menschliches Wesen? fragte der Bauer.

Reiche mir deine Hand, damit ich dich befühle!

Kurz darauf legte sich eine kühle Kinderhand in seine harte Faust, und ein Kopf mit weichem Haar schmiegte sich an seine Finger.

Darf ich bleiben?, bat der Kleine.

Wenn du wirklich ein Christ bist und Gott dich bestraft hat, will ich nicht strenger sein als er, sagte der Bauer und verriet niemandem etwas von der Begegnung. Von diesem Tag an aber war all seinem Tun großer Erfolg beschieden: Seine Felder trugen reichere Früchte als die der anderen Bauern, sein Vieh erkrankte nicht mehr, und sein Wohlstand mehrte sich von Tag zu Tag.

Nun war der Wassermann aber verheiratet, und eines Abends im Hochsommer badete seine Frau im Dorfteich. Sie hatte ihr Pelzchen beiseite gelegt und spiegelte sich im klaren Wasser. Dabei wurde sie von der Magd des Bauern überrascht; die erhob gleich großes Geschrei.

Das Wasserweibchen wollte fliehen, konnte aber seinen Pelz nicht erreichen – und ohne Pelz konnte es nicht untertauchen. Also bespritzte es die Magd mit Wasser, um sie zu vertreiben. Die Magd, nicht faul, ergriff eine Haselrute und schlug damit auf die arme Wasserfrau ein, die vor Schmerzen wimmerte. Das hörte der Wassermann. Er eilte herbei und fragte, was es denn gebe. Und als er alles wußte, schimpfte er seine Frau aus, daß sie sich so unbekleidet gezeigt hätte. Dann warf er ihr das Pelzchen über und schickte sie ins Wasser hinab. Die schlimme Magd jedoch jagte er zornig davon.

Leider war die Magd nicht nur schlimm, sie war auch dumm und laut. Deshalb konnte sie ihr Erlebnis nicht für sich behalten und beschwerte sich im Dorf über die Wasserleute. Das hörte der Bauer und widersprach. Er nannte den Wassermann ein liebes, freundliches Wesen und gab zu, daß er seinen Reichtum nur der Güte und Großzügigkeit des Wassermannes zu verdanken hatte. Die neidischen Nachbarn glaubten dem braven Mann kein Wort und beschuldigten ihn der Zauberei. Und am Sonntag darauf drangen einige von ihnen in die Kirche ein und trieben den frommen Bauern unter Spott und Schande zum Friedhof hin. Dort angekommen, erschlugen sie ihn.

Der Wassermann erfuhr davon, und vor Wut und Zorn beschloß er den Untergang des ganzen Dorfes. Dazu befahl er seiner Frau, Buchweizenkerne zu mahlen. Er wußte nämlich, daß sie diese Arbeit nur sehr ungern tat. Und wirklich, in ihrem Zorn begann die Frau die Mühle so mächtig zu drehen, daß schon bald im Teich ein heftiger Mahlstrom kreiste. Der wühlte sich unter die Ufer und zog die Häuser mit allen lebenden Wesen in die Tiefe hinab. Erst als nur noch die Kirchturmspitze aus dem Wasser ragte, gebot der Wassermann Einhalt; erst jetzt war sein Rachedurst gestillt.

Und an eben dieser Kirchturmspitze kletterte der Wassermann von nun an jeden Abend zur Dämmerstunde empor und gab seltsame Geräusche von sich. Einige sagten dann: »Die Unke schreit«, andere: »Der Wassermann lobt seinen Gott« ...

Wer recht hatte, ist schwer zu entscheiden. Auf jeden Fall hat uns der zornige Wassermann auf diese Weise den Lietzensee beschert. Und das ist ja nun wirklich keine schlechte Sache.

Die Wissenschaft behauptet allerdings, der Lietzensee wäre in der Eiszeit entstanden und liege am Anfang einer großen Rinne, die den Grunewald bis hin zur Havel durchzieht. Diese Rinne sei durchschnittlich dreihundert Meter breit, und andere Seen lägen auch darin, wie zum Beispiel der Halensee, der Königssee, Dianasee, Hundekehlensee, Grunewaldsee, Riemeistersee, Krumme Lanke, Schlachtensee und Nikolassee.

Wenn einer daran zweifelt, heißt es, die Eiszeitgletscher hätten beim Abschmelzen große Löcher in die Eisdecke getaut. Durch diese Löcher wären die Wasser mit großer Gewalt nach unten gegurgelt und hätten sich in den Erdboden hineingefressen, bis sie als reißende Bäche wieder abgeflossen wären. Die Grunewaldrinne, so sagen die Wissenschaftler, bezeichne noch heute den Verlauf des Baches, und all die Seen darin wären nichts weiter als eiszeitliche Strudellöcher.

Demzufolge hat es den Wassermann und seine Wasserfrau nie gegeben. Typisch Wissenschaftler! Kaum erzählt einer eine schöne Geschichte, schon sagen sie, es wäre alles gar nicht wahr.

Die ersten Grünen

Die Stadt Charlottenburg begann zu wachsen, und als Baustoff wurde unter anderem auch Kies gebraucht. Sehr praktisch, daß da der Lietzensee von mehreren Kieshügeln umgeben war. Die trug man ab und hatte keine großen Transportkosten. Allerdings war die Landschaft, die den See umgab, danach nicht mehr dieselbe.

Unter dem Kies fanden die Arbeiter Werkzeuge, Waffen und Schmuck aus der Bronzezeit. Und als Wissenschaftler noch tiefer gruben, fanden sie sogar Werkzeuge und Waffen aus der Steinzeit. Auch Reste einer Eisengießerei aus dem letzten Jahrhundert v. Chr. wurden entdeckt; alles Beweise dafür, daß schon vor Tausenden von Jahren immer wieder Menschen für einige Zeit am Ufer des Lietzensees gelebt haben, aber irgendwann wieder fortgezogen sind.

Ob die Sage von dem verschwundenen Dorf etwas damit zu tun hat? Ein Körnchen Wahrheit steckt ja in jeder Sage.

Auf jeden Fall wuchs die junge Stadt Charlottenburg zusehends, und das Schloß mit seinem bunten Treiben und all den vergnügten Geselligkeiten zog immer mehr vornehme Damen und Herren an, die daran teilhaben wollten. Also errichteten jene vornehmen Leute jede Menge vornehme Sommerhäuschen. Unter ihnen auch ein gewisser Wilhelm von Witzleben, der aber leider zu spät kam und deshalb kein schönes Plätzchen in der Nähe des Schlosses mehr vorfand.

Nun war dieser Wilhelm von Witzleben wirklich sehr gewitzt und konnte vielleicht sogar in die Zukunft blicken. Denn er zögerte nicht lange und kaufte kurzerhand den gesamten Lietzensee und alle Wiesen, die ihn einschlossen, nebst einiger umliegenden Ländereien. Und hier, nahe dem See und unter Bäumen versteckt, ließ er sich im Jahre 1824 ein Sommerhäuschen errichten. Mit einer Dachspitze in der Mitte, die an ein Türmchen erinnerte, sah es von weitem beinahe wie eine kleine Kirche aus.

Damit nicht genug, ließ der Herr von Witzleben die Wiesen rund um den See in einen herrlichen Park verwandeln. Sein Sohn spielte darin oft mit dem gleichaltrigen Prinzen Albrecht von Preußen, dem jüngsten Sohn Friedrich Wilhelms III. Und das Tagebuch einer Charlottenburger Familie berichtet nicht nur, daß die beiden Knaben an den schulfreien Mittwoch- und Sonnabendnachmittagen mit anderen Charlottenburger Kindern Räuber und Gendarmen spielten, sondern auch, daß es dabei oft sehr wild zuging, was so gar nicht zu den vornehmen Leuten in den vornehmen Charlottenburger Häusern passen wollte.

Mit seiner Vorliebe für Landschaftspflege könnte man den Herrn von Witzleben aus heutiger Sicht fast als einen frühen Grünen bezeichnen. (Wer weiß, wie alles gekommen wäre, wenn irgendein bauwütiger Berliner oder Charlottenburger den Lietzensee und die Wiesen drum herum gekauft hätte!) Und weil ihm der See und seine Umgebung so am Herzen lag, verkaufte der Herr von Witzleben den See mitsamt dem Park im Jahre 1840 nicht an eine Baugesellschaft, sondern an einen anderen »Grünen«, den Kunstgärtner Ferdinand Deppe. Der legte hier eine Rosen- und Georgienzucht an, die weithin berühmt wurde.

In einem Brief an seine Frau, die sich 1857 zur Erholung in Südtirol aufhielt, schildert Werner von Siemens, wie es zu Ferdinand Deppes Zeiten am Lietzensee aussah: *Ich habe heute mit dem Vetter eine Promenade nach Charlottenburg gemacht und dort ein Sommerquartier gesehen. Südlich von Charlottenburg, etwa zehn Minuten vom Schlosse, wohnt außerhalb des Ortes ein Kunstgärtner, welcher durch seine Blumenzucht berühmt ist ... Der Garten liegt an einem mit Linden besetzten Bergabhang, ist groß, die Südseite grenzt ans Feld. Im Norden Wasser, im Osten der Abhang und am Fuß ein Teich mit einer dazugehörigen Privatbadeanstalt. In der Mitte des Gartens stehen zwei Häuschen, von hohen Linden umgeben, wohl 15 bis 20 große Bäume, welche hübsche schattige Plätze geben. Das eine, größere Haus ist von Stein, sehr solide gebaut. Das andere von Holz mit dickem Strohdach. Für Dich wäre es zu klein. Der Gärtner, ein sehr netter, gescheiter Mann, will es selbst beziehen und das steinerne Haus abtreten.*

Die Sache scheint mir gut. Man merkt da nichts von der Nähe eines Ortes. Alles vollständig ländlich. Der Garten soll im Sommer prachtvoll sein. Schatten da, auch ein hübscher Tempel auf Säulen ruhend, frische Luft, Bäder für die Kleinen; zu weiteren Spaziergängen bieten der nahe Schloßpark, die schönen Alleen bis zum Tiergarten, dieser selbst sowie die Feldpromenaden Gelegenheit vollauf ...

Außerdem gehen Omnibusse zwischen Berlin und Charlottenburg, die Dich stets aufnehmen könnten, wenn Du Deinen Kräften zuviel zugemutet hast. An Gesellschaft und Besuch würde es natürlich nicht fehlen; könntest auch bei gutem Wetter immer zum Grunewald fahren, um Kiefernbalsam einzuschlürfen. Die gewohnten Ärzte für Dich und die Kinder zur Hand – kurz, ich bin sehr wacklig geworden und werde zugreifen, wenn Du gleicher Meinung bist. Der Preis – 130 Gulden pro Sommer – ist mäßig...

Ein kleines Paradies, das Werner von Siemens da schildert. Der Park am Lietzensee aber sollte bald noch »paradiesischer« aussehen, denn die nachfolgenden Besitzer ließen die Anlage verwildern. Das Häuschen verfiel mit der Zeit, und immer enger schlang sich das Grün um die Mauern. Nur ein Gärtner bewachte den Park, niemand sonst durfte ihn betreten, und so erinnerte das Sommerhäuschen des Herrn von Witzleben bald an Dornröschens Schloß – alles schlief, nur die Pflanzen wuchsen lustig weiter.

Erst als im Jahre 1896 die große Berliner Gewerbeausstellung stattfand, gab der Besitzer den Park für kurze Zeit zur Besichtigung frei. Viele Besucher kamen und erfreuten sich an den Naturschönheiten der Anlage. Und natürlich wünschten sie sich, daß ihnen der Park von nun an immer offenstünde. Doch davon wollte der Besitzer nichts wissen; die Pflege hätte zuviel Geld gekostet. Einige der Besucher aber gaben nicht auf, sondern gründeten eine Bürgerinitiative, wie wir heute sagen würden, und sammelten Geld. Und als sie genug zusammenhatten, kauften sie See und Park, und Gärtner wurden angestellt, die der Anlage die heutige Gestalt gaben. Die »Gesellschaft Park Witzleben«, wie sich die »Bürgerinitiative« nannte, aber ließ fortan jeden in den Park, der ihn besuchen wollte.

Inzwischen jedoch hatte der Verkehr immer mehr zugenommen; nun störte der See. Man wollte die Kantstraße verlängern, die ja direkt an den See stieß, und an einen Tunnel unter dem See war damals natürlich noch nicht zu denken. Außerdem wäre der wohl auch zu teuer gekommen. Also wurde mitten durch den See ein Erddamm aufgeschüttet und der See auf diese Weise zweigeteilt – für die Neue Kantstraße.

Eine Folge dieser Maßnahme: Mit der Ruhe am Lietzensee war es von nun an vorbei. Und als dann noch die Ringbahn gebaut wurde, war rund um den See fast genauso viel Betrieb wie in der Innenstadt. Unseren Wassermann und seine Frau muß das sehr geärgert haben, denn seither ließen sich die beiden nicht mehr blicken und auch nicht mehr hören – bis auf ein einziges Mal vielleicht.

Eine späte Rache

Um 1700 hatte der quellenreiche Lietzensee noch einen Abfluß zur Spree, der sich in der Gegend der heutigen Hebbel-/Ecke Schloßstraße zu einem Sumpf erweiterte. Dieser Sumpf nahm auch den »Schwarzen Graben« in sich auf, der aus dem Hopfenbruch kam und sich in etwa neben dem heutigen Kurfürstendamm entlangzog. Zu beiden Seiten der Gräben aber war der Boden außerordentlich morastig, deshalb mußte man, als die Schloßstraße angelegt wurde, sie in diesem Gebiet über einen dicken Knüppeldamm führen.

Friedrich I. fand diesen Knüppeldamm ausgesprochen häßlich. In Erinnerung an seine geliebte Sophie Charlotte wollte er Charlottenburg so schön wie möglich gestalten, da störte so eine dörfliche Straße. Also überlegte er, ob er die Sumpfwiese nicht irgendwie beseitigen lassen konnte, und hatte eines Tages eine Idee. »Ich werde den häßlichen Sumpf ausgraben lassen und ihn in einen Teich verwandeln«, sagte er sich. »Und danach werde ich Karpfen und Hechte dort einsetzen. So kann ich neben der Jagd auch noch die Fischerei betreiben.«

Gesagt, getan! Der Morast wurde ausgeräumt, und die Abflüsse des Lietzensees und des Hopfenbruchs füllten die angelegte Mulde bald mit Wasser. So entstand ein Karpfenteich, der nach einigen Jahren so reich an Fischen war, daß ein einzelner Fischzug 41 Zentner Karpfen und $3^1/_2$ Zentner Hechte einbrachte.

Nach dem Tode König Friedrichs I. allerdings wurde der Teich nicht mehr gepflegt. Niemand hielt die Zu- und Abflüsse sauber, und so füllten sie sich bald immer mehr mit Schlamm und verfaulten Kraut- und Tierresten. Darauf siedelten sich nach und nach viele Pflanzen an, die Gräben und Teich so völlig verstopften, daß sie eines Tages restlos verlandet waren. Wo einst ein Karpfenteich war, erstreckte sich nun eine Wiese. Aber der Boden blieb sumpfig.

Viel später, als Charlottenburg sich immer weiter nach Westen ausdehnte, mußte man schließlich auch die Karpfenteichwiese bebauen. Doch der Sumpfboden bildete keine sichere Grundlage für die Häuser. So rammte man Baumstämme in den Schlamm und errichtete darauf die Häuser der Hebbelstraße. Nach einigen Jahren jedoch neigten sich die Häuser zur Seite und drohten einzustürzen. In der Not verband man sie untereinander mit eisernen Streben und sperrte den Verkehr schwerer Wagen durch die Straße. Aber es nützte nichts, einige Häuser mußten doch geräumt werden. Jetzt konnte nur noch eine durchgreifende Maßnahme helfen: Betonsäulen! Die Säulen wurden also in den Schlamm gebohrt, bis sie nach 15 Metern endlich auf festen Boden stießen und den Häusern damit den gewünschten Halt gaben.

Das taten die Säulen auch. Jedenfalls bis in die siebziger Jahre unseres Jahrhunderts hinein. Von 1969/70 an wurde die durch Charlottenburg führende Strecke der U-Bahnlinie 7 angelegt. Dazu mußte der Grundwasserspiegel abgesenkt werden – was Folgen für die in den Schlamm gerammten Stützpfeiler hatte! Zu ihrem Entsetzen stellten die Bewohner der Häuser in der Gegend des ehemaligen Karpfenteichs bald fest, daß sich an den Wänden ihrer Wohnungen Risse bildeten und die Häuser sich trotz der Stützstreben, mit denen sie untereinander verbunden waren, immer weiter zur Seite neigten. 1972 wurde die Lage dann so bedrohlich, daß Einsturzgefahr bestand und die Bewohner ihre Häuser in Windeseile räumen mußten.

Seither nennt man dieses Gebiet in Berlin das »nasse Dreieck«. Und wer will, darf sich darüber freuen, daß der Wassermann eben doch noch nicht ganz verschwunden ist. Denn vielleicht war das, was da Anfang der siebziger Jahre im »nassen Dreieck« geschah, nichts anderes als seine späte Rache an den Menschen, die ihn so tief in den See vertrieben haben. Er hat sich ja schon einmal so fürchterlich gerächt, damals, als seine Frau Buchweizenkerne mahlen mußte ...

Der ungetreue Fritz

Friedrich I. war ein prunksüchtiger, verschwenderisch veranlagter und auf gewisse Weise (durch Sophie Charlotte?) allem Geistigen und Künstlerischen gegenüber aufgeschlossener König. Sein Sohn Friedrich Wilhelm I., der 1713 den Thron bestieg, war das genaue Gegenteil von seinem Vater. Sparsam bis zum Geiz, haßte er allen persönlichen Prunk und mochte eher das Schlichte und Praktische. War es Friedrich I. vor allem um die Entfaltung und Vermehrung königlichen Glanzes gegangen, so ging es seinem Sohn allein darum, Preußen durch Sparsamkeit und Strenge zu einem starken Militärstaat zu machen – weshalb er bald nur noch der »Soldatenkönig« hieß.

Diesen Spitznamen trug Friedrich Wilhelm I. zu Recht, denn obwohl er in seiner Regierungszeit keinen einzigen Krieg führte, wurde Preußen unter ihm militärisch so stark wie nie zuvor in seiner Geschichte. Von etwa 40.000 auf 83.000 Mann wuchs die preußische Armee unter dem Soldatenkönig – also um etwas mehr als das Doppelte. Um das zu ermöglichen, strich Friedrich Wilhelm I. die Ausgaben für den Hof fast völlig, entließ viele Hofbedienstete und kürzte die Gehälter seiner Beamten.

Charlottenburg wird wieder Dorf

Und Charlottenburg? Friedrich I. hatte noch so viel bauen lassen wollen in der Stadt, die den Namen seiner Frau trug. Friedrich Wilhelm I. strich es zusammen. Zwar wollte auch er bauen lassen, aber keine Erweiterungsbauten für Schlösser und auch keine prunkvollen Palais für den Adel. Friedrich Wilhelm I. ließ Bürgerhäuser bauen (auch als Unterkünfte für seine Soldaten, da es damals ja noch keine Kasernen gab), schloß damit viele Baulücken und vergrößerte seine Residenzstadt Berlin so nach und nach von 5,6 auf 13,2 Quadratkilometer. Außerdem ließ er zweitausend Volksschulen gründen (für seine zukünftigen Soldaten) und ärztliche Fachschulen, in denen Wundärzte und Sanitäter (für die Armee) ausgebildet wurden.

Das alles kostete viel Geld, und da der Soldatenkönig bei all seinen Plänen ja auch noch die riesigen Schulden abzuzahlen hatte, die sein Vater ihm hinterlassen hatte, blieb für die bereits vorhandenen Erweiterungspläne zum Ausbau vom Schloß Charlottenburg nichts übrig. Eine schlimme Nachricht für die Charlottenburger, bedeutete sie doch, daß viele Handwerker und Bauleute ihre Arbeit verloren. Einige zogen daraufhin fort aus Charlottenburg, andere erbaten sich vom König Hilfe.

Und Friedrich Wilhelm I. half tatsächlich. Allerdings auf seine Weise. Er ließ einfach ein Stück des Grunewaldes abholzen und teilte das so gewonnene Land in 271 Stücke auf, die unter den zukünftigen Besitzern im Losverfahren vergeben wurden. So erhielt jeder Charlottenburger Hausbesitzer ein Stück Ackerland und eine Wiese und die Gärtner hinter ihren Häusern ein Stück zum Bepflanzen.

Die fleißigen Charlottenburger begannen auch sofort mit Feldbestellung und Gartenbau und schafften sich später Viehzeug an. Nicht lange, und in Charlottenburg gab es über 1.000 Kühe und jede Menge anderes Vieh. – Im Normalfall werden aus Dörfern Städte, in Charlottenburg wurde die Stadt durch Friedrich Wilhelms Hilfe wieder zum »Dorf«; immer mehr Charlottenburger wurden auf diese Weise zu Ackerbürgern.

Trotzdem wuchs die Stadt Charlottenburg weiter und schluckte nach und nach auch das Dorf Lützow, das erst Lusze, dann Lutze und schließlich Lütze geheißen hatte. (Der Name Lützow taucht zum erstenmal in einer Urkunde des Jahres 1543 auf, aber auch die Bezeichnung Lütze wurde noch längere Zeit benutzt.) Und nachdem Lützow in Charlottenburg aufgegangen war, unterschieden sich die Bewohner nicht mehr länger in »Lützower« und »Charlottenburger«. Die Lützower Kinder gingen in Charlottenburg zur Schule, und bei Hochzeiten, Taufen, Begräbnissen und den sonntäglichen Gottesdiensten predigte der Charlottenburger Pfarrer auch in der Lützower Kirche. Mußten die Lützower mal vor Gericht, gingen sie zur Schloßstraße, wo das Kreisgericht im Rathaus untergebracht war.

1720 wurde Lützow offiziell in Charlottenburg eingemeindet und das Amt des Dorfschulzen, das die Familie Behrend über 400 Jahre in ununterbrochener Reihenfolge innegehabt hatte (siehe »Der große Treck der Bauernsöhne«), fortan überflüssig.

Eine schlaue Idee

Die Charlottenburger Ackerbürger lebten und arbeiteten zwar wie Dörfler, aber sie fühlten sich trotz Feldarbeit und Viehzucht weiterhin als Städter. Eine Zeitlang jedoch sah es so aus, als sollte Charlottenburg auch nach den Gesetzen wieder zum Dorf werden. Das kam so:

Wie überall auf der Welt mußten auch die Charlottenburger Steuern bezahlen. Das Geld floß in die Kasse des Königs, der damit die Ausgaben des Staates bestritt. Die wichtigste Steuer aber war die Akzise. Diese Abgabe mußte für alle Waren gezahlt werden, die in die Stadt gebracht wurden. So mußten zum Beispiel die Hausfrauen für die Lebensmittel, die sie bei den Bauern gekauft hatten, Steuern bezahlen, sobald sie die Stadtgrenze überschritten. Das taten sie natürlich nur ungern, deshalb versuchten sie oft, ihre Waren auf Schleichwegen nach Hause zu schaffen. Gegen diesen Schmuggel waren die Städte von hohen Mauern umgeben; nur durch die Tore konnte man in eine Stadt gelangen – und gleich an den Stadttoren wohnten die Steuereinnehmer.

So einfach wie in anderen Städten war die Steuereinnahme in Charlottenburg allerdings nicht, hier waren ja keine Mauern vorhanden. Überall konnte man in die Stadt hineingelangen. Deshalb war es nur an drei Stellen erlaubt, Waren in die Stadt zu bringen: am Berliner Becken, am Spandauer Hecken und an der Schloßbrücke.

Der Berliner Hecken war dort, wo die ersten Häuser der Berliner Straße standen (Otto-Suhr-Allee/Ecke Cauerstraße). Ein Gitter versperrte die Straße. Nur in der Mitte war ein Durchgang, den alle Fuhrwerke und Fußgänger passieren mußten, wenn sie in die Stadt hineinwollten oder sie verließen. Der Spandauer Hecken befand sich gleich hinter dem Rathaus am Ende der Magazinstraße (Neufertstraße), wo der Weg nach Spandau begann.

Nun war aber die Einnahme aus der Akzise in Charlottenburg nie sehr hoch. Die Charlottenburger waren viel zu arm, um viel kaufen zu können. Das ärgerte Friedrich Wilhelm I. Also überlegte der Soldatenkönig, wie er die Charlottenburger dazu bringen konnte, endlich mal mehr Steuern zu bezahlen. Und weil es damals so war, daß Dörfler mehr Steuern bezahlen mußten als Städter, kam er auf die schlaue Idee, die stolze Stadt Charlottenburg einfach wieder in ein Dorf umzuwandeln.

1.000 Taler mehr Steuergeld pro Jahr sollte ihm dieser Schachzug einbringen. Und als ob das nicht schon Strafe genug war, plante der stets blanke Soldatenkönig auch noch, die Charlottenburger einfach aus ihren Häusern rauszusetzen und sie nach Berlin umzusiedeln. Die kleinen Felder, die er zuvor unter ihnen verlost hatte, wollte er nun zusammenlegen, um eine paar »ordentliche Bauernhöfe« daraus zu machen.

Die Beamten des Königs waren über diesen Befehl ihres obersten Herrn nicht wenig entsetzt und versuchten, die Ausführung dieses Plans hinauszuzögern. Mit der Begründung, daß bei der Umwandlung Charlottenburgs in ein Dorf viel zu rechnen sei, jonglierten sie mit ihren Zahlen hin und her, bis drei Jahre vergangen waren und Friedrich Wilhelm I. gestorben war. Nach seinem Tod aber dachte niemand mehr an diesen grausamen Befehl, und die »Stadt« Charlottenburg war gerettet.

Wenn das die Oma wüßte

Kein Wunder, daß ganz Charlottenburg aufatmete, als der Soldatenkönig gestorben war und der junge »alte Fritz«, nämlich Friedrich II., König von Preußen wurde. Dieser König kam ein bißchen nach seiner Großmutter Sophie Charlotte und war ebenfalls ein großer Freund der Künstler und Gelehrten. Er kam aber auch nach seinem Großvater Friedrich I., denn genau wie dieser liebte er den Glanz und die Pracht seines Hofes. Und er kam nach seinem Vater, wurde genauso ein Machtpolitiker wie dieser. Allerdings bildete Friedrich II. nicht nur Soldaten aus, sondern schickte sie auch in Kriege. Den ersten begann er noch im Jahr seines Regierungsantritts.

Trotzdem war Friedrich der Große, wie der Alte Fritz auch genannt wurde, tatsächlich ein großer König. Unter ihm wurde Berlin zum Zentrum von Wissenschaft und Forschung, Kunst und Kultur; unter ihm hielt in Preußen der Geist der Aufklärung Einzug.

Und Charlottenburg? Friedrich Wilhelm I. hatte sich dort nicht oft blicken lassen, würde der neue König anders handeln? Am Anfang sah es so aus, denn der junge, schöngeistige Friedrich II. hatte gegen das derbe, rauhe Leben seines Vaters immer eine große Abneigung empfunden und sich schon früh zum Schloß seiner Großmutter hingezogen gefühlt. Deshalb machte er, kaum hatte er den Thron bestiegen, den Charlottenburgern auch schon die erste große Freude: Er erwählte Schloß Charlottenburg zu seiner Sommerresidenz! Das hieß, die Charlottenburger durften sich wieder Residenzstädter nennen und alle damit verbundenen Vorteile in Anspruch nehmen.

Die ersten beiden Monate seiner Regierungszeit lebte der junge alte

Fritz auch fast ausschließlich in Charlottenburg. Voller Schaffensfreude schrieb er in dieser Zeit an den französischen Philosophen Voltaire, den er damals sehr bewunderte: »Ich treibe zwischen zwanzig Beschäftigungen hin und her und beklage nur die Kürze des Tages, der mit 24 Stunden zu wenig zu haben scheint ... Ich arbeite mit zwei Händen, mit der einen für die Armee, mit der anderen für das Volk und die schönen Künste.«

Schloß Charlottenburg sollte für Friedrich II. tatsächlich nicht wie Rheinsberg nur ein Musensitz werden; er wollte den Sommer über von hier aus das Land regieren. Deshalb ließ er gleich gegenüber dem Schloß Kasernen für seine Leibregimenter errichten und auch das Schloß weiter ausbauen. Wenzeslaus von Knobelsdorff, nach dem später die Knobelsdorffstraße benannt wurde, sollte Friedrich II. Hofarchitekt werden. Er erhielt den Auftrag, statt der ursprünglich vorgesehenen zweiten Orangerie an der Ostseite des Schlosses einen Wohnflügel anzubauen. Bereits im Juli 1740, also nur zwei Monate nach dem Tode Friedrich Wilhelm I., wurde mit den Bauarbeiten begonnen.

Leider konnte der junge König die Bauarbeiten an dem neuen Schloßflügel nicht mehr selbst überwachen, denn schon im Dezember 1740 brach er auf, um Schlesien zu erobern. Aber auch aus der Ferne verlor Friedrich II. das Interesse an dem Erweiterungsbau nicht. So schrieb er eines Tages einem Freund: »Ich möchte, daß die Beschreibung jedes Säulenteils in Charlottenburg vier Quartseiten einnehme.« Später, aus dem Feldlager: »Wann werden wir uns unter den schönen und friedlichen Buchen in Rheinsberg, unter den prächtigen Linden in Charlottenburg wiedersehen?« 1742 konnte er dann den Abschluß des Friedens melden. Und sofort schrieb er: »Drängen Sie Knobelsdorff, Charlottenburg zu vollenden, denn ich habe die Absicht, dort einen guten Teil meiner Zeit zu verbringen ...«

Die Absicht hatte er wohl, der junge König, doch leider blieb er seiner Absicht nicht treu. Zwar war, als er dann endlich aus dem Krieg heimkehrte, der Bau nahezu vollendet, und nur die Innenausstattung zog sich noch über einige Jahre hin, Friedrich jedoch hatte schon bald andere, größere Pläne – und die waren in Charlottenburg nicht zu verwirklichen. Deshalb wandte er sich, als 1745 der zweite schlesische Krieg vorüber war, der Stadt Potsdam zu, ließ das dortige Stadtschloß umbauen und – fast gleichzeitig – Schloß Sanssouci errichten, das sein wirklicher Lieblingssitz werden sollte. Und wie zuvor schon sein Vater, so benötigte nun auch Friedrich II. Schloß Charlottenburg nur noch für Familienfeste und Hochzeiten.

Das aber wäre noch gar nicht mal so schlimm gewesen, wenn der ungetreue Fritz Potsdam nicht auch zu seiner Residenzstadt gemacht hätte und den Charlottenburgern damit alle Hoffnungen auf Verdienstmöglichkeiten nahm. Sophie Charlotte hätte diese Entscheidung ihres Enkels wohl kaum gutgeheißen, die Potsdamer freute es.

Weißes Gold

Friedrich II. »Untreue«, wenn es ihm um eigene Ziele ging, wird noch durch eine weitere Geschichte belegt, die auch etwas mit Charlottenburg zu tun hat – mit Charlottenburg und Porzellan.

Erfinder des Porzellans waren die Chinesen, die ihr Herstellungsgeheimnis jahrhundertelang streng hüteten. So konnten sich in Europa lange Zeit nur wirklich reiche Leute das aus China eingeführte Porzellan leisten, und wirklich reiche Leute gab es auch damals nur wenig.

Im 7. Jahrhundert hatten die Chinesen das Porzellan erfunden, tausend Jahre dauerte es, bis endlich auch in Europa, in Sachsen, ein Mann hinter das Geheimnis kam. Johann Friedrich Böttger hieß er, war in Schleiz geboren und lange Zeit bei dem Berliner Apotheker Zorn Lehrling gewesen. Böttger hatte immer schon sehr viele chemische Experimente angestellt und war deshalb in den Verdacht geraten, Gold herstellen zu können.

Im Jahre 1700 flüchtete Böttger aus Berlin, um einer Strafe zu entgehen, und kam nach Sachsen. Dort experimentierte er weiter und versuchte nun im Auftrage König August (des Starken) von Sachsen, Gold herzustellen. Zwar gelang ihm das nicht, aber mit dem, was Böttger im Jahre 1717 in der Stadt Meißen tatsächlich erfand, war August der Starke auch nicht unzufrieden: Porzellan, also »weißes Gold«, denn die Porzellanherstellung wurde bald zur Goldgrube für Sachsen.

Die Meißener Porzellan Manufaktur ist noch heute weltberühmt, Johann Friedrich Böttger wurde ihr erster Leiter. Selbstverständlich aber wollte auch August der Starke nicht, daß das Herstellungsverfahren verraten wurde. In Berlin jedoch hatte man schnell mitbekommen, daß mit dem weißen Gold viel Geld zu verdienen war, deshalb wollte man mit allen Mitteln hinter das Geheimnis kommen. Lange Zeit blieben die Stöbereien vergeblich, dann (1751) versuchte der Berliner Kaufmann

Wilhelm Caspar Wegely sein Glück. Der Alte Fritz, sehr daran interessiert, es August von Sachsen nachzutun, unterstützte ihn darin und schenkte ihm das vor dem Berliner Königstor gelegene Kommandantenhaus, damit Wegely darin seine Porzellanfabrik einrichten konnte.

Die ersten Versuche fielen recht kläglich aus; das Berliner Porzellan war der Qualität des Meißner in keiner Weise gewachsen. Dann aber kam der dritte schlesische Krieg, auch der Siebenjährige genannt, weil er von 1756 bis 1763 dauerte, und viele sächsische Porzellanarbeiter, die wegen verschiedener Vergehen auf der Festung Königstein gefangensaßen, nutzten die Kriegswirren zur Flucht. Mit Stricken ließen sie sich an den hohen Felsen herunter, auf der die Festung errichtet worden war, und flohen aus der Sächsischen Schweiz nach Böhmen. Wegely hörte davon und bot den Porzellanarbeitern in Berlin Arbeit an.

Die Sachsen kamen und zeigten den Berlinern, wie man gutes Porzellan herstellte. Wegelys Firma hätte aufblühen können, wenn der Siebenjährige Krieg nicht noch andere Folgen gehabt hätte: Der Alte Fritz nämlich hatte sich im Krieg den gesamten Warenbestand der Meißner Porzellan Manufaktur angeeignet – und wollte ihn Wegely verkaufen.

Wegely jedoch war ein Mann von Charakter, der sein eigenes Porzellan herstellen wollte. Deshalb lehnte er den Kauf des Meißner Porzellans ab und fiel beim Alten Fritz in Ungnade. Ein Baron Schimmelmann übernahm schließlich das Porzellan aus Meißen und verdiente daran ein Vermögen. In seinem Ärger behauptete Friedrich II. fortan, Wegely fordere für seine Ware zu hohe Preise und betrüge auf diese Weise die Kundschaft. Und er befahl, daß Wegelys Porzellanfabrikation eingestellt wurde. Wegely blieb nichts anderes übrig, als zu gehorchen. Die Gerätschaften der Fabrik wurden vernichtet, die vorhandenen Waren versteigert und die Arbeiter entlassen.

Wegelys Nachfolger wurde ein Töpfer namens Reichert. Dessen Porzellan konnte sich zwar sehen lassen, seine Fabrikation aber blieb eher bescheiden. 1760 wünschte dann derselbe Alte Fritz, der die Firma Wegely kaputtgemacht hatte, von dem bekannten Berliner Kaufmann Johann Ernst Gotzkowsky, nach dem später die Gotzkowskystraße benannt wurde, daß er endlich mal eine gute Berliner Porzellanfabrik aufbauen sollte. Für Gotzkowsky, einen preußischen Patrioten, war ein solcher Wunsch seines Königs ein Befehl. Obgleich er durch den Krieg schwere Verluste erlitten hatte und gar nicht die Geldmittel besaß, um ein so großes Unternehmen aufzubauen, vertraute er auf die Hilfe des Königs und machte Schulden. Dann stellte er den Töpfer Reichert bei sich ein, übernahm all seine Vorräte und Gerätschaften, bezahlte ihn großzügig und kaufte in der Leipziger Straße 4 das Dorvillsche Haus. Einhundertfünfzig Arbeiter wurden angestellt, und der Miniaturmaler Klause unterrichtete junge Leute aus »guten Häusern«, wie es damals hieß, in der Porzellanmalerei.

Schon 1762 konnte Gotzkowsky seinem König wunderschöne Exemplare Berliner Porzellankunst überreichen. Die Schulden, die er gemacht hatte, aber waren zu hoch – und der König genauso wie die Stadt Berlin, die der tüchtige Kaufmann einmal vor der Plünderung durch russische Soldaten bewahrt hatte, ließen Gotzkowsky im Stich. Also machte er Pleite, wie wir heute sagen, und der Alte Fritz kaufte Gotzkowsky (1763) seine Fabrik für 225.000 Taler ab. Mit diesem Geld war Gotzkowsky nur für kurze Zeit gerettet; als er 1766 starb, war er völlig verarmt. Und auch sein Meister Reichert, der gehofft hatte, Direktor der Porzellanfabrik zu werden, wurde vom König arg enttäuscht. Er bekam zwar eine Entschädigung, wurde aber nicht Direktor – damit war sein Lebenswerk dahin.

Jetzt also war Friedrich II. selbst »Porzellanfabrikant«. Und das bedeutete, von nun an wurde das Geld nicht mehr knapp, denn der Alte Fritz ließ nicht nur jede Menge Porzellan für den eigenen Gebrauch und zum Verschenken herstellen, er erließ auch Gesetze, die den Absatz seiner Firma förderten. So zum Beispiel ein Gesetz, das allen Juden, die sich in Preußen niederlassen oder verheiraten, Häuser kaufen oder eine Handelserlaubnis erlangen wollten, schlicht und einfach befahl, eine bestimmte Menge Berliner Porzellan zu kaufen. Und natürlich durften die Juden dieses Porzellan innerhalb Preußens nicht weiterverkaufen, sondern mußten es außer Landes schaffen oder selbst behalten. Und weil das noch nicht ungerecht genug war, erhielten die Juden vom Alten Fritz nur Stücke verkauft, die im freien Verkauf schwer absetzbar waren.

So also arbeitete der Geschäftsmann Friedrich II. Und weil auf diese Weise der Laden florierte, hatte die »Königlich Preußische Porzellanmanufaktur«, wie »Fritzens Firma« nun hieß, viele Jahre lang keinerlei Absatzprobleme. 1785 beschäftigte sie schon 500 Arbeiter, und bis 1808 erbrachte sie einen Reingewinn von 1 Million und 321. 472 Talern; sehr viel Geld für die damalige Zeit.

Als Herkunfts- und Gütezeichen übrigens hatte das Berliner Porzellan schon bald eine inzwischen genauso berühmte Marke erhalten wie die Meißener »Blauen Schwerter«: ein blaues kurbrandenburgisches Zepter. Das findet man noch heute auf jedem in der KPM produzierten Stück Porzellan, denn KPM (Königlich Preußische Porzellanmanufaktur) ist noch immer das Markenzeichen dieser Porzellanfabrik, obwohl es längst keinen König von Preußen und auch kein Preußen mehr gibt und die Firma heute »Staatliche Porzellan Manufaktur Berlin« heißt.

1867 zog die KPM von Berlin nach Charlottenburg um – und dort, in der Wegelystraße, direkt am S-Bahnhof Tiergarten, hat sie noch heute ihren Sitz. Wer aber die alten Prunkstücke der KPM betrachten will, muß durch den Charlottenburger Schloßgarten spazieren und das Belvedere (Teehäuschen) besichtigen. Dort stehen viele der alten Meisterstücke aus der Gründerzeit der KPM.

Warum diese Fabrik bis auf den heutigen Tag »Manufaktur« heißt? »Manus« heißt ja »Hand« und »facere« »machen«. Bestimmt wird dort doch längst mit Maschinen gearbeitet?

Irrtum! Bei der Herstellung von wirklich gutem Porzellan muß fast alles von Hand gemacht werden, Maschinen nützen da sehr wenig. Deshalb stimmt die Bezeichnung »Manufaktur« noch immer – und deshalb ist gutes Porzellan weiterhin teuer, obwohl es längst nicht mehr aus China kommt.

Hilf dir selbst

Friedrich II. regierte sechsundvierzig Jahre über Preußen, von 1740 bis 1786. Das bedeutete, sechsundvierzig Jahre lang stand Charlottenburg nicht nur im Schatten Berlins, wie auch schon unter Friedrich Wilhelm I., sondern auch im Schatten Potsdams.

Manchmal aber hat so ein Schattendasein auch sein Gutes. Wenn nämlich von oben, vom König, nichts kommt, muß man selbst etwas tun. Und so sagten sich die Charlottenburger »Hilf dir selbst, dann hilft dir Gott« und begannen, ihre Stadt auch ohne die Unterstützung des Königs schöner auszugestalten. Und da gab es viel zu tun, denn die einzige Zierde der Stadt war bis dahin das Schloß. Schon der Platz davor sah grauslich aus. Er bestand nur aus einer einzigen großen Sandfläche ohne jede schmückende Anlage.

Das Schlimmste jedoch waren die Straßen. Die waren noch nicht gepflastert und verwandelten sich bei Regenwetter in die reinsten Schlammbahnen. Bei großer Trockenheit dagegen wirbelte der Wind dichte Staubwolken auf. Nun gehörten die Straßen einer Stadt aber nicht den Bürgern, sondern dem König. Er hätte also für ihre Brauchbarkeit sorgen müssen, doch nicht einmal das wollte der Alte Fritz für Charlottenburg noch tun. Demzufolge blieb den Bürgern gar nichts anderes übrig, als die Pflasterung selbst in die Hand zu nehmen. Einmal auf den Geschmack gekommen, verschönerten sie ihre Stadt noch weiter. Sie legten Blumengärten vor ihren Häusern an, und sie hegten und pflegten die Beete mit viel Liebe und Geduld. Die Straßen sahen gleich viel freundlicher aus als zuvor.

Eine Straßenbeleuchtung gab es damals noch nicht. Wer abends den richtigen Weg finden wollte, mußte eine Handlaterne mitnehmen. Manchmal aber erscholl in dunkler Nacht der Ruf »Feuer! Feuer!«, und die Glocken läuteten Sturm. Dann stürzten die erschreckten Bürger aus ihren Wohnungen, und jeder wußte, was er zu tun hatte. Die Hausbesitzer stellten große Bottiche, Fässer und Wannen mit Wasser vor ihre Häuser, und die Handwerker eilten zu den Spritzen. Vom brennenden Haus bis zur nächsten Wasserstelle wurde eine Kette gebildet, und die ledernen Feuereimer flogen nur so von Hand zu Hand, bis der Brand endlich gelöscht war.

Die Feuergefahr war damals sehr groß, die meisten Häuser waren ja noch im Fachwerkbau errichtet und mit Stroh gedeckt. Nur die vornehmen Gebäude in der Schloßstraße waren aus Stein, aber die Ställe und Scheunen trugen vielfach noch Rohrdächer.

Glücklicherweise blieb Charlottenburg von größeren Bränden verschont. Nur das Dorf Lütze brannte 1708 völlig ab und mußte von Grund auf neu gebaut werden. Und 1746, bei der Feier zum Geburtstag der Königinmutter, brach am dritten Festtag im Schloß ein Feuer aus. Doch der Schaden war nicht allzugroß und konnte schnell behoben werden.

Einmal in jenen Jahren unter dem Alten Fritz kam ein Charlottenburger aus Not sogar auf die Idee, Steine nach Berlin zu verkaufen. Wenn der sandige Boden meiner Felder sonst nicht viel hergibt, sagte sich der gewitzte Mann, sammele ich eben die Steine auf, die darauf herumliegen. Und siehe da, die Berliner kauften ihm die Steine ab, weil sie die Klamotten zum Bauen verwenden konnten. Nicht lange, und andere Charlottenburger machten es ihrem schlauen Mitbürger nach, und ein schwunghafter Steinehandel zwischen Charlottenburg und Berlin setzte ein.

Doch natürlich reichten die Steine nicht ewig, und der Gewinn blieb schmal. Da hatte ein anderer Charlottenburger einen noch besseren Einfall. »*Wir kommen immer mit dem leeren Wagen nach Berlin zurück*«, sagte er. »*Das ist dumm. Ich gehe von jetzt an in die Berliner Ställe und lade meinen*

Wagen voll Mist. Damit dünge ich dann meinen Acker. Die Ernte wird dadurch viel besser ausfallen. Ihr werdet euch wundern!«

Im nächsten Jahr staunten seine Nachbarn tatsächlich, und von nun an düngten sie alle ihre Felder mit dem Berliner Mist.

Größere Ernten waren für Charlottenburg auch bitter nötig. Wo sollten die Bewohner denn ihre Lebensmittel kaufen, wenn sie selbst nicht genug ernteten? Damals gab es noch keinen Markt in der Stadt, und die Bauern aus den umliegenden Dörfern verkauften ihre Erzeugnisse lieber in Berlin und Spandau. Hier erzielten sie höhere Preise als im armen Charlottenburg.

In der schlimmen Zeit des Siebenjährigen Kriegs brachte ein Charlottenburger eines Tages einen geheimnisvollen Sack aus Berlin mit. *»Schaut mal her, was ich hier habe«*, sagte er zu seinen Nachbarn und öffnete den Sack so weit, daß sie hineinsehen konnten. *»Diese Knollen nennt man Kartoffeln. Der König läßt sie verteilen, und wir sollen sie einpflanzen, damit wir endlich mehr zu essen haben. Roh kann man sie aber nicht genießen, sie müssen erst gekocht werden. Meine Frau soll gleich einige Knollen in den Kochtopf tun, dann wollen wir sie probieren.«*

Die gekochten Kartoffeln dufteten angenehm. Vorsichtig kosteten einige Nachbarn davon. »Das schmeckt nicht schlecht«, meinten sie schließlich. Andere waren mißtrauisch. Sie fürchteten, sich an den neumodischen Knollen zu vergiften. Erst als sie sahen, daß die Esser am Leben blieben, glaubten sie an die Güte der neuen Früchte. Nun holten auch sie sich die »Erdäpfel« oder »Tüffeln« und pflanzten sie in ihren Gärten an, und schon nach wenigen Jahren gab es in Charlottenburg neben den Kornfeldern auch Kartoffelfelder. Seither knurrte den Charlottenburgern nicht mehr ganz so oft der Magen.

Ihr Korn durften die Charlottenburger übrigens nicht mahlen lassen, wo sie wollten; ganz bestimmte Mühlen waren ihnen vorgeschrieben. Fuhr doch mal einer sein Korn zu einem anderen Müller, wurde er schwer bestraft: es herrschte Mahlzwang.

Für Charlottenburg waren eine Wassermühle und zwei Windmühlen vorgesehen. Die Wassermühle lag im Tiergarten, dicht neben der Stelle, wo sich heute der S-Bahnhof Tiergarten befindet. Dort floß ein kleiner Bach vom Neuen See zur Spree: der Schafgraben oder Mühlenbach. Sein Wasser trieb das große Mühlrad an. Die beiden Windmühlen hatte man westlich der Stadt errichtet, dort, wo das Gelände langsam ansteigt. Sie standen am Südrand der heutigen Bismarckstraße, die damals noch Mühlenstraße hieß.

Auch Bier brauten die Charlottenburger. Wie in allen Städten hatten auch in Charlottenburg manche Hausbesitzer das Recht, für den eigenen Bedarf und zum Verkauf Bier zu brauen. Anfangs fanden die Brauanlagen in den Häusern Platz, als aber immer mehr Bier verlangt wurde, mußte man auch die Anlage vergrößern. Doch wohin damit? Und woher das Geld nehmen für eine größere Anlage?

Man überlegte hin und her und fand schließlich, daß es am besten war, wenn sich die brauberechtigten Bürger zusammenschlossen und auf gemeinsame Kosten einen Brauhof errichteten. So kam es dann auch, und das Gebäude, in dem sie nun ihr Bier brauten, lag in der Straße, die noch heute Brauhofstraße heißt.

Ob ihr Bier gut war? Alte Berichte schwärmen davon. Von den heute Lebenden hat es keiner mehr gekostet.

Der Zoo in Tegel?

In späterer Zeit hat der Alte Fritz dann doch noch was für Charlottenburg getan. Er kam nämlich immer, wenn er von Berlin nach Potsdam fuhr, am Hopfenbruch vorüber. Eines Tages ließ er anhalten und betrachtete die Gegend. *»Dieses öde Moor gefällt mir nicht«*, meinte er danach. *»Ich werde es trockenlegen lassen, dann kann man Äcker und Wiesen daraus gewinnen.«*

Nicht lange, und die Trockenlegung des Hopfenbruchs begann. Und als die Arbeiten daran beendet waren, leiteten kleine Gräben das Moorwasser ab und führten es einem Hauptgraben zu, der in den Karpfenteich neben der Schloßstraße floß. Hier vereinte er sich mit dem Bach, der aus Lietzensee kam. (Siehe »Eine späte Rache«.)

Den größten Teil des auf diese Weise neugewonnenen Landes erhielt die Stadt Charlottenburg zugeschlagen, den Rest ließ man brachliegen und setzte nach einiger Zeit Fasanen dort aus. So entstand dort eine Fasanerie, und die Straße, die daran entlangführte, wurde zur Fasanenstraße. Aus der Fasanerie aber wurde später unser Zoo – und über den dürfen wir uns jeden Tag freuen, denn so artenreiche Zoos gibt es nicht viele auf der Welt.

Wenn der Alte Fritz den Hopfenbruch nicht hätte urbar machen lassen, hätte Berlin sicher auch einen Zoo bekommen. Aber der läge vielleicht in Tegel draußen – oder, noch schlimmerer Gedanke, auch in Potsdam.

Fabriken und Verwaltungen

Ob es damals schon Fabriken gab in Charlottenburg?

Einige gab es bereits, nur waren die nicht gleich zu erkennen. In der damaligen Zeit überragten nur Türme die Wohnhäuser der Städte. Dampfmaschinen waren noch nicht erfunden, also brauchten die Fabriken auch keine hohen Schornsteine. Man arbeitete mit der Hand oder mit Maschinen im Handbetrieb. Eine saubere Sache, aber natürlich sehr anstrengend.

Zur Zeit Friedrichs II. gab es in Charlottenburg eine Fabrik, die Strohhüte herstellte – für die Bauern auf den Feldern, damit sie in der prallen Sonne keinen Sonnenstich bekamen –, und eine zweite, in der Spielzeug angefertigt wurde. Eine dritte stellte Tongefäße her, in einer vierten baute ein Töpfermeister Kachelöfen. Diese Fabriken gingen jedoch bald wieder ein. Lediglich zwei Kattundruckereien aus dieser Zeit hielten sich viele Jahre hindurch. Sie stellten Baumwollstoffe, Strümpfe und Mützen her. Die eine lag im Tiergarten gegenüber der Mühle, die andere in der Spreestraße (Wintersteinstraße) nahe am Fluß.

Für die Ordnung in der Stadt sorgte damals allein der Magistrat, zu dem auch der Stadtrichter gehörte. Viele Rechte besaß der Magistrat allerdings nicht, ein Beamter des Königs führte die Oberaufsicht. Bei ihm mußte der Magistrat die Erlaubnis zu jeder einzelnen Maßnahme erbitten.

Auch die Bürger hatten außerhalb ihres Hauses nichts zu sagen. Von ihnen wurde nur Gehorsam verlangt. Den einen gefiel das; sie waren mit allem zufrieden, was des Königs Beamten anordneten. Brav und bieder dienten sie ihrem Staat in der Hoffnung, sich damit selbst zu dienen. Andere hätten lieber mitgeredet und litten darunter, nur gehorchen zu dürfen. Diese anderen waren die Klügeren, aber noch waren sie viel zu wenige, um irgendwas verändern zu können.

Eine »schöne« Wilhelmine

Als 1786 der Alte Fritz gestorben war, wurde sein Neffe Friedrich Wilhelm II. König von Preußen. Das war für das Land ein Rückschritt, denn Friedrich Wilhelm II. war kein großer König und auch kein kluger Mann und ließ vieles von dem, was sein Onkel an Neuem eingeführt hatte, wieder rückgängig machen. So gab es schon bald verstärkte Zensurmaßnahmen, und der Geist der Aufklärung, der unter Friedrich II. durch Preußen wehte, wurde wieder erstickt.

Für Charlottenburg allerdings bedeutete dieser König eine neue Blütezeit. Friedrich Wilhelm II. mochte das Schloß seiner Vorfahren und kam oft hierher. Die Charlottenburger sahen es mit Freude, wußten sie doch, daß das ihrer Stadt nur nützlich sein konnte. Und richtig: So »klein« Friedrich Wilhelm II. in der Politik war, so »groß« war er im Verschwenden von Staatsgeldern. Der Stadt Charlottenburg kam das zugute, denn wieder mal wurde das Schloß vergrößert und der Park noch weiter verschönert.

Carl Gotthard Langhans hieß der Baumeister Friedrich Wilhelm II. –, und den kennt nun wirklich jeder, weil er nicht nur das Schloß Charlottenburg vergrößerte und viele andere berühmte Bauwerke entwarf, sondern auch das neue Brandenburger Tor errichtete.

Wer hat, der hat

Wird heute von Friedrich Wilhelm II. gesprochen, so meistens nur im Zusammenhang mit seiner Geliebten, der Gastwirtstochter Wilhelmine Encke. Ihr Vater blies in der Königlichen Kapelle das Waldhorn, und es heißt, sie wäre ein sehr schönes Mädchen gewesen. Schon als Kronprinz hatte Friedrich Wilhelm sich in sie verliebt und ihr in Charlottenburg ein erstes Wohnhaus gekauft. Es lag direkt an der Spree und war nicht gerade klein. Als Friedrich Wilhelm König wurde, aber reichte dieses Haus nicht mehr – die Geliebte eines Königs war schließlich etwas ganz anderes als die Geliebte eines Kronprinzen.

Die schöne Wilhelmine bekam also ein neues »Haus« in Form eines prachtvollen Palastes mit dazugehörigem Park, der sich vom Schloßpark (Luisenplatz) bis zur Spreestraße (Wintersteinstraße) und zwischen Spree- und Berliner Straße (Otto-Suhr-Allee) hinzog. Um seiner Geliebten dieses Geschenk machen zu können, mußte der König allerdings nicht nur den benachbarten städtischen Brauhof, sondern auch noch neunzehn angrenzende Baustellen erwerben. Das tat er, und zwar ohne mit der Wimper zu zucken, obwohl auf diesem Grund und Boden eigentlich Bürgerhäuser errichtet werden sollten. Die paar verärgerten Untertanen störten ihn nicht, wenn er nur seine Wilhelmine glücklich machen konnte.

Und damit die schöne Wilhelmine sich nicht für ein unschönes Anwesen schämen mußte, wurde ihr Park mit allen möglichen Zier- und Nutzgewächsen bepflanzt und erhielt auch noch anderen Zierrat: Hier kam ein Gartenhäuschen hin, dort eine Grotte, vier Säulen trugen eine Schaukel, ein Brunnen war als Baum verkleidet. Selbst eine Kegelbahn wurde gebaut, und Wilhelmines Speisezelt stand auf einem künstlich aufgeschütteten Hügel, zu dem ein spiralförmiger Weg hinaufführte – weshalb dieses »Kunstwerk« nur spöttisch Schneckenburg genannt wurde.

Mitten durch diesen Park führte die Wilmersdorfer Straße zur Spree. Das konnte Friedrich Wilhelm II. seiner Wilhelmine nicht lange zumuten, also bestimmte er, daß der nördliche Teil der Straße von allem Publikumsverkehr abgeschnitten und dem Park hinzugefügt wurde. Seitdem reicht die Wilmersdorfer Straße nicht mehr bis an die Spree.

Besuchte der König seine Wilhelmine in ihrem Palast, kam er vom Charlottenburger Schloßgarten aus mit einer Gondel auf der Spree herangefahren. Am Ufer führten sanft ansteigende Treppen zu dem prächtigen Bau hinauf. Die Türen und Fensterläden des Palastes waren reich vergoldet, die Wände mit großen Spiegeln geschmückt und die Fußböden kunstvoll ausgelegt. Besonders schön ausgestattet war ein achteckiger grüner Raum: französische Lackarbeiten auf silbernem Untergrund.

Aber das war noch lange nicht alles. Friedrich Wilhelm II. schenkte seiner Geliebten auch noch zwei Häuser in Berlin, zwei Landgüter und jede Menge Schmuck und Geld. Und da das eine der beiden Landgüter Lichtenau hieß und es Zeit wurde, daß er seiner Wilhelmine mal was Richtiges schenkte, adelte der König sein Minchen schon bald und machte sie zur Gräfin von Lichtenau.

Ein altes Sprichwort sagt: Wer hat, der hat! Und wer hat, darf auch verschenken. Aber was hatte Friedrich Wilhelm II. schon? Preußen stand wirtschaftlich vor einer schwierigen Situation, und in Berlin und Charlottenburg lebte ein Großteil der Menschen in allergrößter Not. Diesen Menschen zu helfen, wäre bitter notwendig gewesen; Friedrich Wilhelm II. aber beschenkte lieber seine Wilhelmine.

Wilhelmine regiert

Schön soll sie ja wirklich gewesen sein, die Wilhelmine Encke, die sich ihren Friedrich Wilhelm so um den Finger wickelte, aber sonst? Fast alle Zeitzeugen berichten übereinstimmend, daß die Gräfin Lichtenau neben ihrer Schönheit äußerst hartherzig, hochmütig und streitsüchtig war. Und so war es kein Wunder, daß die Charlottenburger sie lieber gehen als kommen sahen.

Natürlich waren unter diesen Zeitzeugen auch Neider, deshalb muß man manche Berichte mit Vorsicht genießen. Viele aber waren sehr ehrenwerte Leute, denen man ruhig glauben schenken darf.

Einmal, so wird berichtet, hatte Wilhelmine einen Gärtner namens Ohm, der sehr arbeitsam und tüchtig war. Er hatte ihren Garten angelegt und nebenbei auch noch die Arbeiten eines Hauswartes erledigt. Lange Zeit schien die Gräfin mit ihm zufrieden zu sein, eines Tages aber verdächtigte sie den Mann, er stehle ihr Gartengewächse und verschwende die königlichen Mauersteine zum Bau seines eigenen Hauses. Der Bauinspektor, der Maurermeister und der Bauschreiber wiesen sofort seine Unschuld nach – Wilhelmine kümmerte sich nicht drum und entließ den Gärtner trotzdem, und zwar gleich am nächsten Tag.

Doch die Entlassung reichte ihr noch nicht – der Widerspruch des Bauinspektors reizte sie. Also schlug sie ihm kurzerhand eine seiner Papierrollen um die Ohren und beantragte beim König seine Versetzung an einen anderen Ort, was der prompt erledigte. Und dem Maurermeister, der ebenfalls gewagt hatte, ihr zu widersprechen, schlug die Gräfin die flache Hand ins Gesicht, als sei er nur ein ungezogener Junge.

Auch mit den Bäckern fing die zänkische Wilhelmine Streit an; der Charlottenburger Bäckermeister Beerbaum wurde ihr Opfer. Mal hatte sein Brot nicht das richtige Gewicht, mal war es ihr nicht ausgebacken genug. Schließlich klagte sie dem König, daß vom Genuß des Beerbaumschen Brotes sogar schon Menschen gestorben wären.

Friedrich Wilhelm II. setzte eine Untersuchungskommission ein, die nachwies, daß alle Brote und Semmeln zweimal monatlich geprüft würden. Doch natürlich käme es vor, daß ein Brot mal ein paar Gramm leichter und mal ein paar Gramm schwerer sei. Gestorben oder erkrankt jedoch wäre am Beerbaumschen Brot noch niemand. Friedrich Wilhelm II. aber glaubte nicht seiner Kommission, die sämtlich aus ehrbaren Mitgliedern des Charlottenburger Magistrats bestand, sondern seinem miesen Minchen. Also wurde der Bäckermeister Beerbaum für seine »klitschige« Backware für acht Tage auf Festungshaft nach Spandau geschickt.

Der Charlottenburger Magistrat mußte diese Günstlingswirtschaft zähneknirschend mit ansehen. Aber es kam noch schlimmer: Weil die Gräfin Lichtenau die Geliebte des Königs war, meinte sie, sie brauche keine Steuern zu zahlen. Kam ein Bote, um die fälligen Steuern einzufordern, ließ sie ihn von ihren Dienern kurzerhand vor die Tür befördern. Der Magistrat wollte sich das nicht gefallen lassen und bestand weiter auf Zahlung der Steuern. Daraufhin wandte Wilhelmine ihr altes Erfolgsrezept an und beschwerte sich beim König. Und natürlich gehorchte der und gab die Anweisung, daß die Gräfin von Lichtenau künftig bei allen öffentlichen Abgaben zu übersehen sei. Punkt.

So also war sie, jene Wilhelmine, die dem Fernsehen zweihundert Jahre später sogar eine vierteilige Serie wert sein sollte. Zur Freude all jener, denen sie einmal Unrecht getan hatte, aber erwischte es die Gräfin Lichtenau im Alter doch noch. Als nämlich Friedrich Wilhelm II. gestorben war, kam sein Sohn – Friedrich Wilhelm III. – auf den Thron. Und der haßte die Geliebte seines Vaters schon lange. Deshalb nahm er ihr alles weg, was sein Vater ihr geschenkt hatte, und ließ sie obendrein auch noch verhaften. Sie habe heimlich Staatsgelder an sich gebracht, lautete die Anklage. Nun hatte Wilhelmine Encke, spätere Gräfin von Lichtenau, in ihrem Leben vieles an sich gebracht, offensichtlich aber nicht jene Staatsgelder, um die es ging. Deshalb konnte das Gericht nur ihre Unschuld feststellen. Friedrich Wilhelm III. in seinem Zorn auf die Frau, die seiner Mutter das Leben so erschwert hatte, aber ließ die Gräfin trotzdem auf Lebenszeit nach Schlesien verbannen. Nach drei Jahren ließ er sie dann wieder frei. Wilhelmine, nun längst nicht mehr die jüngste, zog nach Breslau und kehrte erst 1812 nach Berlin zurück. Dort vergrub sie sich in ihrem kleinen Palais Unter den Linden. Der französische Kaiser Napoleon, der zu jener Zeit Preußen besetzt hielt, hatte dafür gesorgt, daß Friedrich Wilhelm III. ihr einen Teil ihres Vermögens zurückgab. Doch nun setzte die vielbeschimpfte und gehaßte alte Frau keinen Schritt mehr vor die Tür, bis sie 1820 starb.

Der Dressel

Ein anderer Charlottenburger ist nicht so berühmt geworden wie jene Wilhelmine und hätte es doch viel mehr verdient – der Oberpfarrer Johann Christian Gottfried Dressel (1751-1824). Auch über ihn sind viele Geschichten erzählt worden, das aber sind ganz andere Geschichten als jene, die Wilhelmine machte. Eine geht so:

Im Jahre 1798 gab es einen bitterkalten Winter in Preußen. Mehrere Fuß hoch lag der Schnee, und das Thermometer zeigte Tag für Tag 25 bis 28 Grad Kälte. Das Wild verlor, von Hunger getrieben, bald alle Scheu vor den Menschen und kam bis in die Gärten der Charlottenburger Bürger. Auf dem Mühlenweg (Bismarckstraße) wurde eines Tages sogar ein erfrorenes und schon fast zu Eis erstarrtes Reh gefunden.

Eines Nachmittags im Dezember jenen Jahres klopfte es an der Tür des Oberpfarrers Dressel. Als er öffnete, sah er zwei Männer mit einer Trage, auf der eine alte Frau lag. Es dunkelte schon, aber der Pfarrer erkannte an der Gestalt die alte Christel, die im Sommer und im Herbst Kräuter, Beeren und Pilze sammelte und in Berlin auf dem Markt verkaufte. Wie oft hatte er sie mit der Kiepe auf dem Rücken oder mit dem Korb am Arm die Straße zum Tiergarten hinunterhumpeln sehen; nun lag sie halb erstarrt vor ihm. Die Männer, die vom Holzschlagen im Grunewald kamen, hatten sie am Lietzensee im Schnee liegend gefunden. Der Oberpfarrer nahm das alte Mütterchen in sein Haus, und seine Frau pflegte es. Am Sonntag dann bat er in der Kirche um Hilfe für die Kranke. Aber alles Flehen und Bitten half nichts, niemand wollte die alte Frau aufnehmen. Den Transport bis in ein Berliner Krankenhaus aber hätte die Schwerkranke nicht überstanden. Also schrieb der Oberpfarrer an Friedrich Wilhelm III., der seit einem Jahr regierte: *»Es gibt hier viele alte Leute, die entweder gar keine oder nur sehr arme Verwandte haben. In ihrer Armut können sie die teure Miete für eine Wohnung nicht bezahlen. So kommen sie nirgends unter. Wenn sie krank und unbeholfen werden, will sie wegen der Feuergefahr auch kein Hauseigentümer auf den Bodenkammern dulden. Man hat sie daher schon halb erstarrt vor meine Tür gebracht und mir die weitere Versorgung überlassen. Wenn ich sie trotz allen Flehens und Bittens nirgends unterbringen konnte, habe ich sie in mein Haus aufnehmen müssen.*

Manche habe ich in das Krankenhaus in Berlin bringen lassen können. Der Transport und der Aufenthalt im Krankenhaus sind aber stets mit großen Kosten verknüpft. Mehrere Arme und Kranke haben schon im harten Winter in den Ställen liegen und elend umkommen müssen. Sie waren so geschwächt, daß sie nicht nach Berlin gebracht werden konnten. Ich bitte daher, für diese Armen ein Krankenhaus errichten zu lassen.«

Der König ließ die Angaben nachprüfen und fand sie bestätigt. Und da der Oberpfarrer für die Errichtung des Krankenhauses bereits 550 Taler gesammelt hatte, brauchte Friedrich Wilhelm III., der von seinem verschwenderischen Vater viele Schulden geerbt hatte, nur noch den Rest der Bausumme zu bewilligen. Und das tat er.

Das Armenkrankenhaus wurde auf dem Friedhofsgelände der Rosinenstraße (Loschmidstraße) errichtet und im Jahre 1802 fertiggestellt. In ihm konnten alle Bedürftigen, die keine oder nur sehr arme Verwandten hatten, behandelt und gesund gepflegt werden. Doch das war längst nicht alles, was der Oberpfarrer Dressel für die Stadt Charlottenburg und die Charlottenburger Bürger getan hatte. Auch die Kinder lagen ihm am Herzen.

Wie war es denn damals um die Charlottenburger Schule bestellt? Anfangs wurden die Charlottenburger Kinder gemeinsam mit den Lützower Bauernkindern in der Dorfschule unterrichtet. Die ersten Lehrer waren ein Student, später ein Gastwirt. Beide kümmerten sich nicht viel um den Unterricht, so daß die Kinder bei ihnen kaum etwas lernten. Im Jahre 1706 war dann endlich der Küster Friedrich Strecke aus Großbeeren als Stadtlehrer in Charlottenburg angestellt worden. Im Königlichen Marstall mußte er die Kinder unterrichten und nebenher auch noch zum Gottesdienst läuten und die Uhr im Rathaus stellen und aufziehen. Das zeigt schon, wie wenig Lehrer damals geschätzt wurden.

Erst dem Oberpfarrer Dressel verdankte die Stadt Charlottenburg ein richtiges Schulhaus. *»Der König will uns kein Geld zum Bau eines Schulhauses geben«*, erklärte er den Mitbürgern. *»Ich habe ihn schriftlich um die Summe gebeten. Er hat abgelehnt. Also müssen wir uns selbst helfen.«*

Das geschah noch vor dem Bau des Armenhauses, also zu Lebzeiten des Verschwenders Friedrich Wilhelm II. Landbesitz, Häuser, Schmuck und Geld für seine Wilhelmine – ja, eine Schule für die Kinder – nein!

Wie so oft aber redete Pfarrer Dressel nicht nur, sondern ging hin zu den wohlhabenden Bürgern Charlottenburgs und bat sie um eine Spende für das neue Schulhaus. Die Charlottenburger konnten ihm einen Beitrag schlecht abschlagen, und so wurde im Jahre 1786 tatsächlich das erste richtige Charlottenburger Schulhaus errichtet. Es ist noch heute vorhanden und steht in der Gierkezeile (früher Kirchstraße Nr. 4).

Was den Oberpfarrer Dressel für uns heute aber so besonders wichtig macht, ist seine Charlottenburger Stadtchronik. Über vierzig Jahre lang – von 1778 bis 1824 – war »der Dressel« in der Stadt tätig. Und in all dieser Zeit sprach er viel mit alten Leuten und ließ sich erzählen, wie sie die Anfänge der Stadt Charlottenburg miterlebten. Was er hörte, schrieb er auf. So entstand eine Chronik, dick wie eine Bibel, die noch heute im Charlottenburger Rathaus aufbewahrt wird. Auszüge davon gibt es heute als kleines Büchlein. Hätte Dressel das nicht getan, würden wir vieles gar nicht mehr wissen.

Napoleon kommt – Napoleon geht

Friedrich Wilhelm III. regierte von 1797 bis 1840. Doch nicht einmal diese dreiundvierzig Jahre reichten aus, um den Schuldenberg abzutragen, den ihm sein verschwenderischer Vater hinterlassen hatte. Offenbar war es oft so, daß sich die Väter der Könige keine großen Gedanken darüber machten, wie ihre Söhne mit den Schulden fertig werden sollten, und lustig weiter in die Kasse griffen, in der eigentlich schon längst nichts mehr war.

Friedrich Wilhelm III. aber mußte Preußen auch über die Franzosenzeit hinweg regieren, und unter Napoleon blutete das ohnehin schon arme Preußen noch mehr aus.

Der Kaiser der Franzosen überzog ganz Europa mit Krieg. Preußen versuchte über zehn Jahre hinweg, strikt neutral zu bleiben und sich nicht einzumischen in die Kriege, die Napoleon mit anderen Ländern führte. Als das Land dann schließlich doch gezwungen wurde, Napoleon entgegenzutreten, war es infolge der langjährigen Neutralitätspolitik auf diesen Krieg weder politisch noch militärisch ausreichend vorbereitet. Nach der Niederlage von Jena und Auerstedt (14. Oktober 1806) war der Krieg dann auch schon verloren. Friedrich Wilhelm III. und seine Frau, die Königin Luise, flohen ins ferne Königsberg; Napoleon ritt vor seiner »Großen Armee« durchs Brandenburger Tor und besetzte die preußische Hauptstadt.

Die Rache des kleinen Mannes

Schon nach wenigen Tagen, so heißt es, soll es Napoleon in Berlin nicht mehr gefallen haben. Deshalb zog er ins Charlottenburger Schloß um. Und als Schlafstätte wählte er ausgerechnet das Schlafzimmer der mit ihrem Gemahl nach Königsberg geflohenen Luise.

»Er will im Zimmer der Königin schlafen«, flüsterte sich die aufgeregte Dienerschaft zu – und war empört: Dieser freche Franzose im Bett ihrer geliebten Luise? Das mußte verhindert werden.

Nun stand zu jener Zeit im Charlottenburger Schloß eine kunstvolle Weckuhr von etwa einem halben Meter Höhe, die nicht das übliche Glockensignal von sich gab, sondern als Weckruf einen prächtigen Militärmarsch aufspielte – und zwar aus nicht weniger als elf Trompeten. Eine Dresdener Uhrenfabrik hatte der Königin Luise diese Uhr geschenkt, die im großen Speisesaal ihren Ehrenplatz erhielt. Ein besonders mutiger Diener, wird erzählt, zog diese Uhr gleich in der ersten Nacht auf, stellte sie auf eine Uhrzeit zwischen Nacht und Morgen und plazierte sie so, daß der französische Eroberer den Weckruf unbedingt hören mußte.

Nichts ahnend legte sich der Kaiser der Franzosen zu Bett. Kein Laut störte seine Ruhe. Doch da, auf einmal, was war das ? Erschrocken fuhr Napoleon wieder aus den Kissen. Das war ja ein Reitermarsch, der da an seine Ohren drang! Rückte etwa die preußische Reiterei an? Und hörten seine Wachen nichts?

Schnell zog er sich an, eilte hinaus und alarmierte seine Soldaten. Und dann standen sie da, die Franzosen, tapfer und abwehrbereit der preußischen Reiterei entgegenblickend – auch noch, als die Musik schon längst verstummt und weit und breit kein Feind zu erblicken war. Erst nach längerer Zeit schwante Napoleon was. Er ließ die Dienerschaft wecken, die natürlich überhaupt nicht geschlafen, sondern sich vor Lachen in den Kissen gewälzt hatte, und befahl, das ganze Schloß zu durchsuchen. Irgendwann wurde die Uhr gefunden, und alles kam heraus. Nur wer der Diener war, das erfuhr der Kaiser der Franzosen nicht, denn niemand verriet den mutigen Mann. Blamiert und gedemütigt zog der stolze Kaiser der Franzosen aus Charlottenburg wieder ab.

Eine schöne Geschichte! Aber ob sie wahr ist – oder nur gut erfunden? Der Unterlegene muß halt Mittel und Wege suchen, um an dem Starken sein Mütchen zu kühlen; und wenn es nur durch eine freche Geschichte ist. Da die Charlottenburger in der Folgezeit noch viel unter den Franzosen zu leiden hatten, wäre es nicht sehr verwunderlich, wenn sie, die Besiegten, auch mal über die Eroberer lachen wollten und sich einer von ihnen diese Geschichte ausdachte. Vielleicht sogar der »mutige Diener« selbst.

Die Trompetenuhr aber gab es wirklich. Noch bis in den II. Weltkrieg hinein stand sie im ersten Stock des Charlottenburger Schlosses. Wer sie besichtigte, bekam, wenn er Glück hatte, auch diese Geschichte zu hören. Waren die Zuhörer Franzosen, glaubten sie die Geschichte natürlich nicht. Hörten Preußen zu, grinsten sie stolz.

Sieger und Besiegte

Zwei Jahre lang litt die Stadt Charlottenburg unter der französischen Besatzung. Zwar führten sich die französischen Soldaten unter der einheimischen Bevölkerung nicht ungesitteter auf, als Besatzungssoldaten das allgemein taten, aber Mord, Vergewaltigung und andere Verbrechen gehörten leider auch dazu.

Und wie üblich nach Kriegen, benahmen sich die Sieger auch sonst nicht sehr fein: Alles staatliche Eigentum Preußens wurde beschlagnahmt, ebenso der Besitz des Königshauses und anderer Adelsfamilien, und viele Kunstschätze wurden geraubt und aus den Schlössern Berlins, Charlottenburgs und Potsdams nach Paris gebracht. Darunter auch die Quadriga vom Brandenburger Tor, was ganz Berlin erzürnte. Und zu alledem kamen die nicht enden wollenden Einquartierungen der französischen Truppen, die durch Preußen marschierten. Zwölf- bis dreißigtausend Mann waren das, die da täglich untergebracht werden mußten. Ein Umstand, unter dem besonders die Hausbesitzer zu leiden hatten.

Das Allerschlimmste für die bitterarmen Preußen aber war der Unterhalt der fremden Truppen. Insgesamt 2,7 Millionen Taler mußten dafür gezahlt werden; was für Preußen eine noch tiefere Verschuldung bedeutete. Am Ende der Franzosenzeit betrug allein die Schuldenlast Berlins 4,5 Millionen Taler – eine utopisch anmutend hohe Schuldensumme für die damalige Zeit, an der Berlin bis 1850 (!) zu tragen hatte.

Aber auch das viel kleinere Charlottenburg mußte tief ins Stadtsäkkel langen. 7.000 Franzosen waren hier untergebracht; das hieß, alle sechs Monate mußten 70.000 Taler gezahlt werden. Also blieb auch der Stadt Charlottenburg nichts anderes übrig, als immer wieder neue Schulden zu machen.

Der französische Stadtkommandant von Berlin bewohnte das ehemalige Palais der Gräfin Lichtenau und war damit nicht schlecht untergebracht. Für seine Truppen bestimmte er den Höhenrand zwischen Lietzensee und Spandauer Damm mitsamt dem Gelände des heutigen Westend zum Feldlager.

Oberpfarrer Dressel hat das Lager beschrieben. Den Hauptteil bildete eine gerade Straße. Sie begann am Lietzensee und lief über den Platz, an dem heute die Epiphanienkirche steht, auf das heutige Krankenhaus Westend zu. Rechts und links stand, nur durch schmale Zwischenräume voneinander getrennt, Baracke an Baracke, erbaut aus den Stämmen junger Kiefern. Die Wände waren mit Lehm beworfen und mit Kalk gestrichen. Bretterdächer deckten die Baracken ab. Die Vorderwände hatten neben jeder Tür links und rechts ein Fenster. Das Innere war ein einziger Raum, in dem (auf Pritschen) jeweils 20 Mann schliefen.

380 solcher Baracken zählte die Straße, je 190 auf jeder Seite. Hinter dieser Hauptstraße lagen dann noch 64 größere Baracken, die den Soldaten als Küchen- und Speiseräume dienten. Zwischen ihnen waren Ziehbrunnen ausgegraben, zum Teil 20 Meter tief. Den Küchenräumen folgte wieder eine Straße mit zwei weiteren Reihen Baracken. Die waren etwas besser eingerichtet und für die Unteroffiziere und Spielleute bestimmt. Die Offiziere hatten sich in der Stadt einquartiert, und zwar bei Bürgern, die darüber alles andere als erfreut waren.

Im Rücken des Lagers, bis zum Wald hin, standen die Marketenderwagen und die Buden der Restaurateure. Lärmende Musik und lautes Lachen schallten durcheinander. Hier pflegten die Offiziere ihre vornehmen Kutschen abzustellen, wenn sie zum Dienst ins Lager mußten, und die »elegante Welt« Berlins liebte es, sich dieses Schauspiel anzusehen, wie berichtet wird.

Vor dem Lager standen in der Mitte und an beiden Flügeln hohe Mastbäume. Sie waren mit grünem Strauch umkleidet, und von ihren Spitzen wehte die französische Fahne. In der Mitte des Mastbaumes verkündete ein großes rundes Schild unter Helm und Lorbeerkranz den Namen des Lagers: »Napoleonsburg«. Davor, etwa zwischen Kaiserdamm und dem alten Luisenfriedhof, blickten die feindlichen Kanonen drohend auf die friedliche Stadt hinab.

Als Napoleon Geburtstag hatte, wurde extra noch ein »Ballhaus« gebaut. Es mag auf dem heutigen Branitzer Platz gelegen haben. Die Türen dazu wurden aus dem Schloß geholt, die Tapeten aus dem Opernhaus, und von der Stadt die Anhöhe hinauf bis zum Ballhaus wurde mitten durch das Lager eine Doppelallee von gefällten Tannen angelegt. Ob das den Charlottenburgern gefiel, was da mit ihrem Wald gemacht wurde, kümmerte die Besatzer nicht. Und die Charlottenburger schluckten ihre Wut still herunter.

Es war eine Erlösung für Charlottenburg, als das Lager im November 1808 endlich abgebrochen wurde. Und als wollten sie nicht mehr daran erinnert werden, mieden die Charlottenburger von nun an diesen Teil ihrer Stadt. Fünfzig Jahre lang durfte alles zuwuchern, erst dann gründeten ein Fabrikbesitzer mit dem Namen Werkmeister und ein Bankdirektor namens Quistorp in dieser Gegend die Villenkolonie

Westend. Damit zog wieder Leben ein, wo einst die Franzosen lagerten; allerdings ein ganz anderes als das zuvor Beschriebene.

Für wen denn?

Kein Land der Welt ist gerne von einer Siegermacht besetzt. Auch Preußen wollte nicht auf ewig den Franzosen untertan sein. Wer aber sollte Napoleon wieder vertreiben, da das preußische Heer geschlagen war?

Auf diese Frage gab es nur eine Antwort: das preußische Volk mußte es tun. Es mußte sich bewaffnen und mit viel Mut und Begeisterung erneut gegen Napoleon ziehen.

Das Volk in Preußen aber hatte keine Lust, erneut zu kämpfen. Wofür denn? Etwa für ein Land, in dem es nichts zu sagen hatte? Schließlich ging in Preußen noch immer alle Macht vom König aus, ja, er regierte über die von ihm eingesetzten Stadtverwaltungen sogar bis in die kleinsten Städte hinein. Ob irgendwo eine Brücke oder Straße gebaut wurde, ein Krankenhaus oder eine Schule, bestimmten nicht die Bürger, die in dieser Stadt lebten und wußten, was nötig war, sondern der König. Den Bürgern blieb nur der Gehorsam übrig.

Günstig für das preußische Volk, daß es auf einmal gebraucht wurde. Endlich konnten die Bürger mal Forderungen stellen und von ihrem König Reformen verlangen. Eine Gruppe um den Freiherrn vom Stein war besonders aktiv und setzte für Preußen schließlich eine neue Städteordnung durch. Das hieß, vom 19. November 1808 an durften sich die preußischen Städte selbst verwalten. Egal, ob eine Brücke gebaut oder eine Straße angelegt, ein Stadtarzt, ein Lehrer oder ein Beamter angestellt werden sollten, von jetzt an bestimmten die betroffenen Bürger selbst darüber, was zu geschehen hatte. Die Aufgaben der Gemeinden und des Staates waren damit voneinander getrennt, und auch die Befugnisse von Justiz und Verwaltung wurden ab sofort streng voneinander unterschieden. Als beschließendes Organ wurde die Stadtverordnetenversammlung eingeführt und die Verordneten von den Bürgern in freier und geheimer Wahl selbst bestimmt. Stimmberechtigt waren allerdings nur Männer mit Hauseigentum oder einem Jahreseinkommen von mehr als zweihundert Talern – in Berlin waren das nur 6,9 Prozent der Bürger, also nicht einmal jeder Zehnte. In Charlottenburg werden es nicht mehr gewesen sein. Aber immerhin, ein Anfang war gemacht, und die Bürger freuten sich – vor allem jene, die immer schon mitreden wollten. (Frauen mußten noch über einhundert Jahre warten, bis auch sie endlich stimmberechtigt waren.)

In Charlottenburg, wie in anderen Städten, wurde die Einführung der städtischen Selbstverwaltung mit einem großen Fest begangen. Während aber die Berliner dieses Fest am 6. Juli 1809 begingen, suchten sich die dankbaren Charlottenburger dafür den 3. August aus, den Geburtstag des Königs. Oberpfarrer Dressel beschrieb, wie alles vor sich ging:

Die Charlottenburger Kirche war mit Girlanden, Blumen und Orangenbäumen geschmückt, überall leuchteten Kerzen, und vierundzwanzig weißgekleidete Jungfrauen streuten dem neugewählten Magistrat Blumen auf den Weg. Danach nahmen der Magistrat und die sechsunddreißig Stadtverordneten vor dem Altar Platz, und nach Gesang und Predigt wurden der Rat und die Vertreter der Bürgerschaft vereidigt.

Später wurde es dann lustig. Im Gartenhaus »Prinz von Preußen« wartete schon die Festtafel, und als alles verzehrt war, schloß die Feier mit einer großen Illumination (Beleuchtungsaktion) der ganzen Stadt. Verdient hatte das diese neue Verordnung, die – bei aller Unvollkommenheit – einen großen Fortschritt für Preußen bedeutete.

Pfarrer Dressel sammelt wieder

Trotz aller Reformen und dem Abzug der Franzosen aus Berlin und Charlottenburg war die Not in der Bevölkerung noch lange nicht behoben. Hoffnungslosigkeit und Niedergeschlagenheit machten sich in Preußen breit. Und die Berliner und Charlottenburger waren zu alledem auch noch sehr enttäuscht vom König, der nicht bereit war, in die Hauptstadt zurückzukehren.

1809 kam es dann in Österreich, Tirol und Norddeutschland zu den ersten Aufständen gegen Napoleon. In Preußen wurde diskutiert, ob man sich nicht auch endlich gegen den Eroberer auflehnen sollte, aber der König zauderte.

Ende des Jahres 1809 schließlich kehrte Friedrich Wilhelm III. doch nach Berlin zurück, an einen Aufstand gegen Napoleon aber wagte er immer noch nicht zu denken. 1812, als Napoleon Rußland unterwerfen wollte, rückten dann erneut französische Truppen in Berlin ein, und wieder begannen die Leiden der Besatzungszeit mit Truppeneinquartierungen und hohen finanziellen Belastungen. Jetzt jedoch regte sich erster vorsichtiger Widerstand gegen die Besatzer. Die Geduld der Berliner und Charlottenburger war erschöpft. Der Husarenoffizier Ferdinand von Schill versuchte, ohne Befehl und auf eigene Faust mit begeisterten jungen Leuten den Kampf aufzunehmen. Er scheiterte nicht zuletzt wegen der Passivität des Königs. Endlich, als die Franzosen gegen Rußland eine Niederlage erlebten und die Reste der »Großen Armee« durch ganz Europa in die Heimat zurückfluteten, wagte auch Friedrich Wilhelm III. – gedrängt von seinen Beratern und der politischen Situation – den Bruch mit Napoleon. Er verbündete sich mit Rußland und Österreich, und nun, im Frühjahr 1813, wurde Berlin Mittelpunkt der nationalen Erhebung gegen die Franzosen: Zehntausend preußische Bürger meldeten sich freiwillig, um den fremden Eroberer aus dem Land zu vertreiben, davon allein 6.300 aus Berlin.

Mehrmals versuchte Napoleon Berlin zurückzuerobern, es gelang ihm nicht. Doch natürlich standen überall im Land noch seine Truppen. Auch in Spandau. Um die Franzosen endlich zur Übergabe zu zwingen, fuhren die preußischen Soldaten am Spandauer Berg Kanonen auf, und die Charlottenburger konnten einen Teil des Kriegsgeschehens aus allernächster Nähe miterleben. Sogar aus Berlin kamen »Schlachtenbummler« nach Charlottenburg, um zu beobachten, wie die Preußen die Franzosen aus der Festung schossen. (Damals war es noch möglich, sich abseits der Schüsse zu halten.)

Und wer war noch dabei, als Spandau befreit wurde? Der Oberpfarrer Dressel! Wie immer machte er sich nützlich und sammelte Gelder ein – diesmal für die Spandauer, deren Häuser durch den Kanonenbeschuß beschädigt wurden. Er bekam mehr, als er erwartet hatte, so groß war die Opferfreudigkeit der Charlottenburger und Berliner, die sich nun endlich von den Besatzern befreit sahen.

Einige Monate später wurden Berlin und Charlottenburg erneut in Angst versetzt: Ein französisches Heer kam von Süden herangezogen und versuchte ein weiteres Mal, Berlin zu erobern. Aber wiederum wurden die Franzosen besiegt und mußten sich zurückziehen. Nach der Völkerschlacht bei Leipzig brach die Herrschaft Napoleons über Deutschland dann endgültig zusammen, und im Jahre 1814 brachte General Blücher die Quadriga wieder auf das Brandenburger Tor zurück. Damit war eine schlimme Zeit endlich beendet.

Für Friedrich Wilhelm III. war das Charlottenburger Schloß von Anfang an sein Lieblingswohnsitz. Und auch seine Frau, die Königin Luise, fühlte sich hier sehr wohl. Und da Friedrich Wilhelm III. und seine Luise eine glückliche Ehe führten, wie überall nachzulesen ist, erlebten die Charlottenburger zum erstenmal ein einigermaßen harmonisches, königliches Familienleben mit. Von Friedrich Wilhelm III. Vorgängern waren sie das ganz und gar nicht gewöhnt.

Aber nicht nur deshalb liebten und achteten sie ihre Königin Luise, die von allen, die sie kennengelernt hatten, nur gelobt wurde. Warmherzig soll sie gewesen sein, liebreizend und natürlich, belesen und mutig. Kein Wunder also, daß ganz Preußen in sie vernarrt war.

Leider erlebte Luise, die einst in Tilsit Napoleon ergebnislos gebeten hatte, ein gnädiger Sieger zu sein, die Befreiung vom Napoleonischen Joch nicht mehr mit. Zwar kehrte sie Ende 1809 mit ihrem Mann nach Berlin zurück und zog am 1. Januar 1810 unter dem Jubel der Charlottenburger wieder in ihr Lieblingsschloß ein, im Juli desselben Jahres aber erkrankte sie plötzlich und starb. Es war während eines Verwandtenbesuches in Hohenzieritz in Mecklenburg, auf den sie sich lange gefreut hatte. Sie war nur vierunddreißig Jahre alt geworden.

Der trauernde Friedrich Wilhelm III. beschloß, seiner Gemahlin im Schloßpark zu Charlottenburg eine Grabstätte zu bereiten, und wählte als Platz dafür die düstere Tannenallee aus, in der seine Frau so gerne spazierengegangen war.

Ein Mausoleum wurde errichtet und ein Denkmal der Königin Luise geschaffen, ganz in weißem Marmor und von dem berühmten Bildhauer Christian Daniel Rauch gemeißelt. Die Säulen der Vorhalle waren ursprünglich aus leicht vergänglichem Sandstein hergestellt und wurden später durch Säulen aus festem märkischem Granit ersetzt. Zu ihrer Herstellung lieferte der Graf von Schulenburg einen mächtigen Findling von seiner Feldmark bei Eberswalde.

Neben der Königin Luise wurden später auch Friedrich Wilhelm III., Prinz Albrecht und das Herz Friedrich Wilhelms IV. beigesetzt, der wollte, daß sein Herz zu Füßen seiner Eltern bestattet wurde.

Noch später fügte der Baumeister Schinkel eine Kapelle hinzu. Und als Kaiser Wilhelm I. und seine Frau Augusta hier ihre letzte Ruhestätte fanden, schloß sich noch ein Erweiterungsbau an.

Weil sich Friedrich Wilhelm III. ohne seine Frau, die ihm in vielen

Dingen überlegen war, zu einsam fühlte in dem Charlottenburger Schloß, ließ er sich im Park nahe der Spree eine Villa bauen. In Italien hatte er einmal in einem solchen Haus gewohnt, das hatte ihm sehr gefallen. Das neue Haus sollte ebenso aussehen und erhielt deshalb eine Galerie, auf der man rings um das Haus gehen konnte.

In der gemütlichen Villa wohnte der König von nun an lieber als im Schloß, und bei schönem Wetter hielt er sich gern auf der Galerie auf. Er soll sich dann immer auf die Seite gesetzt haben, die gerade gegen den Wind geschützt war.

Nur wenige Menschen durften den König in dieser Villa besuchen. Der Hofprediger Eylert gehörte dazu. Er beschrieb die Innenräume so: *Ruhe und Frieden atmet hier alles, und alle Gemälde und Kupferstiche an den Wänden geben dieser Stimmung Nahrung ... Im Wohnzimmer lagen auf den Tischen die Briefe seiner Kinder, vorzüglich seiner abwesenden Töchter ... Das ... kleine, einfache, helldunkle Schlafzimmer atmete sanfte Ruhe, und die Decke seines Bettes war ein großes, schönes Umschlagtuch, welches die verewigte Königin lange und gern getragen hatte.*

Friedrich Wilhelm III., der »zögerliche und friedliche König«, der das Pech hatte, es während seiner Regierungszeit mit einem Napoleon zu tun zu bekommen, mußte seine Frau sehr geliebt haben. Erst vierzehn Jahre nach ihrem Tod verheiratete er sich wieder (mit der Fürstin Liegnitz), und zwar in aller Stille in der Charlottenburger Schloßkapelle.

Friedrich Wilhelm III. »italienische« Villa war übrigens durch einen unterirdischen Gang mit dem Schloß verbunden, der erst hundertfünfzig (!) Jahre später entdeckt wurde – und zwar durch spielende Kinder. Wahrscheinlich sind auf diesem Weg die Speisen aus der Schloßküche in die Villa hinübergetragen worden; die Villa selbst besaß keine Küche.

Dem Luisenplatz gegenüber hatte schon Friedrich I. einen großen Garten anlegen lassen, der die Schloßtafel mit Gemüse versehen sollte. Er hieß »der Küchengarten« und wurde vom Abfluß des Lietzensees durchflossen. In der Franzosenzeit ließ Friedrich Wilhelm III. auf einem Teil des Küchengartens ein Lazarett anlegen und verkaufte den anderen Teil an einen reichen Kaufmann. Es war ja eine Zeit bitterster Not für das Land. Der Kaufmann verkaufte seinen Teil bald weiter, und der neue Besitzer ließ sich in dem großen Garten ein vornehmes Wohnhaus bauen. Die Pläne dazu hatte der berühmte Baumeister Schinkel entworfen. Ein Graf von Hacke verloste das Grundstück dann mal bei einer Lotterieveranstaltung als Hauptgewinn. Nun erwarb es der Graf von Wartenberg. Seitdem wurde das Gebäude das Wartenbergsche Palais genannt.

Um 1900 schließlich erwarb die Stadt Charlottenburg das schöne Haus mit dem großen Garten, ließ das Haus abreißen und führte die Kaiser-Friedrich-Straße durch den ehemaligen Garten. Gleich daneben wurden Mietshäuser gebaut. Damit war der Küchengarten dann völlig verschwunden, wie so vieles andere aus jener Zeit auch.

Freiheiten und andere »Gemeinheiten«

Auch Friedrich Wilhelm IV., der von 1840 bis 1861 in Preußen regierte, weilte gern in Charlottenburg. Das Schloß und der Park gefielen ihm. Mit der Aussicht auf den Luisenplatz aber war er gar nicht zufrieden. Sein Blick traf immer nur die breite, eintönige Schloßstraße und die Pferdeställe gegenüber seinem Fenster. Darum ließ er die Schloßstraße schon bald mit Anlagen versehen, damit sie etwas freundlicher aussah. Und vor den Pferdeställen ließ er zwei Kasernen errichten. (Damals lag in diesen Kasernen seine Leibgarde, heute befinden sich darin das Ägyptische Museum und das Antikenmuseum.)

Hut ab

Die beiden Kasernen mit den runden Kuppeln auf dem Dach paßten zum Schloß, und diese Geschichte paßt zu Friedrich Wilhelm IV., der ein König war, der stets nur sah, was er sehen wollte. Deshalb sah er auch nicht, wie schlecht es seinem Volk ging – und wie unzufrieden es mit seiner Politik war. Nicht einmal ein Attentat auf ihn öffnete ihm die Augen. Dabei war der Attentäter immerhin der Bürgermeister von Storkow; einer von jenen, die Friedrich Wilhelms Politik nicht länger mitmachen wollten; was die Tat natürlich nicht rechtfertigte.

Andererseits ging es den Menschen zu jener Zeit so schlecht, daß einfach irgend etwas passieren mußte: Extrem niedrige Löhne, Arbeitszeiten bis zu siebzehn Stunden am Tag, eine überhandnehmende Kinderarbeit, Hungersnöte und keinerlei soziale Absicherung prägten das Leben der untersten Bevölkerungsschichten. Als dann nach einer schweren Mißernte auch noch die Preise für Kartoffeln, Getreide und andere Grundnahrungsmittel erheblich anstiegen, kam es in Berlin zu ersten Unruhen und Plünderungen; die sogenannte »Kartoffelrevolution« brach aus. Nur mit Hilfe des Militärs konnte nach drei Tagen die Ruhe wiederhergestellt werden. Über dreihundert »Revolutionäre« –

Menschen, die nur Hunger hatten und verzweifelt waren – wurden verhaftet.

Ein Ergebnis dieser Unruhen: Der Landtag tagte. Aber gleich in seiner Eröffnungsrede erklärte der König, daß er eine als Gesetz beschlossene neue Verfassung, wie von vielen verlangt, nicht akzeptieren werde. Damit war alles gesagt, nach sechs Wochen ging der Landtag, ohne wesentliche Beschlüsse zu fassen, wieder auseinander. Dafür nahm fortan die Verfolgung aller in Opposition zum König stehenden Kräfte zu; Friedrich Wilhelm IV. und »seine lieben Berliner«, wie er die Hauptstädter gerne nannte, wurden immer mehr zu Feinden.

Im Februar 1848 kam es dann in Frankreich zu einer Revolution, die zur Abdankung des Königs und der Ausrufung einer Republik führte. Das machte den Berlinern Mut. Zahlreiche politische Versammlungen und Demonstrationen fanden statt, die schließlich in eine »Adresse an den König« mündeten. Darin wurden freiheitliche Forderungen erhoben. Die Adresse jedoch erreichte den König nicht, und die Lage verschärfte sich, als nach einer Versammlung in den Zelten (berühmte Berliner Straße mit vielen Gartenlokalen) Soldaten die friedliche Menge angriffen und es zahlreiche Verletzte gab.

Inzwischen hatte auch in Wien die Revolution gesiegt. Der Staatskanzler (Fürst Metternich) mußte zurücktreten und der Kaiser die Bewilligung einer Verfassung versprechen. Wieder etwas, das Mut machte. Also verlangte man in Berlin: Rückzug des Militärs, Versammlungsfreiheit, Presse- und Redefreiheit, politische Gleichberechtigung aller Bürger ohne Rücksicht auf Besitz und religiöses Bekenntnis, Einberufung des Landtags und eine bewaffnete Bürgerwehr.

Es sah so aus, als wollte auch der preußische König einlenken. Für den 18. März 1848 wurde eine Proklamation (öffentliche Bekanntgabe) angekündigt, in der dem Volk die Einberufung des Landtags und Pressefreiheit versprochen und noch weitere Reformen in Aussicht gestellt werden sollten. 10.000 Menschen versammelten sich in Berlin, um die Proklamation mit anzuhören. Kurz bevor die Verlesung begann, rückte plötzlich Militär an – und schoß in die Menge. Das empörte Volk wehrte sich. Barrikaden wurden gebaut, und es kam zu heftigen, vierzehn Stunden andauernden Kämpfen mit vielen Toten und Verletzten auf beiden Seiten. Der König wandte sich an seine »lieben Berliner«, versuchte sie zu besänftigen und forderte zur Räumung der Barrikaden auf. Die Revolutionäre verlangten daraufhin den sofortigen Abzug des Militärs, und dem König blieb nichts weiter übrig, als seine Truppen erst einmal zurückzuziehen. Außerdem mußte er die Umbildung der Regierung versprechen, die Bewaffnung der Bürger genehmigen und alle, die wegen Verstoßes gegen die Pressezensur und anderer politischer Vergehen verurteilt waren, aus den Gefängnissen entlassen.

Und er mußte noch etwas tun, nämlich den im Kampf gefallenen Berliner Arbeitern, Handwerkern, kaufmännischen Angestellten und Angehörigen der sogenannten »gebildeten Ständen« höchstpersönlich seine Referenz erweisen. Friedrich Wilhelm IV. tat das, und als ihm angesichts der 183 Toten jemand aus der Bevölkerung »Hut ab!« zurief, nahm er – aus Respekt vor den Toten oder seinem nun längst nicht mehr wehrlosen Volk – tatsächlich seinen Hut ab.

Friedrich Wilhelm IV. hat später immer behauptet, die Schüsse am 18. März wären nur aus Versehen losgegangen. Beim Laden der Gewehre oder so. Er jedenfalls hätte extra befohlen, seinen lieben Berlinern kein Haar zu krümmen. In einem Brief an den preußischen Ministerpräsidenten äußerte er sich anders: »Was not tut, ist die Zähmung Berlins.«

Wann er das schrieb? Kurz nach dem 14.6.1848, also nur drei Monate nach den vielen Toten des 18. März 1848. Schon zu diesem Zeitpunkt hatte das Volk erkannt, daß die Errungenschaften der Revolution nicht so groß waren wie erhofft, und es war zu neuen Unruhen gekommen. Eine dieser Unruhen entstand daraus, daß der König sein Versprechen, die Bewaffnung der Bürgerschaft zuzulassen, nicht einhalten wollte. Deshalb erfolgte am 14.6.1848 der Sturm auf das Berliner Zeughaus; das Volk wollte sich auch ohne des Königs Erlaubnis bewaffnen. Er aber wollte es nun endlich »zähmen« – und schaffte das auch.

Kleine Freiheiten, große Freiheiten, keine Freiheiten

Die Revolution von 1848 brachte den Menschen nur wenig von dem, was sie sich erhofft hatten, aber einiges wurde anders, wenn auch manches nur für kurze Zeit. Zum Beispiel durfte von nun an auf der Straße geraucht werden, was vorher strengstens verboten gewesen war. Eine Kleinigkeit? Nein, Zeichen einer neuen Moral, vor allem aber eine der Freiheiten, die blieb.

Weitaus bedeutsamer war natürlich, daß der König nun endlich eine verfassunggebende Nationalversammlung für Preußen bewilligen mußte. Außerdem wurde ihm die Zusage abverlangt, daß Preußem bald in Deutschland aufgehen sollte. Und natürlich: die Presse- und Versammlungsfreiheit. Nie zuvor hatte es in Preußen ein so reges öffentliches Leben gegeben wie in den Tagen nach der Märzrevolution. Die Städte – allen voran Berlin – wurden mit Flugblättern, Maueranschlägen und Plakaten förmlich zugeklebt; eine politische Presse entstand, überall wurde debattiert, diskutiert und gestritten. Politische »Klubs« wurden gegründet, von denen manche die Vorläufer späterer Parteien waren.

Im Mai 1848 fanden sie dann statt, die Wahlen zur Preußischen und Deutschen Nationalversammlung. Allerdings durften nach wie vor nur Männer wählen, und auch von denen nur die Wohlhabenden. Es galt noch immer die Städteordnung von 1808. Das bedeutete, daß zum Beispiel in Berlin nur 25.000 Bürger wahlberechtigt waren und die neue Stadtverordnetenversammlung sich durchweg aus Hausbesitzern, bessergestellten Handwerkern und Gewerbetreibenden zusammensetzte. Entschiedene Anhänger des demokratischen Gedankens – oftmals die Tapfersten auf den Barrikaden – konnten nicht gewählt werden. Auch das ein Grund für die immer wieder aufflackernden Unruhen.

Ende des Jahres 1848 aber war schon abzusehen, wohin Friedrich Wilhelms IV. »Reformen« führen sollten. Er setzte ein neues Regierungskabinett ein, das vorwiegend aus Offizieren und Beamten bestand, die nun wahrlich nicht auf seiten der Revolutionäre gestanden hatten. Außerdem ließ er preußische Truppen einmarschieren und den General Wrangel am 12. November 1848 den Belagerungszustand der Stadt erklären. Zuvor schon waren die Pressefreiheit wieder aufgehoben und die Bürgerwehr und auch die Nationalversammlung aufgelöst worden.

Am 5. Dezember dann, nachdem Friedrich Wilhelm IV. Berlin »gezähmt« hatte, zwang er Preußen eine neue Verfassung auf, die das Land zur konstitutionellen Monarchie machte. Doch hatte er in dieser Verfassung auch einige Zugeständnisse an die Bürger machen müssen, die auf weitere Reformen »hoffen« ließen.

Leider wurden diese Hoffnungen schon bald enttäuscht, denn Friedrich Wilhelm IV. drängte schon nach kurzer Zeit darauf, auch diese wenigen Zugeständnisse wieder zurückzunehmen, da sie seiner Meinung nach zu sehr »vom Zeitgeist des Liberalismus« durchdrungen waren. So wurden bald einige politische Mitbestimmungsrechte wieder aufgehoben und das allgemeine Wahlrecht durch ein Dreiklassen-Wahlrecht ersetzt. Das bedeutete, wer mehr verdiente, hatte mehr Stimmrecht. Als der König im Frühjahr 1849 dann auch noch seine Wahl zum deutschen Kaiser ablehnte, war der Versuch, einen parlamentarischmonarchistischen Verfassungsstaat zu schaffen, gescheitert und auch die Hoffnung auf eine nationale Einigung dahin.

Neue Schulen braucht die Stadt

Und Charlottenburg? Hatte in Charlottenburg keine Revolution stattgefunden? Nein! Charlottenburg hatte sich in jenem, für unsere Geschichte so bedeutsamen Jahr als königstreu erwiesen. Deshalb mochten Friedrich Wilhelm IV. und seine Frau Elisabeth, eine bayerische Prinzessin, nach 1848 Charlottenburg noch mehr als zuvor und hielten sich immer öfter im Charlottenburger Schloß auf. (Auch die beiden Kasernen ließ Friedrich Wilhelm IV. erst zwischen 1851 und 1859 bauen.)

Warum Charlottenburg seinem König treu blieb, ist schnell erklärt: Charlottenburg war, obwohl Stadt, noch immer »Land«. Es gab in Charlottenburg zu jener Zeit noch kein Proletariat, wie es in Berlin heranwuchs, es gab auch keine Universitäten, an denen kritische Geister lehrten, und keine direkte Konfrontation mit der preußischen Staatsregierung, die ja in Berlin saß. Außerdem lebte Charlottenburg schon immer von der Gunst des jeweiligen Königs, das hatte sich den Menschen eingeprägt.

Trotzdem wurden die Ideen der Märzrevolution auch von vielen Charlottenburgern aufgegriffen. Den Wunsch nach mehr Demokratie verspürte man in ganz Europa. Ein gutes Beispiel für Charlottenburg ist da der Lehrer Ludwig Cauer:

Charlottenburg war ja inzwischen immer größer geworden, so daß das kleine Schulhaus in der Kirchstraße (Gierkezeile) längst nicht mehr alle Kinder aufnehmen konnte. Gleich mehrere neue Schulen mußten damals eröffnet werden; die erste gründete jener Ludwig Cauer, der gerade erst nach Charlottenburg gekommen war. Und zwar erwarb er für die Erziehungsanstalt, wie er seine Schule nannte, das »große Kaffeehaus«, ein einstöckiges Gebäude mit einer Freitreppe und zwei Flügeln, die einen Vorgarten umschlossen.

Die Bezeichnung »Erziehungsanstalt« klingt heute sehr streng. Für die damalige Zeit aber war Ludwig Cauer ein sehr moderner Lehrer. So wollte er nicht nur, daß die Kinder an seiner Schule mehr lernten als bisher, er wollte auch, daß sie gesund heranwuchsen. Deshalb führte er als erster das Unterrichtsfach Turnen ein. Leider nur für Jungen; daß auch Mädchen Spaß am Turnen finden könnten, auf diese Idee wäre damals niemand gekommen. Es war schon schwer genug, den Turnunterricht für Jungen durchzusetzen.

Der damalige Pfarrer (leider nicht mehr der gute, alte Oberpfarrer Dressel) war streng dagegen: Er hatte in seiner Jugend auch nie geturnt – was sollte daran falsch gewesen sein?

Lehrer Cauer jedoch gab nicht auf und richtete für seine Schüler auch noch eine Badeanstalt an der Spree ein, die an bestimmten Tagen – gegen Bezahlung – auch von anderen benutzt werden durfte.

Was das alles mit der Revolution von 1848 zu tun hat? Ludwig Cauer handelte aus dem Geist der Zeit heraus, und andere Erziehungsideale gehörten mit dazu.

Aus der Cauerschen Erziehungsanstalt ging später das Kaiserin-Augusta-Gymnasium hervor. Dieses Gymnasium erhielt später ein neues großes Schulgebäude in der Cauerstraße, in dem jetzt die 8. Grundschule untergebracht ist; seit 1954 heißt sie Ludwig-Cauer-Schule. Ob die Schüler aber heute noch wissen, was ihr Cauer für ein Kerl war?

Eine Meile bis Berlin

Im Herbst des Jahres 1845 zogen zwei Arbeiter-Kolonnen von je 500 Mann unter klingendem Spiel mit Karren, Spaten und Schippen nach Charlottenburg und stellten sich zu beiden Seiten des Schafgrabens auf. Musikanten bliesen einen Choral, in den alle einstimmten, dann ertönte ein lauter Tusch und mit Hurra begannen die Arbeiter zu schaufeln. Was sie vorhatten? Sie begannen mit der Arbeit am Landwehrkanal!

Schon immer hatten Schiffe über Havel und Spree Waren nach Berlin gebracht. Das war billiger als der Transport mit Fuhrwerken. Aber die Spree mit ihren vielen Windungen war kein günstiger Wasserweg, weil sie bei dem wachsenden Schiffsverkehr zu viele Hindernisse bot. Man hatte daher beschlossen, einen Kanal zu bauen, der die Spree entlastete. Wenn man den schmalen Schafgraben verbreiterte und etwas nach Westen verlegte, bildete er eine gute Verbindung zwischen Ober- und Unterspree. Und damit die Schiffe unter der Charlottenburger Chaussee (an dieser Stelle heißt sie heute Straße des 17. Juni) durchfahren konnten, mußte die Straße so weit erhöht werden, bis die Charlottenburger Brücke hoch genug über dem Wasser lag. Außerdem wurde eine Verbreiterung notwendig, und zwei neue Steuerhäuser mußten errichtet werden.

Die Steuerhäuser waren notwendig, weil der Straßenbau schon damals viel Geld kostete. Deshalb hatte, wer die Chaussee vom Brandenburger Tor nach Charlottenburg benutzen wollte, eine Straßensteuer zu entrichten. Erst am 31. Dezember 1874 wurde die Straßensteuer endlich aufgehoben, was die Charlottenburger Fuhrwerksbesitzer mit großer Freude erfüllte. Noch in der Silvesternacht fuhren sie mit Wagen und Schlitten bei den Steuerhäusern vor und passierten Schlag 24 Uhr mit Hurra und ohne Zahlung der Steuer die Hebestelle. Damit verlor das alte Sprichwort »Umsonst ist nichts« ein wenig von seiner Gültigkeit; seit jener Nacht war wenigstens die Straßenbenutzung umsonst.

Im Lauf der Zeit wuchs dann der Verkehr auf der Charlottenburger Chaussee immer stärker an –, und die Brücke erwies sich trotz erfolgter Verbreiterung als zu schmal. Also wurde sie abgerissen und dafür die heutige Brücke mit den Denkmälern Friedrich I. und Sophie Charlottes errichtet – sozusagen als Tor zu Charlottenburg. Mit der älteren Brücke allerdings verschwanden auch die bis dahin noch immer dort vorhandenen Steuerhäuser.

Die neue Chaussee endete erst auf dem Luisenplatz, den Friedrich Wilhelm III. einst mit Bäumen bepflanzen und mit Blumen schmücken ließ, nachdem er ihn nach seiner Frau benannt hatte. Auf dem Luisenplatz stand aber auch der Meilenstein, der anzeigte, daß der Weg von hier bis zur Mitte der Stadt Berlin exakt eine Meile (= 7 ½ km) lang sei. Später ist der Meilenstein an die Ecke der Nithackstraße (Oranienstraße) verlegt worden.

Zwanzig Jahre nach der Anlage des Luisenplatzes wurde die Charlottenburger Chaussee dann bis hin nach Spandau verlängert und heißt heute auf Charlottenburger Gebiet Spandauer Damm. Mit ihr war die alte Landstraße von Berlin nach Spandau, die einst nördlich der Spree durch die Nonnenwiesen führte, überflüssig geworden.

Fünfundvierzig Jahre lang

Viele Jahrhunderte lang wurden in allen Städten und Dörfern die Viehweiden, Äcker, Wälder und Gewässer von den Gemeindemitgliedern gemeinsam benutzt. So war es auch in Charlottenburg. Die ganze Feldmark war in drei große Felder eingeteilt. Jedes Feld bestand aus mehreren Ackerstreifen, die man »Enden« nannte. So gab es die »Markau-Enden«, die »kurzen« und die »langen« Enden, die »Aaskutenenden«, die

»Schließenden«, die »Wallenden«, die »Mühlenenden« und viele andere mehr.

Jeder Ackerbürger besaß auf jedem der drei Felder mehrere solcher Ackerstreifen, die gewöhnlich dicht nebeneinanderlagen. Wollte er im Frühjahr auf seinem Ende arbeiten, aber mußte er zunächst über fremde Ackerstücke fahren. Das ging natürlich nicht, wenn der Nachbar schon im Herbst Wintergetreide gesät hatte. Er konnte doch nicht über die grüne Saat des anderen fahren! Daher war man gezwungen, jedes Feld zur selben Zeit mit derselben Feldfrucht zu bestellen. Das nannte man den »Flurzwang«.

Nun aber konnte man nicht auf jedem Feld in jedem Jahr dieselbe Frucht anbauen. Die Pflanzen würden sonst dem Boden die für sie notwendigen Nährstoffe entziehen, bis er unfruchtbar würde. Also wurde die Frucht in zwei aufeinanderfolgenden Jahren gewechselt und im dritten Jahr das Feld brach liegengelassen, damit es sich erholen konnte. Wurde auf diese Weise das erste Feld im Herbst mit Wintergetreide (Roggen), das zweite im Frühjahr mit Sommergetreide (Gerste oder Hafer) bestellt, so bildete das dritte Feld die Brache, die vom März bis Johanni (24. Juni) als Viehweide benutzt werden durfte. Erst danach pflügte man sie und säte im Herbst das Winterkorn für das nächste Jahr ein. Das erste Feld wurde nun Sommerfeld, und das zweite blieb brachliegen. Diese Form der Bewirtschaftung nannte man Dreifelderwirtschaft.

Im Lauf der Jahre jedoch änderten sich die Besitzverhältnisse; durch Kauf oder Erbschaft kamen oft mehr und mehr Ackerstücke in die Hand eines einzigen Besitzers. So hatte zum Beispiel der Freiherr von Eckardstein, der das ehemalige Palais der Gräfin Lichtenau erworben hatte, nach und nach die Enden von vierzehn Ackerbürgern aufgekauft. Und je größer der Grundbesitz war, desto mehr strebte der Besitzer nach Befreiung von Flurzwang und Dreifelderwirtschaft.

Die Wälder, Gewässer und Weiden allerdings wurden gemeinschaftlich benutzt, deshalb nannte man sie »Gemeinheiten«. Das ging, bis im Jahre 1821 ein Gesetz erlassen wurde, nach welchem die Gemeindeländereien aufgeteilt werden sollten. Jeder Gutsbesitzer, Bauer, Tagelöhner mit eigenem kleinen Grundbesitz oder Ackerbürger sollte sein Land und ein Stück der »Gemeinheiten« als Einzelbesitz erhalten. Vor allem aber wollte man endlich den Flurzwang aufheben, denn der hatte sehr oft zu Streitigkeiten geführt. Im freien Wettbewerb glaubte man, eine bessere Ausnutzung der Felder zu erreichen. Wenn jedoch der Flurzwang aufgehoben wurde, hieß das, daß man die verstreut liegenden Enden eines Besitzers zusammenlegen mußte. Nur dann lohnte sich die Anlage von Wegen zu den Äckern.

Also mußten innerhalb der Dorfflur die Enden ausgetauscht werden. Doch das würde kaum ohne Streit abgehen, wenn der Besitzer eines Endes nicht ein gleichgroßes Stück an anderer Stelle erhielt, das ebenso guten Boden hatte wie das alte Stück. Sämtliche Dorffluren im ganzen Land sollten daher vermessen und in ihrem Bodenwert bestimmt werden, was natürlich nicht von heute auf morgen zu erledigen war. Einen anderen Weg gab es aber nicht, und der Regierung lag aus mehreren Gründen an der Durchführung dieses Gesetzes. Unter anderem wollte sie, daß das gemeinsame Viehhüten im Grunewald und in der Jungfernheide endlich aufhörte. Diese beiden Gebiete gehörten dem Staat, und hier weideten den ganzen Sommer hindurch große Herden. 111 Pferde, 624 Rinder, 4.000 Schafe und 10 Schweine wurden dort einmal gezählt. Allein aus Charlottenburg und Lützow kamen 250 Rinder. Die königlichen Prinzen aber benutzten die beiden Wälder gern als Jagdrevier, und die Viehherden störten sie in ihrem Jagdvergnügen.

Die Charlottenburger Ackerbürger waren gegen die Aufteilung der »Gemeinheiten«, und besonders sträubten sie sich gegen die Verteilung der Viehweiden. Sie befürchteten, ihre Viehzucht werde sich nicht weiterführen lassen. Lange weigerten sie sich, den Landmessern Unterkunft zu gewähren. Mit der Zeit jedoch gaben viele den Kampf auf, und zum Schluß erhoben nur noch dreiundzwanzig von ihnen Einwendungen. Gegen Königshaus und Staatsregierung, wie sich denken läßt, ohne Erfolg.

Bis 1866 – also fünfundvierzig Jahre lang! – zogen sich die Landmessungen hin, dann endlich hatte jeder sein neues Land zugeteilt bekommen. Nur ein Stück Spandauer Berg, das besonders sandig war, fand keinen Besitzer und blieb einstweilen Eigentum der Stadtgemeinde.

Friedrich Wilhelm IV. erwarb ebenfalls ein großes Stück Charlottenburger Land, und zwar genau 932 Morgen (233 Hektar). Davon gab er im Jahre 1844 eine Fläche zur Anlage eines Reitplatzes frei. Hier sollten die Soldaten der Leibgarde, die »Garde du Corps«, üben. Aus diesem Platz ist später der Friedrich-Karl-Platz geworden, der heute Klausenerplatz heißt.

Zu dem neu erworbenen königlichen Land gehörte aber auch ein größeres Gebiet am Tiergarten – das Gelände, auf dem heute die Gebäude der Technischen Universität stehen.

In dieser Zeit der »Separationen« (weil alles separiert, also aufgeteilt wurde), wich die Fasanerie von Charlottenburg nach Potsdam aus. Die lärmvollen Städte Berlin und Charlottenburg waren inzwischen so dicht an die Fasanerie herangewachsen, daß die scheuen Tiere darunter litten. Das ehemalige Fasaneriegelände wurde dann ebenfalls aufgeteilt: Der nördliche Teil wurde dem Tiergarten angeschlossen und mit einem künstlichen See und schönen Anlagen geschmückt, im südlichen Teil legte der Gartendirektor Lenné 1842 den Zoologischen Garten an.

Wem gehört der Ku'damm?

Natürlich beschäftigten diese Aufteilungen auch die Gerichte. Besonders die ehemalige Dorfgemeinde Lützow führte einen erbitterten Rechtsstreit mit der Staatsregierung. Es ging um den Besitz des Lützower Triftweges und des Kurfürstendammes. Beide Wege wurden schließlich den Lützowern als Eigentum zugesprochen. Doch damit war die Sache nicht erledigt: Die Staatsregierung ließ nicht locker und erbot sich, die Wege in ihre Verwaltung zu übernehmen und dafür immer in gutem Zustand zu erhalten.

Die Lützower blieben stur: Ihnen gehörten die Wege und sonst niemandem. (Ob sie wohl ahnten, wie teuer heute die Mieten am Ku'damm sind?)

Hin und her ging es zwischen den beiden Parteien, schließlich aber kam es zu einem Vergleich: Die Wege wurden staatliches Eigentum, und die Lützower erhielten dafür als Ausgleich ein Stück Land aus Staatsbesitz.

Die Neuaufteilung der Gemeinheiten gab aber auch Gelegenheit, den Lauf einiger Straßen neu festzulegen. So erhielt zum Beispiel die Wilmersdorfer Straße eine Verlängerung nach Süden, die Mühlenstraße (Bismarckstraße), damals noch ein krummer Feldweg, wurde begradigt und die heutige Leibnizstraße, die ursprünglich Kurfürstenstraße hieß, neu angelegt (immer den alten Priesterweg entlang).

Um diese Zeit waren die Straßen Charlottenburgs allerdings noch nicht gepflastert. Die Fußgänger stolperten ständig über Vertiefungen und Erhöhungen im Sand. Besonders schlimm war der Zustand der Straßen nach längerem Regen, dann versanken die Schuhe im Schlamm. Als 1827 Rinnsteine angelegt wurden, besserten sich die Verhältnisse etwas; jetzt endlich konnte das Regenwasser abfließen. Mit einer Pflasterung der Fußgängerwege jedoch konnte erst begonnen werden, nachdem die Neuaufteilung beendet war.

1842 kam zunächst die Wallstraße (Zillestraße) dran, doch der Fahrdamm in der Mitte erhielt noch lange kein Pflaster, da spritzte weiterhin der Schlamm auf, wenn Fuhrwerke oder Kutschen hindurchfuhren. Oder es staubte, daß es den Spaziergängern den Atem nahm.

Bis auch die übrigen Straßen »Bürgersteige« erhielten, dauerte noch sehr lange. Schnell ging damals überhaupt nichts. Aber die Leute waren das gewohnt und geduldeten sich – im Gegensatz zu uns heute, die wir immer wollen, daß, was wir morgen beginnen, gestern schon fertig war.

Reine Zierde

Wenn es zu jener Zeit besonders heftig regnete, floß das Wasser in Strömen den Spandauer Berg hinunter und machte auch vor dem Schloßhof nicht halt. Alle Schloßbewohner ärgerten sich darüber, aber niemand änderte was an diesem Zustand.

Erst Friedrich Wilhelm IV. ließ den Schloßhof erhöhen. Eine Sand- und Kiesschicht wurde aufgeschüttet und der ganze Hof endlich mal gepflastert. Nun blieb der Vorplatz des Schlosses trocken, und Friedrich Wilhelms Besucher brauchten sich beim Aussteigen aus der Kutsche keine nassen Füße mehr zu holen.

Allerdings hätten auch die Schilderhäuschen mit den Fechtern höher gelegt werden müssen, diese Kosten jedoch wollte der König sparen. Darum ließ er nur den Fußboden in den beiden Torhäuschen auf gleiche Höhe mit dem neuen Hofpflaster bringen. Dadurch war der Innenraum nun so niedrig, daß kein Wachtposten darin stehen konnte. Da aber die Schilderhäuschen schon seit längerer Zeit nicht mehr benutzt wurden, weil bereits Friedrich Wilhelm III. an der Westseite des Luisenplatzes ein neues Wachgebäude hatte errichten lassen, war das nicht weiter tragisch; reine Zierde muß nicht nützlich sein.

Der ehrbewußte Hinckeldey

Wer vor dem II. Weltkrieg in die Jungfernheide wollte, mußte einen Weg benutzen, der so viele Schlaglöcher hatte, daß die Autofahrer um ihre Stoßfedern zitterten. Dieser »Tegeler Weg«, wie er damals hieß, war eine ziemlich staubige Straße, und die Laubenpieper, die rechts und links der Straße ihre Schrebergärten hatten, waren jedesmal total erschöpft, wenn sie mit all ihrem Gepäck endlich dort angekommen waren. Straßenbahnen oder Busse fuhren in jener Gegend nicht, und eigentlich wäre diese staubige Straße auch heute nicht mehr sehr interessant, wenn sich nicht Mitte des vorigen Jahrhunderts ein Ereignis dort abgespielt hätte, das ganz Berlin in Atem hielt.

Es gab damals in Berlin einen Generalpolizeidirektor namens Carl Ludwig Friedrich von Hinckeldey; heute hätte man ihn wohl Polizeipräsident genannt. Dieser Hinckeldey war sehr unbeliebt bei den Berlinern, wie die Polizei nach 1848 überhaupt sehr unbeliebt war, weil sie aus Angst vor einer zweiten Revolution sehr weit ausgebaut und damit fast übermächtig geworden war.

Zahlreiche Verhaftungen, Ausweisungen, Bespitzelungen, Verurteilungen von Demokraten, Paßkontrollen auf Bahnhöfen, Beschlagnahmungen und andere Polizeischikanen fanden statt. Nicht zu vergessen auch die scharfe Pressezensur. Hinckeldey, der 1848 sein Amt angetreten hatte, war ein Hauptvertreter der Willkürherrschaft der Polizei und galt als sehr eigensinniger und strenger Mann. Er war aber auch sehr tapfer und sozial denkend. Ging es darum, etwas Gemeinnütziges durchzusetzen, nahm er keinerlei Rücksicht auf Verdienste oder Stellungen. Mal ging er gegen die demokratische Partei vor, mal gegen die fast über dem Gesetz stehende Junkerpartei. Oft wurde er dabei gewalttätig oder ergriff gesetzesverletzende Maßnahmen, nie aber zog er einen persönlichen Vorteil aus seinem Amt. Während viele andere Staatsbeamte nicht zuletzt auch an ihr eigenes Portemonnaie dachten, blieb Hinckeldey sauber und demzufolge arm.

Viele noch heute bestehende Einrichtungen erinnern an diesen Mann, wenn sie auch nicht seinen Namen tragen. So ist er zum Beispiel der Schöpfer der Berliner Berufsfeuerwehr, des Einwohnermeldeamts und vieler anderer gemeinnütziger Einrichtungen. Auch war er es, der dem Buchdrucker Litfaß gestattete, überall in der Stadt seine Anschlagsäulen aufzustellen.

Im Jahre 1856 nun erhielt der einundfünfzigjährige Hinckeldey von Friedrich Wilhelm IV. den Auftrag, endlich einmal gegen die vielen unerlaubten Spielclubs in der Stadt vorzugehen. Hinckeldey kam dieser Auftrag nicht ungelegen, jene »Hasardclubs« waren ihm schon lange ein Dorn im Auge, denn immer öfter richteten junge Edelleute sich und ihre Familien durch ihre Spielwut zugrunde. Bei der Auflösung eines dieser Clubs, der heimlich im Hotel du Nord, Unter den Linden, tagte, kam es dann zwischen Hinckeldey und einem preußischen Offizier namens Hans von Rochow-Plessow, zu einem Streit, in dem der Offizier den Generalpolizeidirektor so beleidigte, daß der glaubte, seine Ehre nur durch ein Duell wieder herstellen zu können.

Duelle waren verboten, und die Polizei hatte darüber zu wachen, daß keine stattfanden. Nun aber duellierte sich der Generalpolizeidirektor selber, und zwar irgendwann im Morgengrauen des 10. März 1856 in der Jungfernheide – und fiel.

Der König soll geweint haben, als er an Hinckeldeys Sarg stand. Ob das stimmt, wissen wir nicht; vielleicht hat es bloß so ausgesehen. Eines jedoch ist belegt: Jetzt, da er nicht mehr lebte, war der zuvor so unbeliebte Hinckeldey für viele Berliner auf einmal ein Held. Und als herauskam, daß Hinckeldeys Familie arm war, weil des Königs Generalpolizeidirektor eben nie an sich selbst gedacht hatte, wurde eine Sammlung veranstaltet –, und schon vor der Beerdigung waren 10.000 Taler beisammen.

Hinckeldey zu Ehren wurde später die Brücke über dem Berlin-Spandauer-Schiffahrtskanal »Hinckeldey-Brücke« genannt, und am heutigen Kurt-Schumacher-Damm wurde ihm ein Steinkreuz errichtet. Die alte Landstraße mit den vielen Schlaglöchern, auf der das Duell stattfand, aber gibt es nicht mehr. Eine Asphaltstraße führt jetzt dort entlang, und wo die Schrebergärten standen, entstand die Neubausiedlung Charlottenburg-Nord.

Was aus dem Offizier geworden ist, der den ehrbewußten Hinckeldey erschoß? Man hat ihn vergessen. Nur in sehr alten Büchern findet man noch seinen Namen. Und daß er überhaupt darin erwähnt wird, hat er nur Hinckeldey zu verdanken.

Im grünen Charlottenburg

Durch nichts war Charlottenburg so volkstümlich geworden wie durch seine Pferdemärkte. Sie wurden anfangs sechsmal, seit 1865 achtmal im Jahr auf dem Wilhelmplatz (Richard-Wagner-Platz) abgehalten. In den ersten Jahren wurden durchschnittlich 400 Pferde auf den Markt gebracht, später wurden es immer mehr. So reichte der Marktplatz schon bald nicht mehr aus, um alle Pferde zur Schau zu stellen. Also mußten die Spreestraße (heute Richard-Wagner-Straße und Wintersteinstraße) und die Berliner Straße (Otto-Suhr-Allee) bis zum »Türkischen Zelt« (Ecke Cauerstraße) zum Abstellen der Pferde einbezogen werden.

Charlottenburger Gäule

Zunächst wurden nur brauchbare Pferde angeboten. Dadurch erwarb sich der Charlottenburger Pferdemarkt einen sehr guten Ruf, bis immer mehr Händler versuchten, auch alte, schwache, kranke oder fehlerhafte Tiere günstig loszuwerden. Natürlich wollten die Käufer sich nicht betrügen lassen, und da es unter ihnen wie unter den Händlern rohe und streitsüchtige Kerle gab, kam es häufig zu Schlägereien. Dabei wurde so manchesmal der Peitschenstiel als Waffe benutzt.

Die größte Zahl altersschwacher Gäule brachte jahrelang ein Händler namens Jakob Neuberg auf den Markt. Bei ihm kostete jedes Pferd »Stück für Stück zum Aussuchen« 9 1/2 Taler plus 15 Groschen für das Zaumzeug. Sein bester Kunde war der Direktor des Zoologischen Gartens, der die alten Gäule immer gleich dutzendweise kaufte, um damit die Raubtiere zu füttern. Die brauchten ja nun mal Fleisch zum Leben. Damals entstand das Sprichwort:

Berliner Kind,
Spandauer Wind, (Westwind, bringt häufig Regen)
Charlottenburger Pferd
sind alle drei nichts wert.

Mit der Zeit entwickelten sich die Charlottenburger Pferdemärkte zu reinen Volksfesten. In dichter Menge drängten sich die Zuschauer, in Zelten und Buden wurden Getränke und Eßbares angeboten, und auch die Wirtshäuser waren voll besetzt. Im »Türkischen Zelt« unterhielt man sich an den Markttagen sogar mit polizeilich verbotenen Glücksspielen.

Als die Zahl der aufgetriebenen Pferde immer größer wurde – 1873 waren es schon 16.400 –, verlegte man den Markt vom Wilhelmplatz zum Spandauer Berg, auf das Gelände des heutigen Krankenhauses Westend. Die Westender Villenbesitzer waren darüber natürlich nicht sehr erfreut, die Gastwirte rieben sich die Hände. Von nun an waren ihre Häuser an den Markttagen regelmäßig so voll, daß nicht mal alle Gäste einen Platz fanden. Also wurde auf dem neuen Marktplatz bald ein neues, größeres Gasthaus errichtet: »Der Pferdehimmel«. Hier fand dann auch alljährlich die Musterung der Pferde für das Militär statt.

Wie auf dem Wilhelmplatz herrschte auch auf dem Spandauer Berg an Markttagen ein tolles Treiben. Unübersehbar die wogende Menschenmenge, dazwischen die Tiere. Leierkästen dudelten den ganzen Tag, Verkäufer priesen laut rufend ihre Ware an, und das Schreien der Händler mischte sich nicht selten mit dem Schimpfen der Käufer, wenn die sich betrogen fühlten.

Unter die Marktleute mischte sich auch immer eine große Zahl Zigeuner, wie man früher die Roma und Sinti nannte. So hatte sich im August des Jahres 1878 einmal »ein Zigeunerlager« mit acht großen Zelten eingefunden. Von ihnen hieß es, daß sie auch noch die gerissensten Charlottenburger Pferdehändler betrogen hätten.

Bis 1898 wurden auf dem Spandauer Berg die Pferdemärkte abgehalten, dann brauchte man das Gelände für den Bau des Krankenhauses Westend, und der Pferdemarkt ging ein. Wenn er aber nicht aus diesem Grund eingegangen wäre, dann aus einem anderen. Die Autos! Immer mehr verdrängten sie Anfang unseres Jahrhunderts die 1-PSler. Wozu also noch einen Pferdemarkt?

Ein Bett im Grünen

Charlottenburg war schon lange Stadt, da erschien der Ort den Berlinern immer noch als Dorf. Schließlich standen in Charlottenburg die Häuser längst nicht so eng beieinander wie in Berlin, sondern ließen

Raum für Gärten frei. Und wenn es Frühling wurde, grünte und blühte es rund um die Stadt.

Im Sommer zog die königliche Familie ins Charlottenburger Schloß, und die Berliner wollten auch ins Grüne. Also ließen sich viele von ihnen, wenn es warm wurde, ebenfalls in Charlottenburg nieder. Die Charlottenburger freute das, denn durch die Sommergäste kam Geld in die Stadt; die Krämer, Bäcker, Fleischer und auch viele andere Handwerker hatten jede Menge Arbeit und Verdienst.

Als sich aber der Soldatenkönig von Charlottenburg fernhielt, blieben auch die wohlhabenden Sommergäste fort, und den Charlottenburger Bürgern ging es wieder schlechter. Erst unter Friedrich II., dem Alten Fritz, erschienen die Berliner wieder in Charlottenburg. Jetzt kamen aber nicht nur reiche Leute, die sich für viel Geld eine große Sommerwohnung mieteten, es kamen auch Berliner, die sich nur ein bescheidenes, kleines Zimmer leisten konnten. Für die richteten die meisten Bürger ihre Häuser so ein, daß sie möglichst viele von ihnen unterbringen konnten. Der Oberpfarrer Dressel baute sich sogar ein besonderes Gästehaus, das er an wohlhabende Berliner vermietete.

Zu den Sommergästen gestellten sich später Ausflügler, die nur den Tag über in Charlottenburg bleiben wollten. Manche kamen mit der Treckschute, auf der allein schon die Fahrt ein Vergnügen war, andere per Wagen oder Kutsche durch den Tiergarten. So wimmelte das Städtchen an schönen Sommertagen nur so von Berlinern, die dabei ihre Beobachtungen machten. Waren sie wieder zurück in Berlin und sahen sie jemanden, der einfach auf die Straße schneuzte anstatt ins Taschentuch, sagten sie : »Der macht'nen Charlottenburger.«

Natürlich wollten die Ausflügler in Charlottenburg auch einkehren, und so entstanden schnell jede Menge Gartenlokale. Allein 17 lagen an der Berliner Straße (Otto-Suhr-Allee). Wer also durch den Tiergarten nach Charlottenburg kam, traf als erstes gleich auf eines dieser Ausflugslokale.

Als dann die Chaussee durch den Tiergarten fertig war, kamen die Berliner gleich in ganzen Scharen angereist. Die Fahrt war ja jetzt so leicht und bequem, und natürlich gab es nun auch genügend Berliner Fuhrwerkbesitzer, die den Verkehr besorgten. Mit ihren großen Wagen stellen sie sich am Brandenburger Tor auf und warteten auf Fahrgäste; nach ihrem Standplatz wurden diese Fahrzeuge »Torwagen« genannt. Eine Fahrt mit ihnen kostete zwei und einen halben Groschen. Aber der Kutscher griff stets erst zur Peitsche, wenn sein Wagen voll besetzt war.

Das dauerte manchmal ziemlich lange, und die Fahrgäste wurden ungeduldig. Dann tröstete sie der Fuhrmann mit den Worten: »Et fehlt ja bloß noch eene lumpichte Person.«

Ging die Fahrt endlich los, wollte häufig unterwegs noch ein Spaziergänger zusteigen. Er hielt den Zeigefinger hoch und wurde für einen Groschen mitgenommen; allerdings nur, wenn noch Platz auf dem Wagen war. So fuhren die Wagen zwischen Charlottenburg und Berlin hin und zurück, und an manchen Sonntagen war der Verkehr bei schönem Wetter so groß, daß die Torwagen ihn kaum bewältigen konnten.

Für die meisten Fahrgäste war das lange Warten bis zur Abfahrt aber doch recht unangenehm, und oft schimpften die Berliner auf die »Charlottenburger«, wie die Torwagen, die nach Charlottenburg fuhren, auch genannt wurden. Da kam der Berliner Fuhrherr Kremser auf die Idee, seinen neuen Torwagen zu genau festgesetzten Zeiten abfahren zu lassen, auch wenn sie nicht voll besetzt waren. Dafür verlangte er als Fahrgeld aber drei Groschen. So gab es am Brandenburger Tor von nun an zwei Arten von Wagen, nämlich die »Charlottenburger« und die »Kremser«. Wer es eilig hatte, benutzte den Kremser, wer viel Zeit hatte, fuhr mit dem Charlottenburger und sparte auf diese Weise einen halben Groschen.

1817 fuhr zum erstenmal auch ein Dampfer die Spree entlang und verkehrte schon bald regelmäßig zwischen Berlin und Charlottenburg. Diese Fahrt allerdings kostete vier Groschen, auf den besseren Plätzen sogar acht; das war den meisten Leuten zu teuer, und der Dampfer blieb oft leer. Nur an Sonntagen, wenn die Torwagen für den starken Verkehr nicht ausreichten, fanden sich auch für die Dampfer genug Fahrgäste ein.

Mit der Zeit machte man es den Ausflüglern dann immer bequemer, sogar regelmäßig verkehrende Pferdeomnibusse wurden eingesetzt. Als Werner von Siemens im Jahre 1861 das Grundstück in der Berliner Straße erwerben wollte, schrieb er seiner Frau: *Vierzigmal am Tage fährt ein Omnibus vor der Tür vorbei nach Berlin.* Noch besser wurde es, als 1865 die neugebaute Straßenbahn ihren Betrieb aufnahm. Die fuhr zwar noch nicht elektrisch, sondern ebenfalls nur von Pferden gezogen und daher »Pferdebahn« genannt, aber sie bedeutete eine Erweiterung des Verkehrsnetzes.

Je stärker der Verkehr wurde, desto größer wurde aber auch Charlottenburg – und desto weniger Grün war zu sehen! Das gefiel den erholungssuchenden Berlinern nicht, und sie begannen, sich weiter draußen nach mehr Grün umzusehen. Zuerst blieben nur die Sommergäste fort, dann die Ausflügler. Mehrere Unternehmer versuchten, den Fremdenbesuch wieder in Gang zu bringen, indem sie sich zusammenschlossen und das Grundstück kauften, das einst der »schönen Wilhemine« gehört hatte. Sie rissen den Palast ab und errichteten an seiner Stelle ein Gebäude mit einem Saal von gewaltigen Ausmaßen. Auch ein »Palmenhaus«, mit allerlei Palmen und anderen Gewächsen, die sonst nur in tropischen Ländern wuchsen, ließen sie erbauen. Und aus Wilhelmines altem Park wurde ein kunstvoller Garten mit Ausschank gemacht, der den Namen »Flora« erhielt.

Es kamen auch zahlreiche Besucher in den »Flora-Garten«, jedoch nicht genug, um einen großen Gewinn zu erzielen. Mehrmals wechselten die Besitzer, keiner war zufrieden. Nach dreißig Jahren unterschiedlichster Bemühungen wurde das Gartenlokal geschlossen; Charlottenburg war längst Großstadt geworden.

Er werde Licht in Charlottenburg

Im März des Jahres 1879 veranstaltete Werner von Siemens in seinem Hause Berliner Straße 36 einen Ball – und überraschte seine Gäste mit einer elektrischen Festbeleuchtung. Die Lampen brannten ohne Flamme und strahlten ein so helles Licht aus, daß die Gäste, die ja noch kein elektrisches Licht kannten, sehr verwundert waren. (Es waren Starkstromlampen, die den elektrischen Strom von einer Dynamomaschine erhielten. Diese Maschine hatte von Siemens bereits Jahre zuvor erfunden.)

Am Tag nach dem Ball berichteten alle Zeitungen von dieser sensationellen Erfindung, kurz darauf sprach ganz Berlin von dem Ereignis. Siemens selbst war von dem Erfolg seiner Erfindung so bewegt, daß er einige Tage später an seinen Bruder in England schrieb: *Hoffentlich ist Dein Sonnabendfest ebenso gut ausgefallen wie mein großer Ball. Das elektrische Licht hat sich prächtig bewährt. Es waren vier Kerzen in großen Milchglocken in den vier Saalecken auf die Wasserheizungssäulen aufgestellt. Das Licht war durchaus nicht blendend und ganz angenehm. Die Damen sahen prächtig aus in ihren Toiletten und Brillanten, und die Damenaugen glänzten auch wider Erwarten in vollem Glanze! Das Wichtigste war aber, daß die Temperatur angenehm blieb bis zum Ende (2 1/2 Uhr), während bei Gaslicht trotz Ventilation alle halbe Stunde gelüftet werden mußte. Und doch war die*

Zahl der Gäste (250) fast noch einmal so groß. Das Urteil war, daß große Bälle ohne elektrische Beleuchtung künftig undenkbar seien.

Im Juli desselben Jahres lud Herr von Siemens Freunde und Bekannte zu einem Gartenfest ein, das auch auf dem Grundstück in Charlottenburg stattfand, – und am Abend konnten die Gäste seine elektrische Außenbeleuchtung bewundern. Wenige Tage danach schrieb Werner von Siemens seinem Bruder: *Auch mein Sonnabendfest mit elektrischer Gartenbeleuchtung litt unter der Ungunst des Wetters. Die Beleuchtung (mit neuen Lampen) war aber prachtvoll. Es waren 12 Lampenglocken, die von einer Lokomobile gespeist wurden, hoch in den Kronen der Bäume aufgehängt, und dadurch war der ganze Garten prachtvoll beleuchtet. Viel Effekt machte es, die Lampen alle erlöschen und kurz darauf mit einem Schlage wieder aufleuchten zu lassen. Mit diesen Lampen haben wir einen gewaltigen Schritt vorwärts getan. Alle Lampen waren in einen Kreis geschaltet, also nur ein Kreisdraht nötig, was von großer Bedeutung war! Man wird ebensogut die doppelte Zahl einschalten können, wenn man schneller dreht!*

Tja! Damit hatte das Zeitalter der Elektrizität begonnen. Und wo? Natürlich in Charlottenburg.

Ach, wie war's gemütlich ...

Bevor Werner von Siemens das elektrische Licht erfand, und bevor die »Kraftdroschken« die Pferde von der Straße verdrängten, wurde 1865 in Charlottenburg die »Berliner Pferdeeisenbahn-Gesellschaft« gegründet. Die ließ vom Kupfergraben in Berlin bis zum Bahnhof in der Spandauer, Ecke Sophie-Charlotten-Straße Eisenschienen legen, auf denen von Pferden gezogene Wagen Personen befördern sollten. Das war die erste Pferdeeisenbahn Deutschlands.

Anfangs glaubte man, kein Mensch würde mit einer solchen Bahn fahren. Aber die von Jahr zu Jahr steigende Zahl der Fahrgäste bewies, daß die Pferdeeisenbahn gern benutzt wurde. So mußte man bereits zehn Jahre später ein zweites Gleis in Betrieb nehmen. Außerdem wurde eine zweigleisige Zweigbahn vom Großen Stern zum Zoologischen Garten eröffnet. Und als die Villenkolonie Westend entstanden war, wurde die Pferdeeisenbahn bis zum Klubhaus in der Kastanienallee Nr. 1 verlängert. Damit hatte Westend endlich die von Anfang an gewünschte Verbindung mit der Stadt Charlottenburg und mit Berlin.

Auf der Verlängerungsstrecke nach Westend hinauf war der Betrieb der Pferdeeisenbahn besonders gemütlich. An der Ecke Sophie-Charlotten-Straße begann nämlich eine starke Steigung. Hier hielten die großen Wagen, die sogenannten »Großen«, und wer weiterfahren wollte, mußte in die »Kleinen« umsteigen, die schon warteten. Die großen Wagen hatten auch Sitzplätze auf dem offenen Dach und wurden von zwei Pferden gezogen, die Wagen der »Kleinen« dagegen waren nur einstökkig und fuhren gewöhnlich einspännig. Nur den Berg hinauf wurde noch ein zweites Pferd vorgespannt.

Damals konnten die Wagen noch nicht geheizt werden; damit die Füße der Fahrgäste nicht froren, schüttete man im Winter Stroh auf. Schön sah die Bahn dann nicht aus, aber wenigstens bekam man keine Eisbeine.

Besonders munter wurde es, wenn die Bahn am Morgen vollbesetzt von Westend den Berg hinabfuhr. Ein durchgehender Wagen holte täglich die jungen Mädchen der Pension Tanneck ab, die zur Crainschen Erziehungsanstalt in der Keithstraße fuhren. Lästerzungen nannten diese »Fuhre« den »Gänsewagen«.

Andere Spaßvögel machten sich über die drei bekanntesten Villenbesitzer Westends lustig: Quistorp, Büsing und Siewert. Die drei fuhren ebenfalls jeden Morgen aus der Stadt heraus, und weil sie so dick waren, spottete man, die Bahn würde umkippen, wenn die drei einmal zufällig zusammen auf einer Seite stünden.

Bankdirektor Quistorp hatte einst Westend mitbegründet, Büsing leitete als Direktor die Straßenbahn-Gesellschaft, Ökonomierat Siewert war einer der ältesten Villenbesitzer Westends. Wegen seines einfachen und biederen Wesens wurde er sehr verehrt.

1879 wurde die Pferdeeisenbahn bis zum »Spandauer Bock« verlängert. Inzwischen war aber auch in Berlin eine Pferdeeisenbahn-Gesellschaft entstanden, die 1875 die Linie von Moabit bis zum Luisenplatz in Charlottenburg eröffnete.

Wie schnell sich die Charlottenburger Pferdeeisenbahn entwickelte, zeigt folgende Übersicht: 1865, bei der Eröffnung der Bahn, besaß sie nur 18 Wagen und 129 Pferde; 1886 waren es bereits 77 Wagen und 265 Pferde!

Aber nun kündigte sich eine neue Zeit an, erste Versuche begannen, die Pferdekraft durch Elektrizität abzulösen. Statt der einstigen Pappeln ragten bald Siemens-Maste entlang der Straße empor. Sie dienten zur Aufhängung der Oberleitung, an der ein kleiner vierräderiger Kontaktwagen lief. Der erhielt seinen Strom von der Kraftmaschine, die im ersten Hause der Lindenallee und später am »Spandauer Bock« aufgestellt war. Vom Kontaktwagen lief der Strom durch ein kurzes Verbindungskabel zum Wagen.

Anfangs scheiterten alle Versuche mit der Elektrizität als neuem Antriebsmittel der Bahn. Immer wieder mußte von Siemens umbauen. Doch er ließ sich nicht entmutigen und hatte schließlich Erfolg: Am 1. Oktober wurde der elektrische Betrieb auf der ganzen Strecke Kupfergraben-Spandauer Bock eröffnet – und damit war's aus mit der gemütlichen, alten Pferdeeisenbahn. Zur Erinnerung blieb uns nur dieser Vers:

Ach, wie ist's jemütlich
uff der Pferdebahn,
det eene Pferd, det zieht nich,
det andre, det is lahm.
Der Kutscher kann nich fahren,
der Konduktor nich sehn,
und alle Augenblicke,
da bleibt die Karre stehn!

Die »Zibbe« und der »Bock«

Der »Spandauer Bock« war einer der beliebtesten Ausflugsorte der Charlottenburger und Berliner. Ein bayerischer Bierbrauer hatte an der Spandauer Chaussee ein Waldstück erworben und einen Lager- und Eiskeller mit Ausschank eingerichtet. Jedes Frühjahr erfreute er seine Gäste durch ein besonderes bayerisches Bier, das den Namen Bockbier trug. Dieses Bier fand so großen Anklang, daß es bald dem ganzen Wirtshaus den Namen gab – »Bock«.

Dem »Bock« gegenüber lag lange Zeit ein einzelnes Gehöft. Konrad Bechmann, so hieß der bayerische Bierbrauer, erwarb es, ließ einen großen Saal dort bauen und verlegte seine ganze Brauerei dorthin. Dieses Lokal nannten die Leute bald die »Zibbe«.

An jedem Sommersonntag herrschte in den beiden Gartenrestaurants Jubel und Trubel. Sie waren ja vom Brandenburger Tor aus für »zwee jute Jroschen« leicht zu erreichen. Wer noch »sechs Dreier« für ein Konzert übrig hatte, ging in die »Zibbe«; wer nicht, vergnügte sich bei Gesang, Tanz, Kegelschieben und Karussellfahren im »Bock«.

Am Nachmittag gingen die Familien dann durch die hintere Tür des Gartens in den angrenzenden Grunewald, um sich ein bißchen ins Gras zu legen, während die Kinder »verwechselt das Bäumlein« oder »Räuber und Gendarm« spielten. Gegen fünf zog alles zum Kaffeetrinken in den Wirtshausgarten zurück.

Den Kaffee brauten sich die Hausfrauen allein, am Eingang des Gartens lud ein großes Schild dazu ein: »Hier können Familien Kaffee kochen.« Wenn die Familie aus sechs Köpfen bestand, kauften die Hausfrauen für sechs Dreier heißes Wasser. War sie kleiner, bezahlte man entsprechend weniger; die Berechnung war »ein Dreier pro Kopf«. Kaffeegeschirr war im Garten kostenlos auszuleihen. Man brauchte es auch nicht selbst wieder abzuliefern, zwei alte, vom Wirt angestellte Frauen gingen mit großen Kiepen durch den Garten und sammelten alles Geschirr wieder ein.

Sobald die Dämmerung eintrat, rüstete man zur Heimfahrt. Der letzte Torwagen nach Berlin fuhr schon um halb neun. Schnell wurden Papierlaternen angezündet, die im Wirtshaus für einen Silbergroschen zu haben waren, ein »illuminierter Abschiedsumzug« durch den Garten wurde gemacht, und der Torwagen brachte die Ausflügler wieder nach Berlin zurück.

Leider sind beide Lokale durch den II. Weltkrieg zerstört und später nicht wieder aufgebaut worden.

Das Wasser der Fürsten

Zwischen Westend und Siemensstadt, am Fuße des Teltower Höhenrandes, entspringt eine Quelle. Alle Quellen und Brunnen rund um Berlin sind stark eisenhaltig, diese jedoch – und das ist das Besondere an ihr – war seit jeher völlig eisenfrei. Deshalb erzählt die Sage, ihr Wasser käme direkt aus dem Harz.

Um 1700 war die Jungfernheide noch reich an Wild. So wurden im Jahre 1728 auf einer einzigen Jagd 400 Stück Damwild, 35 Wildschweine, drei Frischlinge und zwei Füchse erlegt. Offensichtlich aber machten solche Jagdveranstaltungen nicht nur das Wild, sondern auch die Jäger müde. Ein Grund für sie, sich an der immer kühlen und wohlschmekkenden Quelle ein wenig zu erfrischen. Das sollen sie dann auch oft genug getan haben.

Doch nicht nur die Jäger wußten diese Quelle zu schätzen, auch der Kurfürst Friedrich III. und seine Sophie Charlotte sollen sie oft besucht und sich das Quellwasser später sogar durch eine besondere Leitung ins

Schloß führen lassen haben. Weshalb die Quelle später den Namen »Fürstenbrunn« erhielt.

Das Gelände, auf dem die Quelle entspringt, war zu Sophie Charlottes Zeit Ackerfläche und gehörte zu den »Sechsmetzenenden«. 1760 wurde auf diesen Enden eine Lohmühle gebaut, die schon nach wenigen Jahren abbrannte. Nach 1818 hielt die in diesem Jahr gegründete Charlottenburger Schützengilde auf dem Gelände ihre Schießübungen ab. Was dazu führte, daß auch ein Gasthof dort gebaut wurde – das »Schützenhaus«. 1857 zog die Schützengilde dann in das neue Schützenhaus am Lietzensee um, und die Quelle und das alte Schützenhaus erhielten auf Antrag des Eigentümers den Namen »Fürstenbrunn«.

Um diese Zeit soll auch Friedrich Wilhelm IV. des öfteren hier geweilt und von dem Quellwasser getrunken haben. Noch später stand das eisenfreie Fürstenbrunner Tafelwasser wegen seines Wohlgeschmacks sogar auf der Tafel der deutschen Kaiser.

Heute umschließt ein einfaches Brunnenhäuschen die Quelle, das heißt, sie ist für die Allgemeinheit seit langem unsichtbar. Und es trinken auch keine Kaiser, Könige oder Kurfürsten mehr von ihrem Wasser, sondern das kostbare Naß wird in langen Rohren unter den Bahngleisen hindurch in eine Fabrikanlage geleitet. Dort wird es in Flaschen gefüllt und in die Geschäfte gebracht, wo es mit anderem adligen Tafelwasser konkurrieren muß.

Das beste, was ein Schloß werden kann

Nicht weit von der »Fürstenbrunn«-Quelle entfernt liegt ein zweites »Charlottenburger Schloß«. Schloß Ruhwald ist gemeint. Ein Verlagsbuchhändler namens Ludwig Schäfer ließ es einst bauen. Dieser Ludwig Schäfer hatte 1854 eine illustrierte Damen- und Modezeitung gegründet, den »Basar«. Dabei hatte ihm seine Frau geholfen, eine geborene Voit. Die Zeitung wurde viel gelesen, und so wurde Schäfer bald ein reicher und geachteter Mann und erhielt später den Titel: Geheimer Kommerzienrat von Schaeffer-Voit.

Das war damals außerordentlich selten, daß ein Mann den Namen seiner Frau an den eigenen hängte. Heute gibt es so etwas öfter, damals war es ein großer Liebesbeweis.

Warum bei der Namensänderung aus »Schäfer« auch gleich noch »Schaeffer« wurde? Sicher weil das vornehmer klang. Auf jeden Fall aber war dieser Ludwig Schäfer ein großer Naturfreund und verbrachte viel Zeit im Westend. Und dabei entdeckte er eines Tages ein schönes Fleckchen Erde direkt am Teltower Höhenrand. Einen Blick hatte er von dort, weit hin über das ganze Spreetal und die Jungfernheide. Zuerst brachte er nur seinen Feldstuhl mit, setzte sich drauf und genoß Waldesruhe und schönen Ausblick auf einfache Art. Eines Tages beschloß er dann, für immer hierzubleiben. Er kaufte einen Teil des Geländes – dank seiner Damen- und Modezeitschrift hatte er es ja! – und ließ (von 1867 bis 1868) das Schloß Ruhwald darauf errichten.

Direkt am Hang lag es und war nicht gerade klein: Dreißig Zimmer gehörten zum Schloß, vierzig zum daneben liegenden Gästehaus. Die Zimmerdecken waren mit dem Wappentier des Besitzers, dem Schwan, geschmückt, die Standbilder an der Treppe von Calandrelli geschaffen, dem Künstler, von dem die Bildwerke an der Siegessäule stammen. Hunderttausend Mark kostete allein die Mauer, die das Grundstück umgab – und das war damals natürlich viel mehr als hunderttausend Mark heute –, amerikanische Nadelhölzer und ein eigener Teich schmückten den Park.

Also wirklich ein Schloß, nicht bloß eine Villa, wie um diese Zeit im Westend viele entstanden. Leider jedoch verstand der Herr Kommerzienrat sich mit seinen Nachbarn nicht sehr gut, was ihm die Freude an seinem Schloß bald verdarb. Deshalb verkaufte er es schon vier Jahre später an die »Westend-Gesellschaft«, die es noch im gleichen Jahre (1872) an eine Malzfabrik weiterveräußerte.

Die Malzfabrik machte aus diesem Schloß das zweibeste, was man aus einem Schloß machen kann, wenn es zum Museum nicht taugt – ein Restaurant! Da jedoch eine strenge Aufsicht fehlte, wurde das Restaurant »Schloß Ruhwald« innerhalb kürzester Zeit total ausgeplündert, und der Besucherverkehr ging immer mehr zurück, bis er schließlich ganz aufhörte. »Nun ruhen alle Wälder, vor allem Ruhwald selber«, spotteten die Berliner.

1887 erwarb ein Arzt das Schloß und richtete eine Nervenheilanstalt darin ein. Der schöne stille Park wurde Kurpark und erfreute sich bald großer Beliebtheit bei seinen Besuchern.

Nach dem I. Weltkrieg kaufte dann der Bezirk Charlottenburg das Gebäude mit dem Park und verwendete es für Wohlfahrtszwecke. So wurde die teils offene, teils geschlossene Halle des Gästehauses im Sommer von der Lungenfürsorge als Liegehalle benutzt. Im II. Weltkrieg wurde das Gästehaus durch eine Fliegerbombe total zerstört, das Schloß aber blieb erhalten. Und nun wurde daraus das allerbeste, was aus einem Schloß werden kann – ein Kinderheim. Und das ist es noch heute.

Die Jungfernheide

Wer alte Charlottenburger oder andere Berliner fragt, woher der Name Jungfernheide stammt, erntet oft nur Vermutungen. Darunter manchmal sehr komische. Also ein für allemal: Die Jungfernheide wurde nach den Jungfrauen des Klosters St. Marien in Spandau so benannt, jenen Nonnen, denen ehemals auch das Dorf Lusze gehörte. Die Markgrafen Johann I. und Otto III. hatten den Nonnen von St. Marien nämlich nicht nur das Dorf, sondern noch viel mehr, darunter auch die Heide, geschenkt.

Die Nonnen waren sehr fleißig und vergrößerten das Waldgebiet durch Anforstungen bis an das Torfgebiet des Wedding heran. Da aber der Boden sehr sandig war, brachte ihnen all ihr Fleiß nur wenig Gewinn. Deshalb ließen die Frauen einige Flecken durch Düngung ertragsfähig machen und verwandelten sie so in Ackerland. Im übrigen lieferte die Jungfernheide viel Nutz- und Brennholz und war viele Jahre lang ein lohnendes Jagdgebiet.

Der einzige Verbindungsweg zwischen Spandau und Charlottenburg war damals der Nonnendamm. Wie der Name »Nonnenwiesen« erinnert auch diese Bezeichnung an die einstigen Besitzerinnen.

Nach der Reformation wurden die Klöster aufgelöst, ihr Grundeigentum übernahm der Staat. Damit wurde auch die Jungfernheide staatlich und blieb viele hundert Jahre lang unverändert. Als aber in ihrem nördlichen Teil der Tegeler Schießplatz angelegt wurde, mußten größere Flächen abgeholzt werden, das veränderte den Charakter der Heide sehr.

Noch mehr verlor die Jungfernheide ihren ursprünglichen Charakter, als 1859 der Berlin-Spandauer-Schiffahrtskanal angelegt wurde, der die Unterspree mit dem Tegeler See verbindet. Dann bekam die Ringbahn zwischen den Bahnhöfen Wedding und Westend ihr zweites Gleis, und der Bahnhof »Jungfernheide« wurde in Betrieb genommen – wieder etwas, was der Heide ihr Gesicht nahm.

1904 schließlich wurde die Jungfernheide aufgeteilt und ein etwa 1.000 Morgen großes Stück zur Anlage eines Volksparks verwendet. Zum Glück achtete man darauf, daß der alte Baumbestand erhalten blieb. Deshalb findet man noch heute dort viele weit über hundert Jahre alte Baumriesen mit mächtigen Kronen und knorrigen Wurzeln.

Es gibt einen Fußballplatz im Volkspark Jungfernheide, eine Halle, in der man sich auch an Regentagen sportlich betätigen kann, und eine Freilichtbühne, die über 2.000 Besuchern Platz bietet. Nicht weit von der Bühne entfernt befindet sich der künstlich angelegte »große Teich« mit Freibad und Planschbecken, um den herum es im Sommer von Badegästen nur so wimmelt. Mehr kann man von einem Großstadt-Park beim besten Willen nicht erwarten; eine Heide allerdings ist die Jungfernheide nun schon lange nicht mehr.

Die Touristenmeile

Im Jahre 1542 ließ sich der Kurfürst Joachim II. am Ufer des Spilsees das Jagdschloß »Zum grünen Walde« bauen. Den See hatte er vom Ritter von Spil aus Dahlem erworben. Aus »Zum grünen Walde« wurde später der Name Grunewald, und nach ihm wurde der Spilsee zum Grunewaldsee.

Um sein Jagdschloß leichter erreichen zu können, ließ der Kurfürst einen Weg von Berlin bis in den Grunewald anlegen, den auch die nachfolgenden Kurfürsten gern benutzten, wenn sie im Grunewald jagen oder das Schloß aufsuchen wollten. Da der Weg zum Teil durch sumpfiges Gebiet führte, mußte er dammartig aufgeschüttet werden, damit der Kurfürst und sein Gefolge nicht im Schlamm steckenblieben – auf diese Weise entstand der »Grunewalder Damm« oder auch der »Kurfürstendamm«.

Auf der Karte, die der Städtezeichner La Vigne im Jahre 1685 angelegt hat, verlief der Kurfürstendamm nur bis zur Einmündung unserer heutigen Leibnizstraße, dann bog er nach Süden ab und führte über Wilmersdorf in den Grunewald. Deshalb gehörte der Kurfürstendamm ursprünglich zur Feldmark von Lütze. Da ihn aber der Kurfürst hatte errichten lassen, meinte die zuständige Baubehörde, er gehöre dem Staat – der Grund für die Streiterei in der Separationszeit! (Siehe »Wem gehört der Ku'damm«).

Nachdem die Staatsregierung den Kurfürstendamm im Tausch gegen anderen Landbesitz zugesprochen bekommen hatte, ließ sie ihn um vier Meter verbreitern und führte ihn als geraden Reitweg bis zum Grunewald durch. Ein geschäftstüchtiger Gastwirt nutzte die günstige

Gelegenheit und errichtete am oberen Ende des Kurfürstendammes das »Wirtshaus am Halensee«. Er legte eine große Spargelkultur an und bewirtete seine Gäste mit Koteletts, denen er im Frühjahr frischen Spargel zufügte.

Doch auch die Gegend um den Halensee verlor bald ihren ländlichen Charakter. Eine »Kurfürstendamm-Gesellschaft« hatte sich gegründet, die aus dem Kudamm eine Großstadtstraße machen wollte – was ihr, wie wir heute wissen, ja auch gelang. Dazu jedoch mußten erst mal viele Villen, Blumen- und Obstgärten beseitigt und sogar ein kleines Birkenwäldchen abgeholzt werden, denn der vier Meter breite Reitweg reichte für eine Großstadtstraße nicht aus. Man wollte großzügig bauen und plante links und rechts je einen neun Meter breiten Fahrdamm. Der Reitweg aber blieb trotzdem und wurde sogar noch auf acht Meter erweitert, denn Fürst Bismarck, der erste deutsche Kanzler, ritt ebenfalls gerne von Berlin aus in den Grunewald. Als er sah, daß am Zoo Eichen gefällt wurden, die der Straße weichen mußten, bekam er Angst um seine geliebten Grunewaldritte und bat den Kaiser schriftlich, doch trotz der notwendigen Straße »einen ununterbrochenen Reitweg nach dem Grunewald bestehen zu lassen«. Der Kaiser entsprach dieser Bitte, und gegen Kaiser und Kanzler war selbst die wohlhabende Kurfürstendamm-Gesellschaft machtlos.

Auch die Bürgersteige wurden großzügig geplant – sechs Meter breit auf jeder Straßenseite. Außerdem wurde auf beiden Straßenseiten Raum für siebeneinhalb Meter tiefe Vorgärten gelassen. Zusammengerechnet ergab das eine Straßenbreite von 53 Metern bei 3,5 km Straßenlänge. Das war nicht nur damals sehr selten, das ist auch heute noch eine Ausnahme. (Die Avenue des Champs-Elysées in Paris ist zwar mehr als doppelt so breit, dafür jedoch nur halb so lang.)

Mit der Bepflasterung des Ku'damms wurde im Sommer 1884 begonnen, gleichzeitig wurden die Alleebäume gepflanzt. Und weil man wußte, daß die Berliner an schönen Sommertagen gern in den Grunewald hinausfuhren, legte man zugleich die Schienen für eine Dampfbahn. Rowansche Dampfwagen, die 30 Personen befördern konnten, zuckelten bald darauf die neue Straße entlang.

Die alten Häuser wurden alle niedergerissen, um neuen Wohngebäuden und Geschäftshäusern Platz zu machen. Und natürlich blieb auch Bismarcks Reitweg nicht ewig erhalten, sondern mußte schon bald dem neuen Verkehr weichen. Genauso wie die Dampfwagen ziemlich rasch von der elektrischen Straßenbahn abgelöst wurden, die ebenfalls schnell Konkurrenz bekam – über der Erde von Autobussen, Lkw und Pkw, unter der Erde von der U-Bahn. Damit sah der Ku'damm dann schon fast so aus, wie wir ihn heute kennen: bunt und belebt, Geschäft an Geschäft, Kinos, Hotels, Restaurants und Warenhäuser bis in die Seitenstraßen hinein.

Allerdings gehört der Kurfürstendamm nur von der Kaiser-Wilhelm- Gedächtniskirche bis zur Leibnizstraße völlig zu Charlottenburg. Von der Leibnizstraße bis zum Lehniner Platz ist er »geteilt« – die Gebäude nördlich der Straße gehören zu Charlottenburg, die auf der Südseite zu Wilmersdorf.

Leider blieb auch der Ku'damm nicht vom Krieg verschont. Der Anblick der zerstörten Gedächtniskirche, die als Mahnmal erhalten wurde, erinnert uns jeden Tag daran. Seither wurde vieles wieder aufgebaut. Allerdings nicht immer so schön, wie es mal gewesen war.

Wir werden immer größer

Am 18. Januar ließ sich der preußische König Wilhelm I. im Schloßsaal von Versailles (Frankreich) zum deutschen Kaiser krönen. Zuvor hatte Deutschland den deutsch-französischen Krieg von 1870/71 gewonnen; die Kaiserkrönung auf französischem Boden sollte eine Demütigung des Gegners darstellen. Doch dabei blieb es nicht: Im »Friedensvertrag« zwischen den beiden Ländern wurde festgelegt, daß Frankreich Deutschland Elsaß-Lothringen abtreten nußte und zugleich eine Kriegsentschädigung von fünf Milliarden Francs zu zahlen hatte. Diese Milliarden trugen zu Deutschlands Aufschwung bei, die »Gründerjahre« begannen.

Rund um's Knie

Noch im Jahre 1870 lebten in Charlottenburg nur 18.000 Menschen, zehn Jahre später waren es bereits 30.000 und um das Jahr 1900 herum 190.000. Für alle diese Neu-Charlottenburger mußten Wohnungen gebaut werden, also entstanden viele neue Straßenzüge.

Eine der bekanntesten Straßen, die in jener Zeit gebaut wurden, ist die Hardenbergstraße. Sie führt vom Ernst-Reuter-Platz aus ostwärts. Ihren Namen erhielt sie nach dem Staatskanzler Hardenberg, der nach den Freiheitskriegen die Gewerbefreiheit und eine gerechtere Verteilung der Steuern in Preußen einführte; in ihrem Verlauf folgt sie dem alten Triftweg, auf dem einst die Lützer Bauern ihre Kühe zur Weide nach dem Hopfenbruch trieben. Weiter in Richtung Osten konnte sich Charlottenburg nicht mehr ausdehnen, schon am Zoo stießen die Straßenbauer auf eine andere Stadt, die sich noch gewaltiger ausdehnte – Berlin. Und in Richtung Süden lag ein Dorf, das ebenfalls kräftig wuchs – Wilmersdorf. Blieben nur der Norden und der Westen.

Im Norden reichte Charlottenburg ursprünglich nur bis an die Spree. Der Fluß bildete eine natürliche Stadtgrenze. Doch wozu gab es Brükken? Charlottenburg konnte sich nur dorthin ausdehnen, wo Platz war, und hinter der Spree war Platz. Also verschob sich die nördliche Stadtgrenze schon bald weiter über die Spree hinaus.

Am meisten Platz fand die Stadt westlich ihres alten Kerns, deshalb wuchs sie in diese Richtung am gewaltigsten. Am heutigen Ernst-Reuter-Platz gab es damals zwei alte Wege – die schöne, grüne Berliner Straße und die schmale Mühlenstraße, die so hieß, weil an ihrer Südseite eine Anzahl Windmühlen stand. Aus der Berliner Straße wurde schließlich die heutige Otto- Suhr-Allee, aus der schmalen Windmühlenstraße die breite Bismarckstraße, die zunächst bis zum Sophie-Charlotte-Platz führte. Nach dem deutsch-französischen Krieg von 1870/71 wurde sie in gerader Richtung weitergebaut, und das neue Stück erhielt den Namen Kaiserdamm. Von dort führt die Straße weiter bis zur Havel und darüber hinaus, allerdings ab Theodor-Heuss-Platz unter dem Namen Heerstraße.

Nördlich des heutigen Theodor-Heuss-Platzes entstanden zu jener Zeit Landhaussiedlungen. Die älteste von ihnen ist »Alt-Westend«. Hier konnten Familien in Einzelhäusern mit Garten wohnen. Später kamen Neu-Westend, die Siedlung Heerstraße, Ruhleben und Eichkamp hinzu. Alles Gegenden, in denen sich hauptsächlich wohlhabende Leute niederließen, weil das Wohnen dort natürlich schon damals nicht gerade billig war.

Der Ernst-Reuter-Platz erhielt seinen Namen am 1. Oktober 1953. Vorher hatte er viele Jahrzehnte lang nur »Am Knie« geheißen, weil die ehemalige Berliner Straße (Otto-Suhr-Allee) an dieser Stelle einen Knick machte, der an ein Knie erinnerte. Es gibt viele alte Geschichten, Verse, Wortspiele und Witze vom »Knie«, die leider nicht ganz stubenrein und deshalb für Schulbücher nicht geeignet sind. Interessant aber ist, daß die Berliner und Charlottenburger nicht gegen diese Umbenennung protestierten. Gegen die Umbenennung des Kaiserdammes in Adenauerdamm hatten sie protestiert – und zwar erfolgreich. Dem wohl beliebtesten Berliner Regierenden Bürgermeister Ernst Reuter gönnten sie sogar ihr »Knie«.

Und das ist auch richtig so: Das »Knie« wurde im II. Weltkrieg fast völlig zerstört, der heutige Ernst-Reuter-Platz erinnert in nichts mehr an jenes einst so berühmte Charlottenburger Knie. Lassen wir es in unserer Erinnerung leben und denken wir manchmal dran, wenn wir am Ernst-Reuter-Platz vorüberkommen.

Alle Straßen erhielten nun ein gutes Pflaster. Es bestand entweder aus kantigen Feldsteinen oder aus Asphalt. Auf die Bürgersteige wurden glatte Steinplatten gelegt, und wo Raum dafür war, wurden an den Straßenseiten Bäume gepflanzt. Plätze mit Grünanlagen kamen dazu. So entstanden in jener Zeit unter anderem der Steinplatz, der Savignyplatz, der Friedrich-Karl-Platz (Klausenerplatz), der Branitzer Platz und nördlich der Spree der Mierendorffplatz (Gustav-Adolf-Platz) und der Goslaer Platz.

1882 wurde dann die Stadtbahn eröffnet, die auch jetzt wieder quer durch Berlin fährt; nicht zu verwechseln mit der Ringbahn, die schon früher ihren Betrieb aufgenommen hatte. (Bereits 1877 wurde der Ringbahnhof Westend, der erste Bahnhof Charlottenburgs überhaupt, dem Verkehr übergeben.)

Durch die Stadtbahn bekam Charlottenburg gleich mehrere neue Bahnhöfe, darunter auch den Bahnhof Charlottenburg, der zunächst noch auf freiem Feld lag. Ist aber erst mal ein Bahnhof da, belebt sich eine Gegend schnell; wie es heute am S-Bahnhof Charlottenburg aussieht, wissen wir.

Anfänglich wurden die Züge der Stadt- und Ringbahn noch von Lokomotiven gezogen, später wurden die Strecken für elektrische Betriebe eingerichtet, noch später kam die U-Bahn hinzu. Und je besser die Verkehrsanbindungen wurden, desto mehr Berliner waren bereit, nach Charlottenburg umzuziehen. Die einen, um näher an ihrem Arbeitsplatz zu sein, die anderen, weil sie rauswollten aus der lärmenden Großstadt ins damals noch ruhigere und grünere Charlottenburg.

Aber nicht nur Privathäuser, Straßen und Bahnen wurden in jener »Gründerzeit« gebaut. Auch viele öffentliche Gebäude entstanden, wie zum Beispiel das Rathaus in der Berliner Straße 72/73 (Otto-Suhr-Allee), die Kaiser-Wilhelm-Gedächtniskirche, viele Schulgebäude und Krankenhäuser.

Charlottenburg galt bald als wohlhabende Stadt, später als einer der wohlhabenden Stadtbezirke Berlins. Es wird aber oft vergessen, daß auch Charlottenburg seine unschönen und ärmlichen Mietskasernen besaß. Denn je teurer der Grund und Boden in jenen Jahren des Baubooms wurde, desto weniger Menschen konnten es sich leisten, einigermaßen großzügig zu wohnen. Also entstanden zwischen den Straßenzügen Spandauer Straße, Nehring-, Knobelsdorff- und Sophie-Charlotten-Straße sowie entlang der Wallstraße (Zillestraße) auch Elendsviertel. Wo das Elend wächst, wächst aber auch die Kriminalität.

Die Unsicherheit in Charlottenburg nimmt, je weiter die Stadt ihre Arme ausstreckt, einen immer größeren Umfang an, schrieb das »Berliner Tageblatt« 1904. *Namentlich in den westlichen und südlichen Stadtteilen, in denen die Bebauung rapid um sich greift, gehören die nächtlichen Ruhestörungen, die Schlägereien und Messerstechereien, die Belästigungen harmloser Passanten und die Schaukastendiebstähle zu den alltäglichen Erscheinungen. Wurden doch im Polizeirevier IV. im Dezember vorigen Jahres innerhalb 48 Stunden nicht weniger als fünfzehn Straßenexzesse begangen. Die Belästigungen durch Dirnen und deren »Bräutigams« geschehen in der Pestalozzi- und Wilmersdorferstraße so zahlreich, daß, wer es nicht unbedingt nötig hat, durch diese Straßen zu gehen, lieber einen Umweg macht, um zu seinem Ziele zu gelangen. Die Polizei ist numerisch viel zu schwach, um diesem skandalösen Treiben mit Erfolg entgegenzutreten. Kein Wunder, daß die Schar der Exzedenten (Übeltäter/Unfugstifter) von Tag zu Tag wächst und daß Leben und Eigentum der Bewohner jener Stadtbezirke immer mehr bedroht werden.*

Für die Kinder aus den Elendsvierteln – *blutarme, nervöse, skrofulöse (Haut- und Lymphknotenerkrankung), herz- und lungenkranke Volksschulkinder, für die der vier-, fünfstündige Unterricht in normal besetzten Volksschulklassen zu anstrengend ist,* wie es hieß – wurde 1904 die Grunewalder »Waldschule« eingerichtet, die noch heute besteht, inzwischen aber eine ganz normale Schule ist. Allerdings liegt sie nach wie vor im Grünen, was die Kinder, die dort zur Schule gehen, sicher nicht ärgert.

Wo keine Brünnlein fließen

Mit der Trinkwasserversorgung war es in Charlottenburg früher sehr schlecht bestellt. So litt der Schloßbezirk Lützenburg im Winter 1704/05 große Not. Die Bevölkerung mußte das Wasser aus einem Loch holen, das vor dem Seegerschen Haus in der Schloßstraße gegraben worden war. Um diesem Übel abzuhelfen, wurden im Sommer 1710 die ersten drei Stadtbrunnen eingerichtet, und so mancher Hausbesitzer legte sich auf eigene Kosten einen Brunnen zu. Für eine ordentliche Wasserversorgung aller Haushalte aber reichte das immer noch nicht.

Weitere Brunnen mußten her. Die aber kosteten Geld, und daran mangelte es den Charlottenburgern in ihrer Frühzeit fast immer. Woran es den Charlottenburgern jedoch nur selten mangelte, waren gute Ideen.

Oberpfarrer Dressel vermerkte in seinen Notizen, wie das Geld für neue Straßenbrunnen aufgetrieben wurde: Auf Anraten eines Geheimen Kämmerers Ritz wurde im Schloßpark ein großes Feuerwerk veranstaltet. Wer es sich ansehen wollte, mußte Eintritt zahlen. Das waren offensichtlich nicht wenige, denn nach Abzug der Kosten für die Feuerwerkskörper blieben für die Brunnen genau 481 Taler übrig.

Für die Erhaltung der städtischen Brunnen war übrigens extra ein Brunnenmeister angestellt worden. Alle Bürger ohne eigenen Brunnen mußten an ihn ein Brunnengeld zahlen. Von diesem Brunnengeld lebte der Brunnenmeister; das war sein Gehalt. Faulenzen allerdings konnte er dafür nicht. Für das Löschen von Bränden mußten die öffentlichen Brunnen immer tadellos in Ordnung sein. Jeden Morgen wurden sie von Nachtwächtern auf ihre Brauchbarkeit geprüft.

Heute holen wir das Wasser nicht mehr aus Brunnen, sondern drehen nur den Wasserhahn auf. Fragen wir uns aber überhaupt noch, wo dieses Wasser herkommt?

Aus den Wasserwerken! Natürlich. Aber wo befinden sich die?

Naa?

Eins liegt in der Motardstraße, eins in Tiefwerder und eins in Tegel. Von außen sehen sie aus wie große Fabriken, drinnen stehen mächtige Pumpen, die das Trinkwasser aus bis zu 100 m tiefen Brunnen emporsaugen. In einer Aufbereitungsanlage wird das Wasser von allen Unreinheiten befreit, dann drücken die Pumpen es durch Röhren in die Häuser hinein. Die Hauptdruckrohre haben einen Durchmesser von fast einem Meter!

Das älteste Charlottenburger Wasserwerk wurde bereits 1878 erbaut und ist schon lange nicht mehr in Betrieb. Es liegt direkt am Teufelssee und damit mitten im Grunewald. Lange Jahre hat es Charlottenburg mit Wasser versorgt, weil aber die Bevölkerung so rasch wuchs, mußte schon 1896 ein weiteres Werk errichtet werden, und zwar am Rohrdamm.

Von großer Bedeutung für die Charlottenburger Wasserversorgung sind aber auch die beiden Wassertürme am Spandauer Berg. Wird nämlich in den Häusern zuviel Wasser verbraucht oder sinkt aus einem anderen Grund der Wasserdruck, ergießen die Behälter ihren Wasservorrat ins Leitungsnetz und gleichen den Druck auf diese Weise wieder aus.

Obwohl wir heute unser Wasser von den Wasserwerken erhalten, sieht man in unseren Straßen noch hin und wieder Brunnen, sogenannte

Plumpen, die früher unter anderem als Tränkstellen fürs Vieh oder für Pferdegespanne benutzt wurden. Während des II. Weltkrieges sind fast die Hälfte aller Berliner Straßenbrunnen zerstört worden, inzwischen wurden viele wieder instand gesetzt. Allein in Charlottenburg funktionierten 1986 schon wieder 121 »Plumpen«. Nun könnte man denken: Wozu eigentlich? Straßenbrunnen werden doch heute nicht mehr benötigt. Vieh und Pferde gibt es in unseren Straßen nicht mehr, und das Wasser bekommen wir direkt ins Haus geliefert. Das wäre aber zu kurz gedacht. Ende des II. Weltkrieges zum Beispiel gab es vorübergehend kein Leitungswasser, weil die Wasserwerke stillagen. Also drängte sich die Bevölkerung um die Straßenbrunnen und pumpte das kostbare Naß in die mitgebrachten Eimer. Jahre später, als am Kurfürstendamm zwischen Leibniz- und Giesebrechtstraße ein Wasserrohr geplatzt war und die Leitungen kein Wasser gaben, sah es um die Straßenbrunnen nicht viel anders aus.

Wir sollten sie also behalten, unsere Straßenbrunnen, sollten sie hegen und pflegen und immer wieder kontrollieren, ob das Brunnenwasser wirklich noch Trinkwasser ist. Das wird auch getan, jedes Jahr einmal. Die Untersuchungen finden im Robert-Koch-Institut statt. Farbe, Geruch und Gehalt an Krankheitskeimen werden geprüft, und wird festgestellt, daß das Wasser gesundheitsschädlich ist, erhält der Brunnen das Warnschild »Kein Trinkwasser«.

Es stinkt in Charlottenburg

Woher das Wasser kommt, wissen wir nun, aber wo es abfließt? Die Abwässerproblematik ist nicht erst in unseren Jahren der Chemikalien und des »Nichts wäscht weißer« erfunden worden, dieses Problem hatten alle Städte zu allen Zeiten:

Um 1850 waren die Straßen Charlottenburgs noch in sehr schlechtem Zustand; es fehlte das Pflaster! Nur die Berliner Straße (Otto-Suhr-Allee) besaß bereits eine feste Fahrbahn, alle anderen weichten bei jedem Regen auf. Kam ein besonders starker Regenschauer, lief das Wasser in Strömen vom Spandauer Berg herunter und überschwemmte die tiefer gelegenen Straßen und Plätze. Um diesem Übel abzuhelfen, legten die Bürger an beiden Straßenseiten tiefe Rinnsteine an.

Am Luisenplatz nützten aber auch die Rinnsteine nichts. Hier führte eine Bohlenbrücke quer über die Berliner Straße, und gerade hier bildete der Schwarze Graben zu beiden Seiten zwei breite Sümpfe. Der eine lag vor dem Küchengarten, der andere vor dem Grundstück des Kaufmanns Wegelin. Wegelin ließ auf eigene Kosten elfhundert drei- und vierspännige Fuhren Erde anfahren und die sumpfige Niederung vor seinem Haus auf diese Weise trockenlegen. Auf der Küchengartenseite wurde der Sumpf auf Kosten des Staates beseitigt.

Etwas anderes kam hinzu: Damals konnte man das Schmutzwasser nicht wie heute in einen Ausguß schütten – weil es noch keine Ausgüsse gab. Die Hausfrauen gossen es also einfach in den Rinnstein. Mochte es darin abfließen oder allmählich vertrocknen. Dieser Zustand war natürlich gesundheitsschädlich. Noch schlimmer aber war, daß sich der Unrat im Schwarzen Graben sammelte, denn der Graben war seit vielen Jahren nicht mehr gereinigt worden. Dadurch hatten sich die Wasserpflanzen stark vermehrt, die den Schmutz festhielten. Das Wasser konnte deshalb nur sehr langsam abfließen und hatte nicht mehr die Kraft, den Unrat fortzuspülen, der sich im Lauf der Zeit zu kleinen Bänken türmte.

In früheren Zeiten war der Bach regelmäßig einmal im Jahr gereinigt worden und daher immer sauber geblieben. So hatte man lange Zeit sogar eine Badeanstalt an den Ufern des Schwarzen Grabens in Betrieb halten können. Sie lag im damaligen »Robertspark« zwischen Grün- (Haubachstraße) und Mühlenstraße (Bismarckstraße). Für die Reinigung aber waren die Bürger zuständig, deren Grundstücke an den Graben stießen. Seit sie ihn verkommen ließen, stank er furchtbar und verpestete im weiten Umkreis die Luft. Besonders im Sommer war es dort kaum auszuhalten. Den Anwohnern jedoch muß dieser Gestank nicht allzuviel ausgemacht haben, sonst hätten sie den Bach wohl ab und zu mal gereinigt.

Schlimm war auch der Zustand der Spreestraße, der jetzigen Richard-Wagner-Straße. Dort überschwemmten die Abwässer die Straße beinahe regelmäßig. Zur Abhilfe zog man durch eine Querstraße einen großen, breiten Abzugsgraben, der im Schwarzen Graben am Robertspark mündete. Der Schwarze Graben sollte das Wasser weiter in die Spree leiten. Seit dem Bau dieses Abzugsgrabens hieß die Querstraße »Am Graben«, später Kanalstraße, heute heißt sie Thrasoltstraße. Die Luft über dem Schwarzen Graben wurde durch diese zusätzlichen Abwässer natürlich nicht »verbessert«, aber irgendwie hielten die Anwohner auch das noch aus.

Nach heftigen Regengüssen standen auch die Triftstraße (Hardenbergstraße) und ein Teil der Mühlenstraße (Bismarckstraße) tagelang unter Wasser. Man hätte die Triftstraße höher legen müssen, dann hätte ihr der Regen nichts anhaben können, die Tiergartenverwaltung jedoch weigerte sich, den Auftrag zu erteilen. Die Kosten waren ihr zu hoch. 1867 dann ließ ein Privatmann die Straße auf eigene Kosten höher legen, pflastern und durch ein Netz von unterirdischen Tonröhren entwässern.

Die Abwässer, die vom Marktplatz (Richard-Wagner-Platz) nach Osten rannen, stauten sich in der Gegend des Knie (Ernst-Reuter-Platz) und in den Chausseegräben der Berliner Straße (Otto-Suhr-Allee). Und wo das Wasser sich staute, da faulte es auch – und wo es faulte, stank es. Um die Abwässer abzuleiten, wurde ein Kanal durch die Rosinenstraße (Loschmidtstraße) und den Platz Alt-Lietzow zur Spree gebaut. Der Kanal hatte aber wenig Gefälle. Daher blieben die Schmutzstoffe in dem gemauerten Kanalbett liegen und häuften sich immer mehr an. Gegen den Gestank legte man Holzbohlen über den Kanal, um ihn auf diese Weise abzudecken. Aber natürlich fand der Gestank genügend Ritzen und Löcher, um den Leuten trotzdem kräftig in die Nase zu fahren. Und er war auch nicht harmlos, dieser Fäulnisgestank; in der nahe gelegenen höheren Töchterschule wurden einige Mädchen ohnmächtig davon, manche sogar krank.

Und wieder war es eine Privatinitiative, die Abhilfe schaffte. Den Grundstücksbesitzern an der Berliner Straße reichten die gesundheitsschädlichen Zustände, unter denen sie litten, eines Tages. Also ließen sie die Abwässer fortan durch Tonröhren in den Landwehrkanal leiten und waren den Gestank los.

Auf die Dauer jedoch nützten alle privaten Hilfsmaßnahmen nicht sehr viel. Je mehr Charlottenburg den ehemals dörflichen Charakter verlor, je enger die Häuser der Stadt zusammenrückten und je stärker die Bevölkerungszahl wuchs, desto ärger wurden die Mißstände durch die mangelhafte Ableitung der Abwässer. Die Selbstverwaltung mußte endlich eingreifen. Sie konnte es aber erst, nachdem Charlottenburg durch ein Wasserwerk mit Wasser versorgt wurde – mit den Leitungsrohren nämlich konnte man unterirdische Kanäle anlegen, die alle Abwässer auffingen und den Unrat wegschwemmten.

1890 wurde diese Schwemmkanalisation in Betrieb genommen. Da das Gefälle der Kanäle aber nicht überall stark genug war, um die Abwässer fortzuleiten, richtete man in der Sophie-Charlotten-Straße eine Hauptpumpstation ein: Die Abwässer fließen nun aus den Leitungen und Zweigkanälen mit natürlichem Gefälle in den Hauptkanal, der sie in die Hauptpumpstation leitet. Hier werden sie von den groben und unlöslichen Stoffen befreit. Dann kommen sie in die Pumpen, die alles Wasser in die Druckrohre befördern, und werden so auf die Rieselfelder bei Gatow hinaustransportiert.

Mit der Kanalisation aber wurde noch ein zweiter gewaltiger Fortschritt erzielt: Jetzt endlich konnten auch die Tonnenklosetts verschwinden, die viele Jahrzehnte lang in Charlottenburg üblich gewesen waren. Sie waren sehr »unappetitlich«, weil sie nur alle paar Wochen geleert werden konnten und demzufolge auch nicht nach Rosenwasser dufteten.

Und nicht zuletzt wurde mit der Kanalisation der Schwarze Graben überflüssig. Deshalb wurde er zugeschüttet und ist heute nicht mehr zu sehen. Die »tapferen« Anwohner aber, die so viele Jahre lang neben dem Schwarzen Graben ausgehalten hatten, ohne ihn zu reinigen, freuten sich über ihre Geduld: Man muß nur stur genug sein, dann erledigt sich alles von selbst.

Luxus, Sünde oder Fortschritt?

Als Friedrich I. die Straße durch den Tiergarten zum Schloß Lützenburg bauen ließ, erhielt sie auf beiden Seiten Laternen. Über 600 Lichter brannten da abends, wenn im Schloß Gäste erwartet wurden. Und obwohl es nur schwach leuchtende Öllampen waren, berichteten die Reisenden jener Tage mit Staunen von den vielen brennenden Laternen. *»Es sah aus«*, schreibt einer in seinem Reisebericht, *»als ob zwei feurige Schnüre durch den Tiergarten gezogen wären.«* Die anderen Straßen der kleinen Stadt jedoch hatten zu dieser Zeit noch keine Beleuchtung, deshalb war es an mondlosen Abenden in Charlottenburg stockdunkel. Wer ausgehen wollte, mußte eine Laterne mitnehmen.

Der sparsame Soldatenkönig Friedrich Wilhelm I. ließ die 600 Laternen als überflüssigen Luxus fortnehmen, und so herrschte über viele Jahrzehnte hinweg an den Abenden auch auf dieser Straße wieder tiefste Finsternis. Später ließ Friedrich Wilhelm II. von der Schloßwache bis zum Schloßtheater einige Laternen aufstellen. Das waren aber nur sechs Stück, und die wurden nur angezündet, wenn eine Theateraufführung stattfand.

Erst als das Petroleum aufkam, ließ die Stadt Charlottenburg die Berliner Straße (Otto-Suhr-Allee) vom Knie (Ernst-Reuter-Platz) bis zum Schloß mit 21 Laternen beleuchten. Zu jener Zeit hatten andere Städte längst Gasbeleuchtung in ihren Straßen. Der Charlottenburger Bürgermeister Bullrich jedoch konnte sich nicht entschließen, ebenfalls eine Gasanstalt zu errichten. Forderten ihn die Stadtverordneten dazu auf, antwortete er stets, die Stadt hätte für solchen Luxus kein Geld. Unterstützt wurde er dabei von einigen sehr konservativen Pfarrern, die es zur Sünde erklärten, die von Gott geschaffene Dunkelheit künstlich erhellen zu wollen.

1861 wurde dann – und zwar auf Druck der Berliner Polizei – doch noch eine Gasanstalt gebaut, und zwar am Charlottenburger Ufer (Einsteinufer). Nun konnten die Straßen nach und nach beleuchtet werden, und schon bald reichte die erzeugte Gasmenge nicht mehr aus, und die Gasanstalt mußte immer wieder vergrößert werden.

So nach und nach erkannten dann auch die Haushalte den Vorteil eines Gasherdes oder Gaslichts, und so sollte die Gasanstalt nicht nur die Straßen beleuchten, sondern auch noch möglichst viele Haushalte mit Gas versorgen. Dazu war sie nicht imstande, und es wurde eine neue, große Gasanstalt errichtet – eine, die uns noch heute mit Gas versorgt. Sie liegt genau dort, wo der Nordring den Charlottenburger Verbindungskanal überschneidet und wurde am 15. Dezember 1890 in Betrieb genommen.

1861 beleuchteten 150 Gaslaternen die Charlottenburger Straßen. 1903 brannten bereits 5.351 Laternen mit 5.873 Gasglühlichtflammen. 1939, zu Beginn des II. Weltkrieges, waren es 8.100 Gaslaternen.

Die neue Gasanstalt war ein großer Fortschritt für Charlottenburg, aber Berlin war schon weiter, dort hatten sich die wohlhabenden Leute bereits an das elektrische Licht gewöhnt. Zog ein begüterter Berliner nach Charlottenburg um, ärgerte er sich, daß er am neuen Wohnort seine elektrischen Lampen nicht benutzen konnte. Aber Charlottenburg besaß ja noch kein Elektrizitätswerk. So mußte man, als die Kaiser-Wilhelm- Gedächtniskirche elektrisch beleuchtet werden sollte, den Strom von einem Berliner Werk beziehen.

Erst 1897 beschloß der Magistrat, ein eigenes Elektrizitätswerk zu errichten. Es wurde von 1899 bis 1900 zwischen Spree und Quedlinburger Straße gebaut und konnte am 1. August 1900 seinen Betrieb aufnehmen.

Jetzt erhielt Charlottenburg neben den gasbeleuchteten Straßen auch elektrisch beleuchtete, und in die Wohnungen kam ebenfalls elektrisches Licht. Allerdings ging es den Charlottenburgern da genauso wie den Berlinern: Die teuren Steigeleitungen, die den Strom in die Wohnungen brachten, mußten von den Wohnungsmietern selbst bezahlt werden – und das konnten sich damals noch längst nicht alle leisten.

Eine der hellsten Lampen in Berlin und ganz Deutschland steht übrigens vor dem Bahnhof Zoo, auf dem Hardenbergplatz. Sie besitzt eine Xenon-Leuchtröhre, die eine elektrische Leistung von 65.000 Watt erzeugt! Im Mai 1960 wurde sie aufgestellt und beleuchtet seither von einem 28 Meter hohen Mast den gesamten Vorplatz des Bahnhofs.

Im Kraftwerk Charlottenburg aber wird inzwischen längst nicht nur Strom erzeugt, sondern auch Wärme für das Fernheizwerk, an das inzwischen ganze Stadtteile, das Rathaus, das Schillertheater, die Badeanstalt in der Krummen Straße und das Deutsche Opernhaus angeschlossen sind. Die Häuser werden auf diese Weise bequemer, billiger und besser beheizt, als es durch eigene Heizanlagen möglich wäre, und es wird viel kostbare Energie gespart. Was wohl der Bürgermeister Bullrich und seine tugendhaften Pfarrer dazu sagen würden?

Unser Müll

Jeder weiß es: Die moderne Gesellschaft hat ein Müllproblem. Wir werfen einfach zuviel weg; darunter so wertvolle Stoffe wie Glas und Papier, aber auch schwer zu deponierende Stoffe wie zum Beispiel Plastikverpackungen. Es könnte viel Müll eingespart werden, doch die Industrie stellt sich nur langsam auf neue Verfahren um – und wir auch! Also produzieren wir von Jahr zu Jahr immer mehr Müll. Wo aber bleibt der ganze Abfall, und was passiert, wenn wir eines Tages nicht mehr wissen, wohin damit?

Unmittelbar nach dem II. Weltkrieg gab es in Berlin eine Zeitlang keine Müllabfuhr mehr, da türmte sich der Müll zu kleinen Bergen und verbreitete einen widerlichen Gestank. Ratten tummelten sich darin, vermehrten sich rasch und wurden zur Stadtplage. Erst nach geraumer Zeit fuhren wieder Wagen durch die Straßen, die den Müll aufluden und fortschafften. Aber das waren noch offene Wagen, auf die der Müll geschaufelt werden mußte, wobei dann jede Menge Staub und Papier durch die Luft wirbelte.

Inzwischen hat sich das geändert; jeder kennt die modernen Müllwagen, die jeden Tag von den Fuhrhöfen der Berliner Stadtreinigung fahren und alle unsere Abfälle wegtransportieren . Aber wohin?

Wir werfen unseren heutigen Müll zumeist in ehemalige Baugruben oder schaufeln allen Abfall zu riesigen Müllbergen auf. Die Menschen, die in der Nähe jener Deponien leben, aber wollen sich ihre Umwelt nicht länger kaputtmachen lassen. Also wird das nicht ewig so weitergehen können. Und Müllverbrennungsanlagen? Die sind nur dann sinnvoll, wenn der Dreck nicht durch die Schornsteine wieder entweichen kann.

Ob es uns paßt oder nicht, was den Müll betrifft, müssen wir umdenken: Weniger Verpackungsmaterial ist notwendig und eine noch bessere Erfassung, Lagerung oder Wiederverwertung der verschiedenen Abfallstoffe, vor allem der Sonderabfälle wie Chemikalien und Pharmazeutika, Farben und Lacke, Pflanzenschutz- und Schädlingsbekämpfungsmittel. Gerade in einer Großstadt wie Berlin fällt ja nicht nur Haushalts-, sondern auch viel Industrie- und Schadstoffmüll an. Wenn der nicht ordnungsgemäß gelagert und vernichtet wird, zerstört er unsere Umwelt – und damit auch uns, denn ohne eine gesunde Umwelt (sauberes Trinkwasser, saubere Luft, intakte Planzen- und Tierwelt) können wir nicht leben. Viele Menschen aber scheinen das noch nicht zu wissen; wegwerfen ist ja so einfach.

Weisheit und Gerechtigkeit

Drei Rathäuser gab es bisher in Charlottenburg. Das erste – um 1700 von dem berühmten Baumeister Eosander errichtet –, hatte der Stadt bis 1860 als Rathaus gedient und war zuerst nur ein kleines, ebenerdiges Palais gewesen, das sich der Oberstallmeister Friedrichs I. von Eosander hatte errichten lassen. Immerhin aber war es ein massives Haus, und die Zimmer waren mit kostbaren Tapeten ausgestattet. Nach Sophie Charlottes Tod kaufte Friedrich I. das Haus und schenkte es der jungen Stadt als Rathaus. Es wurde mit einem Turm versehen und in dem Turm eine Uhr angebracht. Dieses Rathaus war das erste öffentliche Gebäude der Stadt und gab der damals noch jungen Ansiedlung ein erstes städtisches Aussehen.

Als Friedrich Wilhelm I. als Nachfolger seines Vaters in diesem Rathaus Bürgermeister wurde, heiratete er darin. Zu jener Zeit noch Kronprinz, bewirtete er seine Hochzeitsgäste im Rathaus mit Schinken, Kohl und geräuchertem Fleisch. Dabei bildeten die Bürger die Ehrenwache und spielten zur Tafel auf, wie es damals eben üblich war.

Dieses erste Charlottenburger Rathaus hat fast zweieinhalb Jahrhunderte überdauert, – und einhundertfünfzig Jahre lang diente es als Rathaus! Bevor es dann im II. Weltkrieg niederbrannte, war noch lange Zeit die 4. Volksschule darin untergebracht. (Schloßstraße 22 a.)

Das erste Rathaus beherbergte aber nicht nur die städtischen Behörden, sondern auch das Stadtgericht. Solange Charlottenburg nur wenige Einwohner hatte, reichten die Räume in dem ehemaligen Palais für beides aus. Dann jedoch wuchs die Einwohnerzahl immer sprunghafter, und die Räume wurden zu eng. Also suchte man ein größeres Gebäude und fand es in dem ehemaligen Palais des Stallmeisters Encke in der Berliner Straße – genau dort, wo unser jetziges Rathaus steht. Encke war der Bruder der schönen Wilhelmine, und das Palais hatte ihm Friedrich Wilhelm II. einst bauen lassen.

Die Stadt erwarb Haus und Grundstück von der Berliner Charité, der es damals gehörte, und nachdem es für Verwaltungszwecke hergerichtet worden war, wurde das neue Rathaus im Jahre 1860 feierlich eingeweiht. Doch alle Räume dieses zweiten Charlottenburger Rathauses wurden zu jener Zeit noch nicht gebraucht, das obere Stockwerk reichte vorläufig aus. Deshalb richtete unten im Haus ein Kaufmann seinen Laden ein, bis 1873 der ehemalige Kaufmannsladen zur Bürgermeisterwohnung umgebaut wurde.

Das zweite Rathaus wurde dann sehr schnell zu eng: Von 1860 bis zum Jahre 1893 nämlich stieg die Einwohnerzahl Charlottenburgs von 12.000 auf 100.000 an. Damit war Charlottenburg Großstadt geworden! Und nach weiteren zehn Jahren war schon das zweite Hunderttausend überschritten. Die Bevölkerung Charlottenburgs hatte sich also von 1860 bis 1905 beinahe verzwanzigfacht. So schnell ist keine andere Stadt gewachsen.

Bei diesem ungeheuren Wachstum entstand natürlich auch eine Unmenge von Verwaltungsarbeit. Zu ihrer Erledigung wurden immer mehr Beamte eingestellt, die bald nicht mehr genug Raum in dem ehemaligen Palais fanden. Das Gebäude wurde daher abgerissen. Das neue Rathaus sollte endlich groß genug werden. Man kaufte also das daneben liegende Grundstück (Berliner Straße 72) hinzu. Nun umfaßte die Baustelle die Grundstücke Berliner Straße 72/73 (heute Otto-Suhr-Allee 100) und Lützer Straße 11/12 (heute Alt- Lietzow), und nach Entwürfen der Architekten Reinhardt und Süßenguth entstand hier das neue Rathaus. 1905, während der 200-Jahr-Feier Charlottenburgs, wurde es eingeweiht

Die ersten beiden Rathäuser waren noch als Wohnhäuser erbaut worden; für die Stadtverwaltung mußten sie umgebaut werden. Das heutige Rathaus wurde von vornherein für seine jetzige Bestimmung geschaffen und sieht auch so aus: gewaltige Sandsteinquader an der Vorderansicht, eine breite Treppe, die zum Mittelbau mit dem Haupteingang führt. Dieser mittlere Teil zeigt zu beiden Seiten zwei kräftige Seitentürme sowie zwei große Sandsteinfiguren: »Weisheit« und »Gerechtigkeit«. Überragt wird das Gebäude von einem Mittelturm, der 87,5 m hoch ist. Hoch oben trägt er auf allen vier Seiten eine Uhr, die mit Leuchtziffern und Zeigern weithin sichtbar ist.

Der Stadtbezirk Charlottenburg

Anfang des 20. Jahrhunderts waren in der europäischen wie in der Welt-Politik Spannungen herangewachsen. Ein internationaler Wettlauf um Kolonien, Heeres- und Flottenaufrüstungen hatte begonnen. Das wilhelminische Kaiserreich war dabei zum Rivalen der alten »imperialistischen« Mächte England, Frankreich und Rußland geworden. Es sah sich in Krisen auf dem Balkan, im Vorderen Orient, in Nordafrika, sogar in China verwickelt oder bestand auf Mitspracherecht. Der Kaiser schürte, oft von Berlin aus, das Mißtrauen durch instinktlose, scharfmacherische Reden. Schließlich fühlte Deutschland sich eingekreist und auf die – vom Zerfall bedrohte – österreichisch-ungarische Monarchie angewiesen, den einzigen festen Verbündeten, den es noch besaß.

Krieg

Die Ermordung des österreichischen Thronfolgerpaares in Sarajewo am 28. Juni 1914 durch großserbische Nationalisten löste dann die schlimmste europäische Krise aus, die einen Monat später in eine kriegerische Kettenreaktion mündete. Österreich, der deutschen Treue sicher, erklärte Serbien den Krieg, und auch Rußland und das mit ihm verbündete Frankreich machten mobil. Daraufhin erklärte Deutschland Rußland und Frankreich den Krieg und begann mit dem Einmarsch in das neutrale Belgien.

Vom 1. August 1914 bis zum 9. November 1918 dauerte der I. Weltkrieg, viele Menschen ließen in ihm ihr Leben. Und das nicht nur an den Fronten, sondern auch in den Heimatländern der Soldaten, in denen oft große Not herrschte. Nur weil einundzwanzig Jahre später ein noch schlimmerer Krieg folgte, in dem bis zu 30 Millionen Menschen umkamen, sind die 10 Millionen Opfer des I. Weltkrieges heute nahezu vergessen.

Es war eine Revolution, die diesen Krieg beendete, die deutsche »Novemberrevolution«, in deren Folge Wilhelm II. den Kaiserthron verlassen mußte und Frieden geschlossen werden konnte. Friedrich Ebert, ehemaliger Sattlergeselle und damaliger SPD-Vorsitzender, wurde erster Reichskanzler der jungen deutschen Republik, die später die »Weimarer Republik« genannt wurde, weil die verfassungsgebende Nationalversammlung in Weimar tagte. Die Geburt dieser Republik aber war nicht leicht, da die siegreichen Revolutionäre sich über den weiteren Weg Deutschlands nicht einigen konnten: Sollte aus Deutschland eine »deutsche Republik« oder eine »sozialistische deutsche Republik« werden? Sollten die Generäle, die den Krieg durch ihre Politik verlängert hatten, entlassen und die Industrie, die an ihm verdient hatte, enteignet werden oder fortan der Republik dienen?

Vielen ging die Revolution nicht weit genug, anderen ging sie zu weit. Es kam zum Bürgerkrieg, und die Stadt Berlin – und damit auch Charlottenburg, das 1920 mit anderen zuvor selbständigen Städten und Dörfern zu Groß-Berlin zusammengeschlossen wurde – entwickelte sich zu einem ständigen Unruheherd. Immer wieder gab es Putschversuche, Streiks und Straßenkämpfe, bis 1933 die Nazis an die Macht kamen und den II. Weltkrieg vorbereiteten.

Ein Stück Berlin

Das Gesetz zur Gründung von Groß-Berlin wurde am 27. April 1920 beschlossen und trat am 1. Oktober 1920 in Kraft. 3,8 Millionen Menschen waren nun »Berliner«. (Zehn Jahre später waren es bereits 4,3 Millionen.) 880 Quadratkilometer umfaßte die Stadt – und Charlottenburg war ab sofort nur noch einer von zwanzig Stadtbezirken; allerdings mit seinen damals ca. 325.000 Einwohnern nach den Bezirken »Hallesches Tor« (Kreuzberg), Wedding und Friedrichshain der viertgrößte nach der Bevölkerungszahl.

Natürlich gab es damals Leute, die für die Eingemeindung, und andere, die dagegen waren. Bereits 1705 allerdings schrieb die berühmte Liselotte von der Pfalz (Kusine Sophie Charlottes), nachdem sie Berlin und Charlottenburg besucht hatte: *Weilen Berlin und Charlottenburg so nahe sein, wird es mit der Zeit nur eine Stadt werden.*

Das war gut vorausgesagt – zweihundertfünfzehn Jahre bevor es passieren sollte! Und natürlich war diese Entwicklung nicht aufzuhalten; die einzelnen Gemeinden waren ohnehin längst zusammengewachsen, durch den Zusammenschluß konnte eine sinnvollere Verwaltung geschaffen werden.

Die ehemalige Stadt Charlottenburg hatte auch keinerlei Grund, sich zu beschweren, durch die Gebietsreform erfuhr sie eine wesentliche Vergrößerung. Zwischen Spandauer Damm/Charlottenburger Chaussee im Norden und der Heerstraße im Süden wurde Charlottenburg vor allem aus dem ehemaligen Gutsbezirk Heerstraße ein umfangreiches Gebiet zugeschlagen. Es reicht bis an den Stößensee und die dort in Nord-Süd-Richtung verlaufende Vorortbahnstrecke Heerstraße—Spandau. Im Norden erhielt Charlottenburg den Gutsbezirk Plötzensee zugesprochen und Teile des Gutsbezirks Jungfernheide.

Mit dem Gebietsgewinn im Westen bot sich eine Ausdehnung der teuren Wohngegend von Alt- und Neu-Westend geradezu an. Doch entstanden in dieser Gegend auch »normale« Wohnhäuser. Unter Beteiligung der Stadt Charlottenburg war 1919 die »Gemeinnützige Baugesellschaft Berlin-Heerstraße« gegründet worden, die in den folgenden Jahren südlich des gleichnamigen Bahnhofs die Siedlung Heerstraße errichtete (in erster Linie Doppel- und Reihenhäuser für städtische Beamte und Angestellte). Ebenfalls in den zwanziger Jahren entstanden die Siedlungen Eichkamp und Ruhleben.

Noch ein weiteres Projekt der Baugesellschaft Heerstraße muß erwähnt werden; die zwischen 1929 und 1932 entstandene Siemensstadt am südwestlichen Rand der Jungfernheide, die heute größtenteils zu Spandau gehört. Namhafte Architekten wie Hans Scharoun, Walter Gropius, Hugo Häring und Otto Bartning wirkten daran mit; das war von großem Vorteil. Normalerweise tragen Industrieanlagen und die »nebenbei« entstandenen Wohnviertel kaum zur Verschönerung einer Stadt bei; bei der Erbauung der Siemensstadt haben Architekten bewiesen, daß das nicht unbedingt so sein muß.

Bloß keine Industrie

Die Firma Siemens hat der Siemensstadt zwar den Namen gegeben, sie ist aber nicht die einzige Firma, die sich auf den ehemaligen Spreewiesen niederließ. So befinden sich dort auch das von 1928 bis 1939 erbaute Kraftwerk Reuter mit seinen drei hohen Schornsteinen, das Osram-Gebäude, eine Großziegelei und noch andere Fabriken. Doch natürlich ist die Firma Siemens, die schon im letzten Drittel des 19. Jahrhunderts ihre

Fertigungsanlagen immer mehr von Berlin nach Charlottenburg verlagerte, Mittelpunkt dieses Industriebezirks. Die Stadt Charlottenburg jedoch hatte so ihre Probleme mit der Industrie – besonders mit der Firma Siemens.

Schon Ende des 19. Jahrhunderts hatte sich das Siemenswerk immer weiter vergrößert. Da es aber im Charlottenburger Industriegebiet keine Ausdehnungsmöglichkeiten mehr gab, kaufte Siemens ein umfangreiches Gelände im Nordwesten Charlottenburgs, und zwar in den Nonnenwiesen, die zu Spandau gehörten. Verkehrsmäßig war dieses Gebiet völlig unerschlossen, und Siemens wäre wohl lieber auf Charlottenburger Gebiet geblieben, doch Baugenehmigungen waren von der Charlottenburger Stadtgemeinde nicht zu erwarten, da sie sich den Nordwesten ihres Gemeindegebietes für den Wohnungsbau vorbehalten wollte. Also blieb der Firma Siemens nichts weiter übrig, als nach Spandau zu ziehen.

Wie gesagt, verkehrsmäßig war das eine Verschlechterung. Vom Spandauer Lindenufer aus mußte man angesichts der schlechten Wege sogar eine Schiffahrtsverbindung zum Siemenswerk einrichten. Und von Charlottenburg aus mußten die Arbeiter und Angestellten täglich zweimal einen langen Fußmarsch über den Nonnendamm in Kauf nehmen. Bitten um Abhilfe stießen im Jahr 1908 beim Charlottenburger Magistrat, der das Anwachsen der Industriebetriebe vor der nordwestlichen Stadtgrenze nur ungern mit ansah, auf taube Ohren. Also liefen weiterhin 15.000 Charlottenburger Arbeiter, Arbeiterinnen und Angestellte jeden Morgen und Abend über die schmalen Bürgersteige des Nonnendamms zu den Siemenswerken. Und war das Wetter schlecht, wurden sie von den vorbeifahrenden Fuhrwerken mit Dreck bespritzt; der Straßendamm war ja noch nicht gepflastert. Den Weg mit dem Fahrrad zu fahren war unmöglich, die Räder wären in den Schlammlöchern steckengeblieben.

Doch ob es dem Charlottenburger Magistrat gefiel oder nicht, das Industrieviertel vor der nordwestlichen Stadtgrenze wuchs und wuchs. 1914 zählte man bei Siemens 30.000 Beschäftigte, 1917 40.000 und 1928 bereits 60.000. Und damit wurde die Notwendigkeit einer Verbindungsstraße in Richtung Osten so dringend, daß sich schließlich auch der Charlottenburger Magistrat dieser Erkenntnis nicht länger verschließen konnte. Also wurde 1913 mit dem Bau des Siemensdammes begonnen; die Kosten dafür trug die Firma Siemens. Durch Krieg und Inflationszeit jedoch zog sich der Bau des Dammes bis Ende der zwanziger Jahre hin.

Der Charlottenburger Magistrat versuchte, auch andere Verkehrsanbindungen zu verhindern. So wollte man zum Beispiel keinen zweiten Bahnhof, bekam ihn aber schließlich doch – den ehemaligen Haltepunkt Fürstenbrunn und späteren S-Bahnhof Siemensstadt-Fürstenbrunn, der nur auf Betreiben und Kosten der Firma Siemens in Betrieb genommen wurde.

Auch der neue Rohrdammsteg stieß anfangs auf den Widerstand des Charlottenburger Magistrats. Man wollte und wollte einfach nicht soviel Industrie in der Nähe haben, um den Charakter der »schönen, wohlhabenden« Wohnstadt nicht zu verlieren. Die Entwicklung Berlins zur Großstadt und Industriemetropole aber ließ sich nicht aufhalten, und so übernahmen, solange es keine besseren Verbindungen gab, verschiedene Straßenbahnlinien den Berufsverkehr in Richtung Siemensstadt. Als die Straßenbahnen Ende der zwanziger Jahre mit dieser Aufgabe völlig überlastet waren (60.000 Siemens-Beschäftigte!), wurde 1929 eine neue S-Bahn-Verbindung vom Charlottenburger Bahnhof Jungfernheide nach Gartenfeld geschaffen. Damit – und mit dem neuen Siemensdamm – war die Verkehrsanbindung der Siemens-Werke an die Wohnorte ihrer Beschäftigten ein für allemal geregelt.

Unterm Funkturm

Um 1900 hörte Charlottenburg am Kaiserdamm auf, eine Stadt zu sein. Das ganze Land westlich der Ringbahn zwischen dem Reichskanzlerplatz (Theodor-Heuss-Platz) und Eichkamp war eine einzige Sandwüste mit tiefen Mulden. Die Kantstraße verlief sich gleich hinter dem Lietzensee in dieser Wüste. Kein Mensch suchte diese öde, baumlose und dürre Gegend auf. Nur die weißbebuschten Grenadiere des dritten Garderegiments sah man dort täglich ihre Übung abhalten und dementsprechend schwitzen.

Seit den achtziger Jahren des vorigen Jahrhunderts war dieses Gelände ihr Exerzierplatz. Von der Kaserne in der Königin-Elisabeth-Straße hatten sie nur einen Anmarschweg von 800 Metern bis zu diesem Platz, auf dem es nur zwei »Gebäude« gab: Erstens das Garnisonslazarett, zweitens eine Holzbude, in der der Pächter Zigarren, Zigaretten, Flaschenbier, Schuhcreme und ähnliche Dinge feilbot.

Nach dem I. Weltkrieg wurde die Wüste dann noch mehr zur Wüste.

Jetzt kamen nicht mal mehr die Soldaten hierher – weil es keine »Garde« mehr gab. Aus dem Garnisonslazarett wurde das St.- Hildegard-Krankenhaus, und die Holzbude, die ihre Kundschaft verloren hatte, verschwand ganz. Einsam und verlassen lag er nun da, der öde Sandplatz, bis 1921 der Charlottenburger Magistrat das Gelände erwarb. Rasenflächen und Sportplätze wurden angelegt und Turngeräte errichtet. Fortan schwitzten hier die Charlottenburger Fuß-, Hand- und Hockeyspieler anstelle der Soldaten. Darunter inzwischen schon jede Menge Frauen und Mädchen.

Lange jedoch blieb das Gelände nicht Sportplatz, der Stadtbezirk Charlottenburg hatte schon bald anderes damit vor: Man brauchte ein repräsentatives Ausstellungsgelände für die Stadt Berlin, und hier war Platz dafür. Also wurden die Sportanlagen wieder entfernt und aus Zement, Glas, Holz und Stahl große Hallen errichtet. Der Funkturm kam hinzu, das Funkhaus in der Masurenallee, die Deutschlandhalle, Blumengärten und Gaststätten – und damit hatte der ehemalige Exerzierplatz sich einen neuen Namen verdient: Messegelände. Funkausstellungen, Grüne Wochen, Autoausstellungen, Gastwirtsmessen, Fotoausstellungen, Blumenschauen, Modevorführungen, Schönheitskonkurrenzen, und Rassehunde- und Rassekatzenschauen fanden von nun an hier statt. Und damit wurde wieder geschwitzt; nur waren es jetzt keine Soldaten oder Sportler mehr, die hier schwitzten, sondern Aussteller, die den Besuchern etwas bieten wollten, und natürlich auch die Besucher, die sich dicht an dicht durch die oft überfüllten Messehallen schoben.

Als der II. Weltkrieg begann, gab es keine Ausstellungen mehr; die Hallen wurden als Speicher genutzt. Als der Krieg dann endlich vorüber war, lagen auch viele der Messehallen in Trümmern. Doch schon in den ersten Nachkriegsjahren wurde erneut Zement, Holz, Glas und Stahl angefahren, viele Hallen wurden repariert und neue aufgestellt. Ein Ausstellungsgelände ist ja auch ein Wirtschaftsfaktor, und der Aufbau und die Wiederankurbelung der Wirtschaft waren in den ersten Jahren nach dem Krieg fast genauso wichtig wie der Wohnungsbau.

1948 fand in den Messehallen am Funkturm die erste Nachkriegs-Grüne Woche statt, obwohl noch längst nicht alle Hallen benutzt werden konnten. Und am 1. Oktober 1950 wurde, nun schon mit neuen Hallen, die Erste Deutsche Industrieausstellung eröffnet. 1957 war die Ausstellungsfläche dann wieder genauso groß wie vor dem Krieg. In diesem Jahr wurde auch die wiederaufgebaute Deutschlandhalle neu eröffnet. In ihr können größere Veranstaltungen unterschiedlichster Art durchgeführt werden: Sportwettkämpfe, Reitturniere, Radrennen, Hallenfußballturniere, Rockkonzerte, Operettenaufführungen, Eisrevuen oder Versammlungen und Kongresse.

1979 kam das ICC hinzu, das Internationale Congress-Centrum an der Kreuzung Neue Kantstraße, Masurenallee, Messedamm. 320 m lang und 80 m breit ist es, und in seinen 80 unterschiedlich großen Räumen können 20.300 Besucher gleichzeitig an den verschiedenen Veranstaltungen teilnehmen. Vom internationalen Kongreß bis zur Familienfeier, von der Theateraufführung bis zum festlichen Ball – im ICC ist fast alles möglich. Elektronisch gesteuerte Anzeigetafeln verratem dem Besucher, in welchem Saal gerade welche Veranstaltung stattfindet; es gibt eine Bank, ein Restaurant und ein Postamt, Fahrstühle und Rolltreppen und noch jede Menge anderen Komfort. Die beiden größten Räume sind der Saal 1, der Platz für 5.000 Gäste hat, und der Saal 2, der 3.500 Personen aufnehmen kann. Zwischen beiden Sälen befindet sich eine Bühne, die – bei Bedarf – beiden Sälen zugeordnet werden kann. So könnte beispielsweise im Saal 1 eine Aufführung stattfinden, während gleichzeitig im Saal 2 ein Kongreß tagt. Benötigt man im Saal 2 Platz für einen Ball, wird die dreiteilige Tribüne mit den Stuhlreihen an die Decke »geliftet«, und es entsteht eine freie Fläche für die Tanzpaare.

Viele Berliner finden das ICC zu groß, zu klotzig, zu »utopisch«, andere sind stolz darauf.

Der kleine Lulatsch

Der Funkturm wurde zwischen 1924 und 1926 erbaut. Mit dem Antennenmast erreicht er eine Höhe von fast 150 m. Seine oberste Plattform, die man mit einem Fahrstuhl erreichen kann, liegt 138 m hoch, das Restaurant befindet sich in 53 m Höhe.

Bis 1969 der Fernsehturm am Alexanderplatz fertiggestellt wurde (360 m hoch), war der Funkturm der höchste Turm der Stadt; »langer Lulatsch« nannten ihn die Berliner liebevoll. Neben dem Fernsehturm ist der Funkturm nur noch ein »kleiner Lulatsch«, geliebt aber wird er von den meisten Berliner immer noch – einfach, weil er »immer« schon da war.

Blickt man von der Funkturm-Plattform, kann man im Süden den

Grunewald und im Osten den Lietzensee, den Tiergarten und das Brandenburger Tor sehen. Im Norden erscheint einem das Westend zum Greifen nah, im Westen kann man bis hin nach Spandau schauen und Nikolaikirchturm, Juliusturm und Rathausturm deutlich erkennen.

Auch der Funkturm litt im II. Weltkrieg. Eine Granate zerschlug in 38 m Höhe eine der Hauptverstrebungen. Verbogene Eisenteile hingen danach vom Turm herab, und wehte ein heftiger Wind, zitterte der ganze Turm; bei Sturm wackelte er sogar. Doch auch der Funkturm wurde bald wieder in Ordnung gebracht.

Den Namen Funkturm trägt der Lulatsch übrigens immer noch zu Recht. Gebaut worden war er ja ursprünglich als Antennenträger für das Funkhaus in der Masurenallee. Eine große Antenne spannte sich damals von der Spitze des Turms bis zu einem hohen, schlanken Mast gleich neben der S-Bahn. Heute ist dieser Nebenmast verschwunden; die Antennenanlage besteht nur noch aus einem einzigen hohen Mast, der sich aus mehreren übereinanderstehenden, aber räumlich und elektrisch getrennten Stäben zusammensetzt. Der erste dient dem Fernsehen (Bild und Ton), der zweite dem UKW-Betrieb des Senders Freies Berlin, der dritte dem Polizeifunk und der Feuerwehr. Ein neuer 230 m hoher Gittermast am Scholzplatz sorgt für eine möglichst große Reichweite der ausgestrahlten SFB-Sendungen. Mit dem Funkturm aber kann auch dieser Mast nicht konkurrieren: der Funkturm war und bleibt etwas ganz Besonderes für Berlin – und erst recht für Charlottenburg.

Olympia in Berlin

Vor mehr als zweitausend Jahren wurden in Griechenland die Olympischen Spiele »erfunden«. Ein friedlicher Wettstreit sollte die Jugend Griechenlands vereinen. 1896 besann man sich auf diese Tradition und rief die Olympischen Spiele der Neuzeit ins Leben – diesmal auf internationaler Ebene. 1916 sollten sie in Berlin stattfinden. Dafür brauchte man ein »Deutsches Stadion« und ließ es im nördlichsten Teil des Grunewalds errichten. 1920 – mit Bildung der neuen Berliner Stadtgemeinde – wurde dieser Teil des Grunewalds mitsamt dem Stadion dann Charlottenburg zugeschlagen.

Architekt des Deutschen Stadions war Otto March, Sohn des Töpfermeisters Ernst March, nach dem Marchstraße und Marchbrücke benannt wurden. Kurz nachdem das Stadion fertig war, aber brach der I. Weltkrieg aus. Die Olympischen Spiele wurden abgesagt, und die Gebäude zu Lazaretten umfunktioniert.

1936 konnten die Olympischen Spiele dann endlich in Berlin stattfinden. Als das Internationale Olympische Komitee 1932 die Spiele für 1936 nach Berlin vergab, konnte es ja noch nicht wissen, daß zu jener Zeit ein Hitler und seine Gefolgsleute über Deutschland herrschen und die ursprünglich völkerverbindenden Spiele zu einer Propaganda-Schau des Nazi-Systems mißbrauchen würden.

Für die Spiele des Jahres 1936 jedoch reichten die Sportanlagen, die vor dem I. Weltkrieg gebaut worden waren, nicht mehr aus. Also wurde das alte Stadion abgerissen, und Werner March, Sohn von Otto March, ließ auf demselben Gelände ein neues, für die damalige Zeit vorbildliches Olympia-Stadion mit vielen Nebenanlagen wie Schwimm-, Hokkey-, Reiter-, Tennisstadion und Maifeld errichten. Diesen neuen Sportanlagen mußte auch die ehemals neben dem Stadion liegende Pferderennbahn weichen.

»Ich rufe die Jugend der Welt«, lautete die Inschrift der 200 Zentner schweren Olympiaglocke im 76 m hohen Glockenturm, die 1936 die Olympischen Spiele einläutete. Es wurden glanzvolle, festliche Spiele, die über Hitlers Ziele hinwegtäuschen sollten. In den Straßen der Stadt verspürte man Weltoffenheit, die Verfolgung jüdischer Mitbürger und Regimegegner wurde vorläufig eingestellt. Mit Ausnahmegenehmigungen durften sogar andersdenkende deutsche Sportler an den Spielen teilnehmen, um möglichst viele Medaillen für Deutschland zu erkämpfen. Nur drei Jahre später brach dieses, sich während der Olympiade so friedlich gebende Deutschland den II. Weltkrieg vom Zaun, und die Welt erkannte die Lüge. Weitere sechs Jahre später war der Krieg zu Ende und auch das Olympia-Stadion nicht heil davongekommen: der Glockenturm lag in Trümmern, und die Glocke war viele Jahre lang nicht aufzufinden. Eine Instandsetzung des Turms war nicht möglich, also wurde er gesprengt und die erst 1956 wiedergefundene alte, zersprungene Olympiaglocke als Mahnmal an das Südtor des Stadions auf einen Sockel gestellt.

Held jener Olympischen Spiele von 1936 aber wurde kein blonder Deutscher, wie die Nazi-Führung es gern gesehen hätte, Held und Liebling der Zuschauer wurde ein schwarzer US-Amerikaner namens Jesse Owens, nach dem später die Jesse-Owens-Allee am Olympia-Stadion benannt wurde. Jesse Owens gewann in Berlin nicht nur vier Goldmedaillen (100 m-Lauf, 200 m-Lauf, Weitsprung und 4 x 100 m-Staffel), er gewann seine Medaillen auch durch Leistungen, die ihn noch heute zu einem internationalen Spitzensportler machen würden.

Im Sommer 1962 wurde unter Marchs Leitung ein neuer Glockenturm errichtet, und zwar in alter Höhe. Ein Fahrstuhl erleichtert nun den Aufstieg zur Aussichtsplattform. Eine neue knapp 6 Tonnen schwere Olympia-Glocke aus Gußstahl, die in Bochum hergestellt und auf einem Tieflader nach Berlin gebracht wurde, hat den Platz der alten eingenommen.

Von der Plattform des Glockenturms hat man einen schönen Rundblick über das Havelland und über die Sportanlagen des Olympia-Stadions. Nur die Masten der Flutlichtanlage, die bald hinzukamen, um auch Abendveranstaltungen durchführen zu können, stören diesen Ausblick ein wenig. Ein Sportstadion ohne Flutlichtanlage aber ist heute nicht mehr denkbar.

Nach dem Krieg fanden im Olympia-Stadion wieder bedeutende Sportveranstaltungen statt, darunter auch »Jugend trainiert für Olympia«. Solange Berlin und Deutschland geteilt waren, konnte jedoch das Olympia-Stadion seine alte Bedeutung als zentrale deutsche Sportstätte nicht zurückgewinnen. Viele internationale Sportverbände scheuten Komplikationen und vergaben internationale Sportwettkämpfe in dieser Zeit lieber an andere deutsche Städte.

Gleich neben dem Olympia-Stadion, aber außerhalb der Sportstätten, befindet sich die ebenfalls 1936 eingeweihte Waldbühne. Eingebettet in die alte, tiefe Murellenschlucht bietet diese halbkreisförmig angelegte Freilichtbühne 20.000 Menschen Platz. Die drei Zuschauerränge sind insgesamt 28 m hoch. Rockkonzerte, Filmvorführungen und andere Veranstaltungen finden hier statt. In den fünfziger und sechziger Jahren wurde die Waldbühne von jugendlichen Rock- oder Beat-Fans anläßlich von Konzerten ihrer Idole mehrfach böse zerstört; heute enden die Konzerte friedlicher.

Der vornehme Westen

In den zwanziger Jahren hatte sich der Kurfürstendamm und die Tauentzienstraße, die damals noch in voller Länge auf Charlottenburger Gebiet lag, zu bedeutenden Geschäftsstraßen entwickelt. Das KaDeWe war bereits ein berühmtes Kaufhaus, und der Kurfürstendamm mit seinen vielen Cafés, Restaurants und Kinos erlebte seine Glanzzeit. Besucher aus aller Welt besichtigten, wenn sie nach Berlin kamen, längst nicht mehr nur den Alexanderplatz, Unter den Linden und die Friedrichstraße, den Potsdamer Platz und den Lustgarten; sie mußten auch einmal über den »Ku'damm« schlendern, wenn sie zu Hause von Berlin erzählen wollten.

Auch das Schillertheater und das Deutsche Opernhaus, die Tribüne, das Kabarett der Komiker und das Renaissancetheater sowie die beiden von Max Reinhardt eröffneten Kurfürstendammtheater »Komödie« und »Theater am Kurfürstendamm« begründeten das neue Bild vom »vornehmen Westen« der Stadt. Das aber war es nicht allein, was den Kurfürstendamm und die Tauentzien so interessant und anziehend machten in jenen Jahren; die Gegend um die Gedächtniskirche herum war auch der Treffpunkt der Schriftsteller, Maler, Schauspieler, Verleger, Journalisten und anderer bedeutender Persönlichkeiten. Wo heute das Europa- Center steht, befand sich damals das weltberühmte Romanische Café. In diesem Café konnte man sie alle treffen, die Großen jener Zeit; die Reihe der Namen ist viel zu lang, um alle aufzuzählen. Die Männer und Frauen, die sich dort trafen, aber waren es, die den Geist der zwanziger Jahre verkörperten. Sie machten Berlin zu jener Kunst- und Theaterstadt, von der noch heute viele schwärmen; sie waren es aber auch, die von Hitlers Schergen zuerst eingesperrt oder umgebracht wurden, falls sie nicht zuvor fliehen konnten.

Für die Nazis war der Kurfürstendamm schon lange vor der Machtübernahme durch Hitler nur der »Judendamm«, Charlottenburg nur das »Judenviertel«. Warum? Weil in Charlottenburg bis zum Jahre 1933 27.000 jüdische Menschen lebten; also knapp 8 Prozent der Gesamtbevölkerung des Stadtbezirks. Ein Grund für die Kampfverbände der Nazis, besonders oft durch Charlottenburg und über den Kurfürstendamm zu marschieren, Schaufenster jüdischer Geschäfte einzuschlagen und ihr »Juda verrecke« zu schreien.

Und die Charlottenburger? Vielen von ihnen gefiel das nicht, andere unterstützten die Nazis – im Verhältnis zu anderen Berliner Stadtbezirken war das sogar eine sehr hohe Zahl: Im September 1930 wählten 18,46 Prozent der Charlottenburger die NSDAP, die Partei Hitlers, im Juli 1932 33,13 Prozent (also jeder Dritte) und im November 1932 29,41 Prozent. Nur in Zehlendorf, Wilmersdorf und Schöneberg erhielten die Nazis noch mehr Stimmen.

Dunkle Jahre

Am 30. Januar 1933 wurde der »Führer« der Nationalsozialisten, Adolf Hitler, vom Reichspräsidenten Hindenburg zum deutschen Reichskanzler ernannt. Damit begannen die zwölf dunkelsten Jahre der deutschen Geschichte.

Es gibt viele Gründe, die zum Zusammenbruch der Weimarer Republik führten. Da war zum einen die Weltwirtschaftskrise von 1930, unter der das durch Reparationszahlungen an die Siegermächte des I. Weltkrieges zusätzlich geschwächte Deutschland besonders litt. Zum anderen bewirkte das zutiefst undemokratische Denken der Parteien von ganz rechts bis ganz links eine politische Radikalität, die das Land immer tiefer ins Chaos stürzte. Anstatt in allergrößter Not zu gemeinsamen Aktionen zu finden, versuchten die Parteien, einander gegenseitig ihren Willen aufzuzwingen. Auch spielt die Unterstützung, die Hitler durch einen Teil der deutschen Industrie erfuhr, eine große Rolle; um der Gefahr von links (KPD) zu begegnen, verhalf man lieber der rechtsradikalen NSDAP zur Macht.

Ein weiterer Hauptgrund für die Machtübernahme durch die Nazis war die Unvorstellbarkeit, daß Hitlers Parolen ernstgemeint waren. Die Mehrheit im deutschen Volk wollte einfach nicht glauben, daß Hitler tatsächlich Kriegspläne hegte, obwohl viele hellsichtige Politiker, Schriftsteller und Journalisten davor warnten. Auch Hitlers Antisemitismus nahmen viele nicht ernst; daß sein »Juda verrecke« eines Tages Wirklichkeit werden würde und die Ermordung von sechs Millionen Juden bedeutete, ahnten selbst jene nicht, die Hitler sonst alles zutrauten.

Wer Hitler wählte

In Deutschland gab es im Winter 1932/33 sechs Millionen Arbeitslose, davon allein in Berlin über sechshunderttausend. Auch in Charlottenburg waren zwanzig Prozent der Bevölkerung ohne Arbeit. In zahlreichen Arbeitsstätten war der Betrieb eingestellt worden, über 1.000 Charlottenburger Geschäftslokale standen leer. Darunter 330 Läden, 159 Werkstätten und Fabriken, 168 Büros, 362 Lagerräume und sonstige Einrichtungen. Menschenschlangen drängten sich vor den Arbeitsvermittlungen, den Stempelstellen der Arbeitsämter und den bezirklichen Wohlfahrtsämtern, und auch in den öffentlichen Wärmehallen und Volksküchen stand man an.

Es waren viele Kleinbürger – Selbständige, Angestellte und Beamte –, die sich von den Nationalisten bessere Zeiten versprachen. Sie, die sich nicht in den großen Arbeiterparteien vertreten sahen und politisch nicht so geschult waren wie die damalige Arbeiterschaft, fühlten ihr Anliegen, ihre Wünsche, ihre Träume jetzt, da es keinen Kaiser und keine andere wirkliche Staatsautorität mehr gab, bei einem »Führer« am besten aufgehoben.

Im wohlhabenden Charlottenburg lebten viele Menschen jener sogenannten Mittelschicht, deshalb erzielten die Nazis hier so hohe Stimmengewinne. Trotzdem war die NSDAP in Charlottenburg vor der Machtübernahme durch Hitler immer nur zweitstärkste Partei, die Mehrheit der Charlottenburger wählte SPD.

Zwei »Helden«

Charlottenburg hatte aber auch seine Arbeiterviertel, in denen die Nazis nur schwer Fuß fassen konnten. Vor allem in der Wallstraße (Zillestraße) und im »Kleinen Wedding« zwischen Knobelsdorffstraße und Friedrich-Karl-Platz (Klausenerplatz) sowie in der Nehringstraße und am Sophie-Charlotte-Platz befanden sich viele Mietskasernen, in denen hauptsächlich Arbeiter lebten.

In diesem Viertel fanden, wie in vielen anderen Stadtbezirken Berlins, vor dem 30. Januar immer wieder Auseinandersetzungen zwischen den politischen Parteien statt: Straßenschlachten, Saalprügeleien und auch Schußwechsel auf offener Straße. Es gab Verletzte und Tote, und der Haß zwischen den verschiedenen Parteien wuchs ständig. Am Abend des 30. Januar 1933 fand dann ein großer Fackelzug statt; die Nazis und jene, die ihnen nahestanden, feierten Hitlers Ernennung zum Reichskanzler. Der Zug führte durchs Brandenburger Tor und an der neuen Reichskanzlei vorbei. Unter den Jubelnden auch der berüchtigte Charlottenburger SA-Sturm 33.

Auf dem Rückweg nach Charlottenburg zog der Sturm singend und gröhlend durch die »rote« Wallstraße – man wollte die verhaßten Kommunisten provozieren. Zwischen Krumme- und Richard-Wagner-Straße geschah es dann: Es kam zu einer Schießerei, und der SA- Sturmführer Maikowski und der Polizei-Oberwachtmeister Zauritz, der zu dem Begleitkommando gehörte, das Zusammenstöße mit Nazigegnern verhindern sollte, wurden tödlich getroffen.

Die Hintergründe dieser Schießerei konnten auch später nie ganz aufgeklärt werden, es gilt inzwischen aber als sicher, daß die beiden Männer nicht von den Straßenbewohnern, sondern aus den eigenen Reihen (durch verirrte Kugeln höchstwahrscheinlich) getroffen wurden. Entsprechende Aussagen wurden schon 1933 zu Protokoll gegeben, von den Nazis aber totgeschwiegen, weil ihnen jene beiden Toten sehr gelegen kamen: Märtyrer nutzten ihrer Bewegung und machten ihre Rache »verständlich«.

Es kam zu umfangreichen Verhaftungen aller möglicher »Tatverdächtiger« und zur Besetzung des »Volkshauses« in der Rosinenstraße 3/4 (Loschmidstraße), einem traditionsreichen Versammlungsgebäude der Sozialdemokratie. Im Keller dieses Hauses wurden viele der Verhafteten – Kommunisten und Sozialdemokraten – von den Nazis auf grausamste Art verhört, mißhandelt und gefoltert; einige sogar bis zum Tode.

Gegen die angeblichen Mörder der beiden in der Wallstraße tödlich getroffenen Männer verhängte die NS-Justiz in einem Schauprozeß 1934 harte Zuchthausstrafen. Die beiden Erschossenen wurden zu Helden verklärt und im Berliner Dom aufgebahrt, wo zur Totenfeier Zehntausende von SA-Männern und Polizisten an den beiden »Opfern der Kommune« vorüberziehen mußten. Hunderttausende an den Straßenrändern sahen dem Leichenzug zu.

Das alles war aber erst der Anfang. Schon bald setzten die ersten »Säuberungen« ein. In der Charlottenburger Verwaltung, im Schulwesen und in anderen öffentlichen Einrichtungen – wer nicht das Vertrauen der Nazis genoß, mußte gehen. Sozialdemokraten und Kommunisten verloren ihre Posten und jüdische Mitbürger ebenfalls. Noch schlimmer wurde es nach dem Reichstagsbrand vom 27. Februar 1933. Die Nazis ließen sogleich verlauten, daß »die Kommunisten« den Reichstag angesteckt hätten, und nutzten das als Begründung zur Verhaftung von über 1.500 KPD- und SPD- Funktionären. Kommunistische Historiker behaupten deshalb, die wahren Hintermänner der Brandstiftung wären die Nazis selbst gewesen; nur sie hätten einen Nutzen aus diesem Brand ziehen können. Tatsache ist: Es wäre eine Dummheit der kommunistischen Führung gewesen, den Brand zu veranlassen und sich dann so überraschend und widerstandslos festnehmen zu lassen, wie es in der darauffolgenden Nacht bis in die frühen Morgenstunden hinein geschah. Für die These, daß die Nazis den Reichstag selbst angesteckt hätten, allerdings gibt es nur sehr dürftige Beweise. Die Berliner Kriminalpolizei jedenfalls hielt es bis zum Schluß für die Tat eines Einzelgängers, nämlich des geistig verwirrten holländischen Kommunisten Martinus van der Lubbe, der gleich nach dem Brand im Reichstag festgenommen wurde.

Van der Lubbe hat seine Einzeltäterschaft bis zu seiner Hinrichtung immer wieder beteuert. Er ganz allein habe ein Fanal gegen die Naziherrschaft entzünden wollen, sagte er aus. Die Nazis kümmerte das nicht. Wie im Fall der zwei »Helden« aus der Wallstraße nutzten sie den willkommenen Anlaß des Brandes, noch am gleichen Tag eine »Verordnung gegen Verrat am deutschen Volk und hochverräterische Umtriebe« zu beschließen. Diese »Verordnung« befugte die Polizeiorgane, ohne richterliche Kontrolle Personen auf unbeschränkte Zeit zu inhaftieren, Haussuchungen durchzuführen, Briefe zu öffnen, Telefongespräche abzuhören, Zeitungen zu verbieten oder zu zensieren sowie Vereine und Organisationen aufzulösen und Eigentum zu beschlagnahmen.

Nur einen Tag später, am 28. Februar 1933, wurde dann – ebenfalls aus Anlaß dieses Brandes – eine weitere »Verordnung« erlassen, »zum Schutz von Volk und Staat«. Diese Verordnung war so abgefaßt, daß sie der Reichsregierung das Recht gab, die Länderregierungen gegen Reichskommissare auszutauschen. Damit waren weitere Grundrechte der Weimarer Verfassung außer Kraft gesetzt. Außerdem wurden die »Schutzhaft« eingeführt und die Strafbestimmungen verschärft.

Mit diesen beiden Verordnungen hatte die NSDAP den Rechtsstaat beseitigt und das Instrumentarium zur Alleinherrschaft in Staat, Wirtschaft und Gesellschaft geschaffen. Von nun an »durfte« willkürlich verhaftet, gefoltert, eingesperrt und umgebracht werden; wer jetzt noch seine eigene Meinung vertrat, riskierte sein Leben.

Der 1. 4. 1933

Der Umgang mit den jüdischen Mitbürgern ist ein besonders trauriges Kapitel in der Geschichte Charlottenburgs. Ihr Anteil an der Bevölkerung Charlottenburgs war zwar höher als im Berliner Gesamtdurchschnitt, aber nicht höher als in den Stadtbezirken Mitte, Wilmersdorf oder Schöneberg. Im NS-Verwaltungsbereich jedoch schämte man sich dafür, daß »Charlottenburg den höchsten Stand an Juden« hatte, »nicht nur von sämtlichen Berliner Bezirken, sondern auch von allen deutschen Großstädten«.

Wegen dieser »Scham« wurde schon bald nicht nur Verwaltung und Lehrerschaft »gereinigt«, sondern auch die Schülerschaft. Das bedeutete die Vertreibung von jüdischen Schülern aus den höheren Schulen, aber auch aus den Volksschulen. Die Technische Hochschule ließ ab sofort nur noch wenige jüdische Studenten zum Studium zu und war ab 1935/36 – wie andere Hochschulen auch – völlig »judenfrei«.

Die jüdische Gemeinde zu Berlin unterschätzte anfangs den antisemitischen Fanatismus der Nationalsozialisten. Als die Nazis zum Boykott aller jüdischen Geschäfte aufriefen, glaubte man, dem mit einem Brief an Hitler entgegenwirken zu können – erfolglos! Am 1.4.1933 fand der Boykott statt. Eine Charlottenburgerin, die trotzdem in einem jüdischen Geschäft einkaufte, erinnert sich:

Vor den jüdischen Geschäften stehen die braunen Horden mit Plakaten, die davor warnen, »bei Juden zu kaufen«. Ahnungslos betrete ich morgens die Straße, um Milch zu holen. Ich bemerke die hastenden Menschen, wie sie erregt die Straßen entlanglaufen. Jemand hält mich an und fragt, was los sei. Er ist empört ob dieser Maßnahme. Obwohl ich keinen Grund habe, in einen anderen Laden zu gehen, treibt es mich doch in eines der angeprangerten Geschäfte. Beim Verlassen desselben nimmt man mich mit den Worten in Empfang: »Wußten Sie nicht, daß Sie bei einem Juden waren?« Ich bejahe diese Frage. Zornbebend stellt sich ein »Kämpfer für Volk und Führer« vor mich hin und fuchtelt mit den Händen in der Luft herum. So etwas nenne sich deutsche Frau, eine Schande sei das, und ich würde schon noch erfahren, was das nach sich bringe. Unter Drohungen will er mich zur Ortsgruppe bringen, um mich feststellen zu lassen, was aber an meiner energischen Abwehr scheitert.

Ein Charlottenburger Ladenbesitzer erzählt: *1933, zur Zeit des ersten Boykotts jüdischer Geschäfte haben sie zwar bei mir keine Scheiben eingeschlagen, aber sie haben an die Fensterscheibe einen Stern angemalt und ein Schild angebracht: »Kauft nicht beim Juden!« So ein Schild haben sie auch vor die Tür gestellt. Ich habe dieses Schild genommen und im Laden abgelegt. Da kamen dann gleich SA-Leute rein und schrien los: »Was fällt Ihnen ein?!!« Sie wollten das Schild wieder nehmen, aber ich packte auch zu und hielt es fest. Da riefen sie: »Lassen Sie das los!« und zückten ein Beil und drohten, damit zuzuschlagen. Da habe ich natürlich losgelassen. Dann haben sie mich rübergeschleppt zur Ortsgruppe und dachten wunder, was sie nun für eine Heldentat vollbracht hatten. Die Ortsgruppenleiter, die mich kannten, weil sie ja Kunden von mir waren, sagten: »Den lassen Sie mal wieder laufen! Den kennen wir, der ist Arier!«*

Eine Frau, die an jenem 1. 4. 1933 in Charlottenburg unterwegs war, berichtet: *Ich erinnere mich noch deutlich an die Bilder in den verschiedenen Straßen, in der Gegend Leibnizstraße bis hin zur Sybelstraße, auch in der Kantstraße. Wir hatten dort sehr viele Geschäfte mit jüdischen Inhabern. Es gab erregte Diskussionen zwischen den Leuten und uniformierten SA-Männern. Die SA-Leute hatten die Sturmriemen an ihren Mützen festgezogen. Sie schimpften auf die Juden, riefen: »Nicht beim Juden kaufen!« Ich erinnere mich auch noch an Plakate: »Kauft nicht beim Juden!« Die Menschen waren alle sehr aufgeregt. Ich sehe vor mir Bilder von größeren Menschengruppen. Die Leute hatten Angst vor den SA-Leuten, viele hatten geballte Fäuste oder einen entsprechenden Gesichtsausdruck. Man merkte, daß sie nicht damit einverstanden waren, aber es galt die Parole: »Mund halten, oder man ist gefährdet!«*

Wer an diesem Tag ein jüdisches Geschäft betreten wollte, mußte wirklich sehr mutig sein. Viele waren es nicht, die diesen Mut aufbrachten. Und so mancher nichtjüdische Geschäftsinhaber, der einen jüdisch klingenden Namen trug, wies »seine geschätzte Kundschaft« in Zeitungsannoncen vorsorglich darauf hin, daß er kein Jude sei und man bei ihm unbesorgt auch weiterhin einkaufen könne.

Der 9. 11. 1938

Den vorläufigen Höhepunkt der Judenverfolgung erlebte Deutschland am 9. November 1938. In jener Nacht der Progrome, die von manchen noch heute verharmlosend »Reichskristallnacht« genannt wird, wurden nicht nur die Schaufenster vieler jüdischer Geschäfte zerstört und »Kristall zerschlagen«, es kam zu schlimmen Ausschreitungen gegen die jüdische Bevölkerung.

Der vorgegebene Anlaß: Am 7. November 1938 hatte in der deutschen Botschaft in Paris der siebzehnjährige Herschel Grünspan den deutschen Legationssekretär Ernst vom Rath erschossen. Der jüdische Junge hatte geglaubt, den Botschafter vor sich zu haben; er wollte sich mit dieser Tat für die Abschiebung von 17.000 in Deutschland lebenden polnischen Juden über die polnische Grenze rächen. Die Nazis stellten diese Kurzschlußhandlung als gezielte Aktion des »internationalen Judentums« dar und hetzten die SA- und SS-Kolonnen zu einer Gegenaktion auf, einer sogenannten »Volksempörung«. 7.500 jüdische Geschäfte und Kaufhäuser wurden demoliert, 190 Synagogen in Brand gesetzt und 25.000 Juden verhaftet und mißhandelt oder umgebracht.

Und wieder waren es der Kurfürstendamm und die angrenzenden Straßen, die von den Ausschreitungen besonders betroffen wurden. Hier, wo der »Reichtum« jüdischer Geschäfte und Warenhäuser besonders augenfällig wurde, reagierten sich die Nazis besonders heftig ab. Daß nur jedes vierte Kudammgeschäft einen jüdischen Inhaber hatte und nicht alle Warenhäuser Juden gehörten, es »Reichtum« also auch unter den »Ariern« gab, wurde den von ihrer Führung aufgehetzten SA-Männern nicht gesagt.

Als wir morgens zur Schule fuhren, den Kurfürstendamm von der Waitzstraße zur Joachimsthaler Straße hinunter, sah es dort wirklich schlimm aus, berichtet ein Charlottenburger Schüler von damals. *Die ganzen großen Luxusgeschäfte waren zum überwiegenden Teil zerstört; und nicht nur zerstört, sondern »wunderbar« von der Bevölkerung ausgeräumt.*

Kurfürstendamm Ecke Joachimsthaler Straße war im ersten Stock eine Klavierhandlung, berichtet ein anderer Charlottenburger. *Vielleicht war der Inhaber ein Jude. Da hatten diese Idioten einen Bechsteinflügel rausgeschoben, durch das Schaufenster in der ersten Etage rausgeschoben. Und dann lag er auf der Straße ... Dann war am Kurfürstendamm Kopp & Joseph, eine große Parfümeriefirma; in dem Haus ist heute ein Reisebüro. Der Laden hatte unten große Glastüren, oben war auch alles aus Glas. Die Firma hatte auch gläserne Verkaufstische. Das haben die alles zerschlagen. Wenn ich daran denke, dann höre ich heute noch die Alarmklingel! Die Scheiben waren nämlich alle durch Drähte einer Alarmanlage gesichtert. Die Alarmklingeln funktionierten durchaus, denn der Strom war ja da!*

Ein Charlottenburger Mädchen von damals erzählt: *Als ich aus der Schule kam, bin ich mit meiner Mutter die Pestalozzistraße langgegangen bis zur Wilmersdorfer Straße. Da war ein großes Geschäft – «Etam« –, und da habe ich gesehen, wie die Menschen die Schaufenster geplündert haben. Gegenüber war Tietz, heute Hertie, auch da war alles demoliert, und es wurde geplündert.*

Wieder ein anderer Zeitzeuge: *In der Wilmersdorfer Ecke Kanalstraße*

(Thrasoltstraße) war ein großes Weingeschäft, »Süß« hieß es. Der Laden hatte in der Wilmersdorfer Straße mindestens drei Schaufenster und um die Ecke auch noch welche. Da haben sie die ganzen Scheiben eingedonnert und die Flaschen. Wir gingen weiter die Wilmersdorfer Straße runter zur Bismarckstraße, da war rechts ein großes Schokoladengeschäft. »Kiek ma«, sagte mein Freund, »da liegt die janze Schokolade uff die Straße!« Die SA stand wieder davor. Und auf der anderen Seite, da wo heute Rogacki ist, war ein großes Bekleidungsgeschäft. Eine Menge Volk stand herum. Sie hatten alles kaputtgehauen, und da habe ich etwas gesehen: Ein Mann hat mit einem von der SA-Wache gesprochen. Der SA-Mann brummte so etwas wie: »Na ja, mach doch!« Dann ist der Mann in den Laden gegangen, und als er wieder rauskam, hatte er ganz neue Klamotten an, mit allem: mit Schuhen, mit Anzug, mit Hemd, Fliege und einem Hut auf! So ist der ganz keß aus dem Laden gekommen, hat dem SA-Mann zugewinkt und ist abgehauen. Vielleicht haben die sich gekannt.

Es gab damals einen »Witz« in Charlottenburg. Wenn sich jemand neu eingekleidet hatte, hörte er die »scherzhafte« Bemerkung: *Da stecken ja noch Scherben drin.*

Ein jüdischer Ladenbesitzer erzählt: *Uns half eine Schwester meiner Mutter, die Arierin war und einen sehr wohlklingenden Adelsnamen hatte. Sie stellte sich vor das Geschäft und schrie die Leute an, sie sollten machen, daß sie wegkämen. Wenn sie nicht sofort verschwänden, werde sie die Polizei holen. Sie sei die und die (nannte ihren Namen und Titel). Das hat auf die Leute Eindruck gemacht. Sie sind weitergezogen und haben sich dann an dem gegenüberliegenden Pelzgeschäft und an noch einigen anderen Luxusgeschäften gütlich getan und alles ausgeräumt, was nicht schon in der Nacht vorher gestohlen worden war. In der Nähe war Polizei, die aber ostentativ nicht hingeschaut hat. – Die Täter waren teils uniformiert, teils nicht. Es waren nicht nur junge Leute, sondern auch erwachsene und ältere, sogar Bewohner der Waitzstraße waren dabei, die wir vom Sehen kannten. Die hätte es gar nicht gestört, auch bei uns zu plündern oder aus dem jüdischen Pelzgeschäft gegenüber die schönen Pelze rauszuholen. – Man hat damals auch unsere Wohnung in der Waitzstraße 25 aufgebrochen, obwohl noch kein Judenstern an der Tür war. Der Hauswart war eine überzeugter Nationalsozialist. Obwohl noch andere jüdische Familien in dem Haus wohnten, hat er zusammen mit mehreren Kumpanen und seinem Sohn einfach unsere Tür aufgebrochen. Sie sind in die Wohnung gegangen und haben sich einige schöne Sachen rausgenommen, die ihnen gefallen haben. Als wir dann nach Hause kamen und meine Eltern Protest einlegten, da sagte der Hauswart zu meinem Vater: »Nun halten Sie bloß die Schnauze! Wenn Sie noch was sagen, dann kommen Sie gleich ins KZ!« Da haben wir natürlich auch keine Anzeige bei der Polizei gemacht, wir haben uns davor gehütet, uns mit dem eigenen Hauswart anzulegen.*

Über die Synagogenbrände berichten alte Charlottenburger: *Zwischen Wilmersdorfer Straße und Richard-Wagner-Platz war eine Synagoge, heute heißt die Straße Behaimstraße (früher Schulstraße). Am Abend des 9. November war da ein mörderisches Theater. Die Feuerwehr von Alt-Lietzow kam, und dann wurde dort alles gesperrt. Die Synagoge brannte. Irgendwelche Leute hatten die Feuerwehr wohl gerufen. Aber die SA hat nach kurzem Wortwechsel die Feuerwehr gleich wieder weggeschickt. Die Zuschauer sollten auch nicht stehen bleiben, sie wurden zum Weitergehen aufgefordert. Und: Ich ging am nächsten Morgen, also am 10. November, von meinem Atelier in der Kantstraße zur Garage Fasanenstraße und holte meinen Wagen. Da sah ivh die rauchenden Trümmer der Synagoge. Von dem Garagisten erfuhr ich: Die Nazis hätten das eichene Gestühl der Synagoge nicht in Brand gekriegt. Da gingen sie in die Garage und kauften 20 l Benzin, schütteten das in die Synagoge. Da brannte sie. Die Feuerwehr stand an der S-Bahn, damit das Feuer nicht auf die S-Bahn übergriff, aber nicht, um die Synagoge zu löschen.*

Die fast völlig niedergebrannte Ruine der Synagoge in der Fasanenstraße war noch bis in die fünfziger Jahre hinein zu besichtigen. Dann mußte sie wegen Baufälligkeit abgerissen werden. An ihrer Stelle wurde das neue jüdische Gemeindezentrum errichtet und im Jahre 1959 eingeweiht. Es ist ein modernes Gebäude, vor dem Eingang aber steht das alte Portal der einstigen Synagoge, das erhalten werden konnte.

Das alte Portal steht heute unter Denkmalschutz, das Gemeindezentrum unter ständigem Polizeischutz – denn immer wieder erhält die jüdische Gemeinde Drohbriefe und Beschimpfungen zugestellt. Es gibt zu viele Menschen, die noch immer nichts dazugelernt haben.

Was so viele Menschen bewegte, bei diesem Judenprogrom des Jahres 1938 mitzumachen? Es war die Hitlersche Lüge von den jüdischen Untermenschen, die es darauf abgesehen hätten, »aufrechte arische Menschen auszubeuten«. Alle Juden besäßen Geschäfte oder Warenhäuser, wurde den Menschen in die Köpfe gesetzt, und es wären nicht zuletzt die Juden, denen Deutschland die schlimmen Jahre der Not und Arbeitslosigkeit zu verdanken hätten. Leider glaubten viele nichtjüdische Deutsche diesen so leicht widerlegbaren Schwindel. Noch heute hört man manchmal, Juden wären alles nur Geschäftemacher. Kurt Tucholsky (Schriftsteller), Albert Einstein (Wissenschaftler), Max Liebermann (Maler), Joseph Schmidt (Opernsänger) und all die anderen vielen jüdischen Künstler, Schriftsteller, Wissenschaftler, Arbeiter und Angestellten, die nicht in dieses Bild passen, werden nicht erwähnt. Auch machen sich nur wenige die Mühe, darauf hinzuweisen, daß den Juden in Europa jahrhundertelang jeglicher Zutritt zu anderen Tätigkeiten als Handel, Kunst und Geldverleih verwehrt oder zumindest sehr erschwert wurde. Vielen Juden blieb deshalb gar nichts weiter übrig, als sich in die ihnen zugewiesene Rolle zu fügen und damit ihren Lebensunterhalt zu verdienen.

Wir aber müssen uns fragen, weshalb sich gerade solche Vorurteile so hartnäckig am Leben erhalten – und weshalb bestimmten Lügen so besonders gern geglaubt wird.

Es kommt noch schlimmer

Bereits 1935 wurden die auf Anordnung Hitlers ausgearbeiteten »Nürnberger Gesetze« zum »Schutze des deutschen Blutes und der deutschen Ehre« erlassen. Nach diesen Gesetzen sollten die »vollen politischen Rechte« zukünftig nur noch Inhabern des »Reichsbürgerrechts« zugestanden werden. Das »Reichsbürgergesetz« aber wurde nur »Staatsangehörigen deutschen oder artverwandten Blutes« verliehen. Dieses »Blutschutzgesetz« verbot bei Gefängnis- oder Zuchthausstrafe unter anderem auch die Eheschließung zwischen Juden und »Staatsangehörigen deutschen oder artverwandten Blutes«. (Tatbestand der sogenannten Rassenschande.)

Die »Nürnberger Gesetze« teilten die Menschen ein in Arier – hier gemeint »Nichtjuden« –, Juden, Mischlinge 1. Grades (wenn der Vater oder die Mutter jüdisch war), Mischlinge 2. Grades (wenn ein Großelternteil jüdisch war) und so weiter und so fort. Eine jüdische Frau, die mit einem deutschen Mann verheiratet war, lebte fortan in einer »privilegierten Mischehe«. Das bedeutete, daß sie später, nachdem Juden Sterne auf der Kleidung tragen mußten, keinen Stern annähen mußte. War aber der Mann Jude und die Frau »Arierin«, mußte der Mann den Stern tragen und die Frau nicht. Das war dann nur eine »Mischehe«. Ließen die Ehepartner einer solchen »Mischehe« ihre Kinder jedoch christlich taufen, waren die Kinder ebenfalls »privilegiert«.

Von 1939 an erhielten alle Juden auch einen zweiten Vornamen – Frauen und Mädchen mußten sich Sarah (zum Beispiel Gisela Sarah),

Männer und Jungen Israel (zum Beispiel Wolfgang Israel) nennen. In ihre Reisepässe erhielten sie ein großes J gestempelt – für Jude.

Im gleichen Jahr begannen die Nazis damit, den Juden ihr Vermögen zu entziehen und sie auf diese Weise aus dem deutschen Wirtschaftsleben auszuschalten. Jegliche Wertgegenstände, aber auch Rundfunkgeräte, Fahrräder und »entbehrliche« Kleidungsstücke wurden ihnen genommen. Der Besuch von Gaststätten, Theatern, Ausstellungen usw. war ihnen fortan verboten. Telefonanschlüsse wurden gekündigt, jüdische Schulen geschlossen, zahlreiche Lebensmittel erhielten sie nicht mehr; Zwangarbeit mußten sie nun leisten, und bestimmte Straßen durften sie nicht mehr betreten.

Spaziergängern im Grunewald konnte es passieren, daß sie mitten im Wald auf ein Schild trafen: »Waldesluft verträgt nicht Judenduft« oder daß sie beim Heimkommen zusehen mußten, wie SA-Leute jüdische Männer, Frauen oder Kinder zusammenschlugen. In den Zeitungen wurden die sogenannten Arier, die noch immer bei Juden kauften, mit vollem Namen und manchmal auch mit Fotos angeprangert. Viele Juden ertrugen das nicht und verließen Deutschland. Andere wollten ihre Heimat nicht verlassen; sie waren Deutsche und wollten es bleiben.

Den Nazis war jedes Mittel recht, die Juden zu diffamieren. Dabei widersprachen sie sich selber. Während sie einmal den »fetten, jüdischen Aasgeier« anprangerten, zeigten sie ein anderes Mal Propagandafilme über die am Rande des Existenzminimums lebenden Juden in Ostpolen; zeigten die Armut und bezeichneten die Menschen, die darin leben mußten, als »Ungeziefer«. Und Ungeziefer wird bekanntlich ausgerottet.

Am 1. September 1941, zwei Jahre nachdem die Nazis den II. Weltkrieg vom Zaun gebrochen hatten, begann sie dann, die Ausrottung. Zuerst wurde eine Verordnung erlassen, die alle Juden anwies, einen gelben Stern zu tragen. Dieser Stern mußte sichtbar an der Jacke oder dem Mantel zu sehen sein; wer den Stern nicht trug und entdeckt wurde, wurde bestraft. Die Strafe hieß Einweisung in ein KZ und bedeutete in den meisten Fällen den Tod. Einen Monat später, am 1. Oktober 1941, wurde den Juden das Verlassen Deutschlands verboten. Damit war das Schicksal des größten Teils derer, die bis dahin ihre Heimat nicht hatten verlassen wollen, und jener, die durch den Eroberungskrieg unter deutsche Verwaltung geraten waren, besiegelt: Führende Vertreter des Hitler-Regimes beschlossen im Januar 1942 in einer Villa am Großen Wannsee die »Endlösung der Judenfrage«. Das bedeutete nichts anderes als die Ermordung der im (durch den Krieg vergrößerten) Machtbereich der Nazis lebenden elf Millionen Juden. Sie sollten vergast, erschossen, erschlagen werden.

Dieser Beschluß wurde in die Tat umgesetzt. In immer stärkerem Maße wurden Deportationen vorgenommen, wurden jüdische Männer, Frauen und Kinder aus ihren Wohnungen geholt und in die zu Todeslagern umgebauten Konzentrationslager geschafft.

Es ist wohl heute unvorstellbar, welch grausiges Morden damit begann, welch Leid und welche entzetzlichen Schmerzen den Juden im Namen Deutschlands durch die Nazis und ihre Mitläufer zugefügt wurden. Daß es den Nazis nicht gelang, alle elf Millionen Juden umzubringen, ist kein Trost, denn sechs Millionen jüdische Menschen – Männer, Frauen und Kinder – mußten unter ihrer Herrschaft ihr Leben lassen.

Ein Charlottenburger Jude erinnert sich an den September 1941: *Gerade am Kurfürstendamm und in seinen Seitenstraßen, in Charlottenburg und Wilmersdorf, wo noch viele Juden lebten, habe ich ungeheuer viele Judensterne gesehen. In den ersten zwei, drei Tagen haben die Leute einen angestarrt wie ein Wesen aus einer anderen Welt. Danach war es anders. Solange, wie wir mit dem Judenstern in Berlin gelebt haben, hat der deutsche Bürger durch uns hindurchgesehen wie durch Glas.* Und über die Bombenangriffe, die viele Berliner in Furcht und Schrecken versetzten, erzählt der gleiche Augenzeuge: *Solange ein Bombenangriff war, waren wir relativ frei, und auch wenn die Stadt brannte, dann gab es sechs, acht oder zehn Stunden, wo sich niemand um uns Juden kümmerte, und wo es sogar mal ein leichtes war, den Judenstern abzumachen und schnell in einen anderen Stadtteil zu fahren, wo ... man schnell ins Kino gehen konnte. Die Deutschen haben gedacht, daß die Bombenangriffe das Schrecklichste waren ... Für uns waren die Bombenangriffe die einzigen Stunden, wo wir frei atmen konnten ...*

Bald aber war auch diese Art von »Freiheit« vorbei, immer mehr Züge voller jüdischer Menschen rollten nach Osten – in die Gaskammern des Dritten Reiches.

Eine Fabrikarbeiterin erzählt: *Zu Juden hatte ich insofern Kontakt, als im Werk Charlottenburger Ufer der Firma Heliowatt eine Abteilung war, wo nur Juden arbeiteten. Die ganze Belegschaft wußte das. Einer von den Juden im Werk war übrigens ein Sanitätsrat. Eines Tages kam ein großer LKW rückwärts durch das Westtor gefahren. Alle Juden, die in der Fabrik waren, mußten – getrieben von der SS – auf einen Wagen steigen. Als sie weg waren, fanden wir unten in der Garderobe als letzte Hinterlassenschaft unserer jüdischen Kollegen noch ihre Fotografien, Briefe usw. Alles war zerrissen und lag auf der Erde.*

Eine andere Charlottenburgerin berichtet von ihrer jüdischen Großmutter: *Unsere Großmutter war schon mehr oder weniger untergetaucht. Wir hatten eine junge Verwandte bei der Jüdischen Gemeinde. Dort wurden die Transporte zusammengestellt. Das heißt, die Juden selbst sollten die Listen derjenigen liefern, die drankommen zum Abtransport. Diese Verwandte hatte ihre eigenen Eltern und unsere Großmutter immer hinten angestellt, so daß sie nicht auf der Liste der sofort Abzuholenden standen. Das ließ sich machen. Später wurde sie allerdings selbst abgeholt, so daß wir keinen mehr hatten, der »schieben« konnte. – Eines Tages arbeitete ich gerade im Büro. Mein Vater rief mich an, ich möchte doch bitte sofort nach Hause kommen. Ich dachte gerade an gar nichts Böses, und da sagte er nur :»Oma«. Ich sagte das meinem Chef. Er war der einzige, der wußte, daß ich ein »Mischling« war. Er ließ mich sofort nach Hause gehen. Ich sehe die Situation noch vor mir: Vor der Haustür der Leibnizstraße 21 steht meine Mutter. Sie hatte eingekauft und spricht laut lachend mit einer Nachbarin, sie erzählen sich Witze, und sie lacht mir strahlend entgegen. Ich dachte mir: »Um Gottes Willen! Sie weiß es noch nicht!« Da machte ich der Nachbarin, mit der sie sprach und die auch eine privilegierte Jüdin war, Zeichen mit den Augen. Die begriff sofort, was ich meinte. Ich sagte zu meiner Mutter: »Komm bitte gleich mit!« – Meine Großmutter war beim Packen, und ein älterer jüdischer Herr von der Jüdischen Gemeinde half ihr dabei und unterhielt sich mit uns. Er war natürlich sehr freundlich. Von ihm erfuhren wir, daß Großmutter zur Großen Hamburger Straße ins Sammellager gebracht würde. Er sagte uns: »Sie haben Glück! Ihre Mutter kommt nach Theresienstadt, das ist noch das Günstigste. Dort ist es nicht ganz so schlimm.« – Erst später haben wir erfahren, daß es von dort aus weiterging. Aber meine Großmutter blieb – Gott sei Dank – dort und überlebte.*

Wir waren natürlich in einer schrecklichen Stimmung. Nun mußten wir an das Nächstliegende denken und für sie Sachen zusammenpacken. Sie durfte sich warmes Zeug und eine Decke mitnehmen. Wir versuchten, sie zu beruhigen. Aber als sie einen Moment mit mir allein war, sagte sie zu mir: »Bitte, bitte, besorg mir doch das Gift.« Ich hatte ihr einmal von einer Bekannten erzählt, die jüdischen Menschen, die abgeholt werden sollten, auf deren Bitte hin Gift gab. Ein paar Leute, die ich kannte, hatten sich auch das Leben genommen. Als nun meine Großmutter mich darum bat, war ich ganz erschüttert. Ich wußte auch gar nicht, wo diese Frau mit dem Gift abgeblieben war. Ich hätte jetzt auch gar keine Möglichkeit gehabt, es meiner Großmutter irgendwoher zu beschaffen. Die Zeit war zu kurz. – Als dann dieser ältere Herr, der Helfer von der Jüdischen Gemeinde, mit meiner Großmutter die Treppe runterging, ging ich auch mit. Da schrie meine Mutter oben in der Wohnung ganz laut! Mein Vater riß unsere Wohnungstür auf und sagte laut: »Alle sollen es hören! Alle sollen dich schreien hören! Es sollen alle wissen!«

Unten hielt ein offener Wagen, und daneben stand ein älterer Mann. Es war kein großer Laster, sondern ein Lieferwagen, ich weiß nicht, ob es ein Planwagen war. Darauf saßen mehrere alte Leute, in ihr Schicksal ergeben. Es waren Männer und Frauen mit dem Stern.

Die jüdischen Organisationen und Selbsthilfeeinrichtungen konnten der Vernichtungspolitik der Nationalsozialisten nur wenig entgegensetzen. Schon vor 1933 hatten diese Organisationen Räumlichkeiten im Charlottenburger Kurfürstendammviertel bezogen, in der Kantstraße 158 und in der Meinekestraße 10. Bis 1933 gab es noch keinen reichsweiten Zusammenschluß aller jüdischen Gemeinden. Erst im Jahr der Machtübernahme kam es unter dem Druck der politischen Verhältnisse zur Gründung der »Reichsvertretung der Deutschen Juden«, in der nicht nur die jüdischen Gemeinden, sondern auch die jüdischen Verbände vertreten waren.

Die Reichsvertretung zog in das Gebäude Kantstraße 158, in dem sich seit 1928 die Räume des Preußischen Landesverbandes jüdischer Gemeinden befanden. Trotz zunehmender Diskriminierung und Verfolgung versuchte die Reichtsvertretung, eine jüdische Schulverwaltung zu organisieren, Auswanderungen zu fördern und den jüdischen Auswanderern eine geeignete Ausbildung zukommen zu lassen. Außerdem bemühte man sich, eine jüdische Wohlfahrtspflege aufrechtzuerhalten und den jüdischen Bürgern Arbeitsplätze zu vermitteln. 1939 wurde die Reichsvertretung dann zwangsweise in die »Reichsvereinigung der Juden in Deutschland« umgewandelt und der Aufsicht der Gestapo unterstellt. Und 1941, als der NS-Staat mit der »Endlösung« die Vernichtung der jüdischen Bevölkerung betrieb, wurde die Reichsvereinigung dazu gezwungen, an der Vorbereitung der Deportationen mitzuwirken; später gerieten viele ihrer Mitarbeiter selbst in die Deportationszüge. Im Juli 1943 schloß die Gestapo die Geschäftsräume in der Kantstraße und beschlagnahmte das Vermögen.

Eine Israelin, die zu jener Zeit in Berlin lebte und emigrieren wollte, schildert, wie es im Frühjahr 1939 in der »Reichsvertretung der Deutschen Juden« zuging: *Fast jeden Tag war ich nun in der Meinekestraße oder in der Kantstraße. Im Palästinaamt waren sehr dürftig eingerichtete Räume, viele kleine Zimmer, und es herrschte ein fürchterlicher Andrang. Man stand Stunden und Tage ... Im Hause und auf der Straße ging man möglichst allein und niemals in Gruppen, um nicht aufzufallen. Man legte uns immer wieder nahe, daß selbst auf den Treppen des Hauses möglichst nicht zu sprechen sei. Der Besucherandrang war enorm, das Personal vollkommen überlastet und arbeitete am Tage und in der Nacht. Ich erinnere mich, daß ich einmal mitten in der Nacht Licht sah und raufging. Sie schlossen offiziell um 6 Uhr, aber dann fing die Arbeit erst für sie an.*

1929 lebten in Berlin etwa 180.000 jüdische Mitbürger: 120.000 von ihnen wanderten aus, 50.000 wurden deportiert, 4.700 überlebten den Krieg als Privilegierte, 5.000 waren untergetaucht. Von den 50.000 Deportierten kamen nur 1.900 zurück, von den 5.000 in Kellern, Lauben und Hinterzimmern Versteckten überlebten 1.400 Bombenkrieg, Verrat und Entdeckungen.

Sehr oft waren es Frauen, die ihr eigenes Leben riskierten, um jüdischen Freunden oder Bekannten zu helfen. Eine dieser Frauen erzählt: *Meine jüdische Freundin Hilde kannte ich schon seit 1935; vor dem Kriege hatten wir zusammen mit einer ganzen Clique von jungen Leuten oft unsere Freizeit mit Fahrradtouren oder Wanderungen verbracht. – Hilde mußte währemd des Krieges bei Cassirer am Gustav-Adolf-Platz (Mierendorff-Platz) arbeiten – bis sie zu mir kam, um unterzutauchen. Das war ungefähr Ende Januar 1943, nachdem man ihre Schwester abgeholt hatte; ihre Mutter hatte sich das Leben genommen.*

Ich brachte Hilde in meiner Wohnung in der Krummen Straße 44, dann in der Wielandstraße unter. Natürlich lebten wir gefährlich. Im Hause wohnte z. B. ein SS-Mann. Ich hatte auch Angst, daß mein kleiner Sohn sich verplappern und etwas verraten könnte. Während ich arbeitete, war er im Werkskindergarten untergebracht. Wenn er nun dort etwas von der »Tante« erzählte, die immer bei uns im Hause war! – Ich verheimlichte dem Jungen, daß Hilde bei uns schlief! Daß sie am Tage bei uns war, das war ja noch nicht verdächtig. Aber nachts! – Ich richtete es so ein, daß er Hildes Bett nicht zu sehen bekam. Morgens, bevor wir zum Kindergarten loszogen, zog ich ihn immer schnell an, damit er Hilde nicht sah. Wenn er sie am Abend in der Wohnung antraf, war es egal: Dann war es eben »Tante Hilde«, eine von vielen Besuchern aus meinem großen Bekanntenkreis. – Hilde war auch immer noch dabei, wenn wir im Sommer rausfuhren. Den Stern hatte sie abgelegt. Bis zum Kriegsende gehörte sie noch zu der Clique. Meine Freunde hielten eisern zu ihr ... In den letzten sechs Wochen des Krieges wurden wir im Hause stärker beobachtet. Deshalb brachte ich Hilde zu einer Freundin nach Moabit. Dort überlebte sie das Kriegsende.

Die Juden blieben nicht die einzigen Opfer: Auch 500.000 Sinti – im deutschen Sprachgebrauch noch immer Zigeuner genannt – brachten die Nazis in ihren Lagern um, dazu unzählige Kriegsgefangene vieler Nationen, ausländische und deutsche Widerstandskämpfer. Das wahre Ausmaß dieser Barbarei wurde erst nach dem Krieg entdeckt, aber auch was während der Nazizeit im Ausland über Deutschland bekannt wurde, schreckte die Menschen dort ab. »Deutsch« wurde mit »Ungeist« gleichgesetzt, aus dem Volk der »Dichter und Denker« war ein Volk der »Richter und Henker« geworden.

Städtebau unter den Nazis

In der zweiten Hälfte der dreißiger Jahre begannen die Nationalsozialisten aus Berlin eine neue Reichshauptstadt »Germania« zu bauen. Sie sollte gigantische Ausmaße bekommen und sah auch eine Veränderung des Berliner Straßengrundrisses vor, beherrscht von einem Achsenkreuz, dessen in Ost/West- und Nord/Süd-Richtung verlaufende Straßenzüge sich am Brandenburger Tor schneiden sollten. In Ost-West-Richtung war ja bereits seit Anfang des Jahrhunderts ein breiter, geradliniger Straßenzug von »Unter den Linden« durch den Tiergarten hindurch bis nach Spandau vorhanden, der lediglich an einigen Abschnitten verbreitert und umgestaltet hätte werden müssen. Die Nord-Süd-Achse sollte noch geschaffen werden. Zum Glück wurden diese Pläne, die Berlins Gesicht zerstört hätten, nie Wirklichkeit.

In Charlottenburg war in der Mitte des in Adolf-Hitler-Platz umbenannten Reichskanzlerplatzes (Theodor-Heuss-Platz) ein Monument zu Ehren des italienischen Diktators Mussolini vorgesehen, das mit zwei halbkreisförmigen, jeweils 10 m hohen Bogenreihen umbaut werden sollte. Durch einen auf beiden Seiten offen bleibenden Zwischenraum sollte die Ost-West-Achse verlaufen und der Platz zu Ehren Mussolinis umbenannt werden. Aber auch dazu kam es nicht mehr.

Ebenso wie der »Mussolini-Platz« verblieb ein anderes Projekt im Planungsstadium: Die Hochschulstadt zwischen dem Reichssportfeld und der Havel, für die Ende 1937 ein Ideenwettbewerb mit der Forderung durchgeführt wurde, sie als repräsentatives »Tor zur Reichshauptstadt« zu gestalten.

Andere Pläne wurden ausgeführt, wie z. B. das in den Jahren 1938/39 zwischen dem S-Bahnhof Tiergarten und der Charlottenburger Brücke errichtete Haus des Deutschen Gemeindetages (heute Ernst-Reuter-Haus) oder das von 1939 bis 1941 erbaute Gebäude der Reichsjugendführung an der Heerstraße, in dem heute Abteilungen des Bezirksamtes Charlottenburg untergebracht sind.

Einige hundert Meter südöstlich der Heerstraße und damit schon auf Wilmersdorfer Gebiet, begann man 1937 mit dem Bau der Wehrtechnischen Fakultät der Teschnischen Hochschule. Der Rohbau wurde noch fertiggestellt und verschwand nach dem Krieg unter den Trümmern, die hier aufgeschüttet zum Teufelsberg wurden.

Bomber über Berlin

Der Beginn des Krieges war ein Einschnitt in die zwölf Jahre Hitler-Diktatur. Sechs Jahre hatten die Nazis benötigt, um einen Krieg beginnen zu können, sechs Jahre brauchten sie, um von der Bühne zu verschwinden und Deutschland als Scherbenhaufen zurückzulassen.

Um es vorwegzunehmen, den Krieg hatten in Deutschland nur wenige gewollt, die Erinnerung an den letzten, katastrophal verlorenen Krieg war noch zu frisch. Als Deutschland in Polen einfiel (Propaganda-Slogan: »Von heute an wird zurückgeschossen«), war die Besorgnis der Leute groß. Kurz darauf beruhigte man sich wieder: Hitlers »Blitzkrieg« verlief erfolgreich, nicht nur Polen, auch Frankreich, Norwegen, Dänemark und der Balkan wurden einfach überrollt.

Im Alltagsleben änderte sich dadurch vorerst nur wenig, über das Radio kamen fast nur Siegesmeldungen. Erst als die Bombenangriffe der Alliierten auf deutsche Städte und Industrieanlagen einsetzten und immer stärker wurden und die Nazis Anfang 1943 – nach der Niederlage in Stalingrad – den »totalen Krieg« ausriefen, begannen die Menschen zu ahnen, wie alles ausgehen würde. Aber nun lief Hitlers Maschinerie, und zur Furcht vor der Nazi-Diktatur kam die Furcht vor der Rache der Menschen, die man überfallen hatte. Man verteidigte nicht mehr den Nazi-Staat, man verteidigte sich und seine Familie.

Mit dem Beginn des Krieges wurde aber auch der Propagandatätigkeit der Nazis ein empfindlicher Schlag versetzt: Ausländische Sender strahlten in deutscher Sprache nach Deutschland hinein – »Feindsender«. Ein Großteil der deutschen Bevölkerung hatte nun zum erstenmal Gelegenheit, die Nachrichten der Nazis mit denen aus dem Ausland zu vergleichen. Und als 1942 die militärischen Erfolge ausblieben und die Nazis den Deutschen mit Lügen über »Frontbegradigungen« und

»planmäßigen Rückzügen« weiter Siegeszuversicht einreden wollten, gelang das nicht.

Eine Charlottenburgerin erzählt: *Unser Sohn hörte abends immer »Bum-bum-bum-bum« – den englischen Sender. Dabei zog er sich eine Decke über den Kopf und über das Gerät. Dadurch erfuhr auch ich die neuesten Nachrichten. Wenn ich morgens zur Arbeit ging, sprach ich dort ungefähr fünf bis sieben Frauen an: »Kommt mal mit auf die Toilette!« Dort erzählte ich ihnen, was wir gerade vorher im Radio gehört hatten. So machte ich »Flüsterpropaganda« ...*

Diese Frau war sehr mutig, denn die Nazis wußten, welch großen Schaden die Feindsender ihrer Propaganda zufügten. Also wurde das Abhören dieser Sender so schwer bestraft (Konzentrationslager), daß nur wenige wagten, sie einzustellen. Es gab einfach zu viele Spitzel und Denunzianten unter der deutschen Bevölkerung; wen man nicht kannte, dem durfte man nicht trauen, – und manchmal erwiesen sich, eines Vorteils willen, auch gute Bekannte als Verräter.

Die ersten britischen Luftangriffe auf Berlin begannen 1940 – und bereits bis zum 30. September 1940 fielen im gesamten Stadtgebiet 515 Menschen den Bomben zum Opfer und wurden 1.617 Gebäude zerstört. Als der Krieg vorüber war, waren 50.000 Berliner durch den Luftkrieg umgekommen, 612.000 Wohnungen zerstört und fast 30 Quadratkilometer der zuvor am dichtesten besiedelten Stadtfläche Ruinenfelder. Von den Industrieanlagen allerdings waren rund zwei Drittel noch in betriebsfähigem Zustand; die Bombenangriffe hatten vor allem das Ziel, die deutsche Bevölkerung zu demoralisieren.

Charlottenburg wurde nicht im gleichen Maße betroffen wie andere Berliner Bezirke. Dennoch gab es am Ende des Krieges auch hier kaum einen Straßenzug, der keine Zerstörungen aufwies. Die schwersten Schäden resultierten aus den Bombenangriffen des Jahres 1943. Im Januar 1943 brannte die Deutschlandhalle nach einem Nachtangriff aus, und im November 1943 wurden nach Flächenbombardierungen das Schloß, das Rathaus, die Kaiser-Wilhelm-Gedächtniskirche, die alten Ausstellungshallen am Zoo, die Technische Hochschule und das Deutsche Opernhaus durch Bomben und Brände schwer beschädigt oder zerstört.

Heinz Frick, der langjährige Theaterleiter des »Gloria-Palast« am Kurfürstendamm berichtet: *Dienstag, den 23. November, spielten wir »Gefährlicher Frühling« mit Olga Tschechowa. Der Tag war ohne besondere Vorkommnisse verlaufen. Die letzte Vorstellung hatte begonnen. Nach der Tradition des Hauses hatte der Bühnenmeister den Hauptfilm mit dem Hand-*

gong eingeläutet. Bald danach gab es Vorwarnung. Ich verständigte die Vorführer davon und ging durch das Kino, um mich zu überzeugen, ob alle Posten besetzt wären. Kurz danach heulten die Alarmsirenen, der Hauptvorhang fiel und das kleine Saallicht ging an. Ich ging in den Zuschauerraum, bat die Gäste, den Luftschutzkeller aufzusuchen, und sagte ausdrücklich an, daß wir die Garderoben erst im Keller ausgeben würden ...

Das Flakfeuer vom benachbarten Zoo-Bunker setzte ein, und wir hörten auch das entfernte Bersten von Sprenggranaten. Vom Dach aus konnten ein Techniker und ich sehen, daß es in verschiedenen Ortsteilen brannte ... Als ich wieder im Parkett war, vernahmen wir an der Saaldecke kurze metallisch klingende Geräusche. Die ersten Brandbomben schlugen ein, und an drei bis vier Stellen im Parkett züngelten die Flammen ...

Die ersten vereinzelten Brandherde konnten wir mit Sand, Feuerpatschen und Wasser löschen. Als ich merkte, daß wir die Gefahr nicht bewältigten, lief ich in den Keller und bat einen anwesenden Arbeitsdienstführer, uns mit seinem Trupp zu helfen ... Auf dem Rückweg sah ich zu meinem Schrecken, daß der schwere Bühnenvorhang Feuer gefangen hatte. Da wußte ich, daß das Kino verloren war ... Kurz danach fiel der Hydrant aus. Unsere Wasservorräte in den Fässern und auch der Sand waren aufgebraucht. Die Feuerpatschen waren durch heftiges Hantieren unbrauchbar geworden. Ohnmächtig standen wir dem Inferno gegenüber ...

Als die Flakgeschütze schwiegen und das Donnern der Flugmotoren verstummt war, trat ich mit zwei Mitarbeitern vor unseren Haupteingang. Die großen Glasscheiben unserer Türen waren zerborsten. Vor uns lohte eine riesige Feuersbrunst. Die Kaiser-Wilhelm-Gedächtniskirche, das Romanische Café, die Goldene Traube, der Ufa-Palast am Zoo, der Gloria-Palast, Hotel Hessler und die benachbarten Wohnhäuser standen in Flammen. Ein Fanal des Untergangs.

Es wurde Entwarnung gegeben, und bald füllten sich die Straßen mit Hunderten von verzweifelten Leuten, darunter viele Frauen mit kleinen Kindern ... Wir gingen in unseren Luftschutzraum ... und bereiteten die Besucher darauf vor, was sie auf den Straßen erwartete.

Obwohl die Zerstörungen in Charlottenburg nicht mit denen der Berliner Innenstadt zu vergleichen waren, gab es auch in Charlottenburg durchgehende Flächen mit Totalschäden. So in der Gegend um den Zoo, zwischen Knie und Schloß, entlang der Berliner Straße (Otto-Suhr-Allee), entlang der Bismarckstraße/Kaiserdamm, zwischen Bismarck- und Kantstraße und an einigen Abschnitten des Kurfürstendamms. Andere Viertel blieben weitgehend unbeschädigt. Dazu gehörten das Arbeiterviertel nördlich der Wallstraße (Zillestraße), der Bereich zwischen

S-Bahn, Knesebeckstraße, Kurfürstendamm und Wilmersdorfer Straße, die Gegend um den Lietzensee und das Amtsgericht Charlottenburg.

Doch nicht allein die Bombenangriffe forderten Opfer und richteten Zerstörungen an, die Kampfhandlungen im Stadtgebiet trugen ihren Teil dazu bei: Nachdem Berlin Ende April 1945 von Truppen der Roten Armee eingeschlossen war, rückten die sowjetischen Einheiten schnell vor. Als aber die Berliner Innenstadt längst eingenommen war und Hitler sich am 30. April 1945 durch Selbstmord der Verantwortung entzogen hatte, wurde um den Zoo herum noch immer gekämpft. Sowjetische Truppen hatten sich schon an die Kantstraße und die Ruine der Gedächtniskirche herangearbeitet, auf der anderen Seite des eingeschlossenen Charlottenburgs, an der Heerstraße, aber wurde weitergekämpft. Nur wenige Soldaten hatten den Mut, den Befehl zum Einstellen der Kampfhandlung gar nicht erst abzuwarten und Schluß zu machen mit diesem Krieg, der von Minute zu Minute sinnloser wurde. Die meisten dienten gehorsam weiter, aus Angst oder aus Überzeugung; kämpften bis zum letzten Schuß, der vielleicht sie selbst traf.

Die drei Männer im Rathausturm

Natürlich versuchten die Menschen, sich vor den Bombenangriffen so gut wie möglich zu schützen. Deshalb wurden nachts alle Fenster verdunkelt, damit Straßen, Häuser und Plätze von oben nicht so leicht zu erkennen waren. Der Lietzensee wurde sogar gänzlich überdeckt, in der Hoffnung, daß er von den Bomberpiloten für eine Wiese gehalten wurde und sie sich auf diese Weise nicht am See orientieren konnten.

Wurden Bomber gesichtet, heulten die Alarmsirenen auf, und alles flüchtete in die Luftschutzkeller, während Scheinwerfer versuchten, die Bomber am Himmel aufzuspüren. Doch die Flakgeschütze, die zumeist von fünfzehn- bis sechzehnjährigen Flakhelfern bedient wurden, konnten gegen die Bomber nicht viel ausrichten. Der Krieg, den Deutschland begonnen hatte, all das Leid und Elend, das deutsche Soldaten in andere Länder getragen hatten, kehrte nach Deutschland zurück. So wie die deutsche Luftwaffe zuvor London, Coventry und Leningrad bombardiert hatte, so schlugen die Engländer und Amerikaner zurück, indem sie Berlin, München, Köln und Dresden zerstörten.

Kleine Brandbomben sollten die Häuser anzünden, große Sprengbomben sie zertrümmern. Wenn auf den Dachböden die Flammen aufloderten, versuchten verzweifelte Männer und Frauen, sie zu löschen. Das glückte zuweilen auch. Wenn aber ein Haus von einer mehrere Zentner schweren Sprengbombe getroffen wurde, stürzte es zusammen. Manchmal konnten sich die Bewohner aus dem Keller noch auf die Straße retten; viele Männer, Frauen und Kinder aber starben unter den Trümmern.

Hatten die Flugzeuge ihr schreckliches Werk vollbracht, flogen sie wieder davon, bis sie in der nächsten oder übernächsten Nacht wiederkehrten. Nach jedem Abflug wurde durch Sirenen »entwarnt«, und die Menschen konnten aus den Kellern wieder in ihre Wohnungen zurückkehren. Aber wie sah es dann draußen aus! In weitem Umkreis war der Himmel rot von dem gewaltigen Feuerschein; viele Menschen, die ihr Leben retten konnten, irrten obdachlos umher.

Am Abend des 22. November 1943 hatte ein Kassierer der Stadtkasse die Feuerwache im Charlottenburger Rathausturm übernommen. Gegen 19 Uhr heulten die Sirenen Fliegeralarm. Der Kassierer kletterte die Wendeltreppe empor, zwei Polizisten aus einem Charlottenburger Revier begleiteten ihn. Über der Turmuhr des Rathauses, fast im Freien, befand sich der Beobachtungsstand. Mit einem Telefon konnten die drei Männer von hier aus Meldungen an das Bürgermeisteramt durchgeben. Ihre Aufgabe war es, dem Feuerlöschtrupp die Brandstelle zu melden, falls das Rathaus getroffen werden sollte.

Etwa eine halbe Stunde nach dem Alarm näherten sich Flugzeuge in dichten Rudeln von Spandau und Jungfernheide her, und schon bald fielen die ersten Bomben. Die Feuerwache konnte nur eine kurze Meldung durchgeben; die Geschwader überflogen Charlottenburg so schnell, daß schon nach wenigen Minuten die Berliner Straße (Otto-Suhr-Allee) von Stab- und Phosphorbomben übersät war und das Rauschen und Dröhen in der Luft eine weitere Verständigung unmöglich machte. Gleich darauf ging eine starke Erschütterung durch den Turm: Die erste Bombe hatte das Rathaus getroffen. Der Turm wankte, und der ungeheure Luftdruck warf alles durcheinander. Das Telefon wurde auf die Straße geschleudert, die Bretter an der Wendeltreppe lösten sich und stürzten hinunter, das Dach brannte. Der erste Gedanke der drei Männer war, den Turm zu verlassen, um löschen zu helfen. Doch wo noch vor wenigen Minuten eine Treppe war, gähnte jetzt ein riesiges Loch: Die Sprengbombe hatte den Turm durchschlagen und die Treppe zerstört, und die Trümmer waren durch den Turm auf das darunter liegende

Archiv gefallen und hatten auch dessen Decke mit in die Tiefe gerissen. Die Festsäle zu beiden Seiten des Turmes aber brannten lichterloh.

Vollkommen abgeschlossen in ihrem Turm erlebten die drei Männer qualvolle Minuten. Sie versuchten, sich auf jede nur mögliche Art bemerkbar zu machen, aber ihre Rufe und Zeichen wurden nicht bemerkt, obwohl im Hof des Rathauses Feuerwehrleute arbeiteten. Hohe Flammen und der Rauch nahmen den Feuerwehrmännern die Sicht.

Inzwischen hatte sich das Feuer an der östlichen Seite des Rathauses immer mehr ausgebreitet. In kurzer Zeit mußte der Turm vollkommen in Flammen stehen. Da entdeckte der Kassierer plötzlich eine Eisenstange, die vom Treppengeländer übriggeblieben war; freischwebend hing sie mitten im Turm. An dieser Stange herunterzuklettern war die einzige Möglichkeit, aus der gefährlichen Lage zu entkommen. Kurz entschlossen ließen der Mann und einer der beiden Polizisten sich an der Eisenstange herab und hatten Glück, heil kamen sie am Fuß der zerstörten Treppe an und gelangten durch die von den Trümmern geschlagene Öffnung zu den Brandtüren. Dort jedoch schlugen ihnen schon die Flammen entgegen, jeden Moment konnten ihre Kleider brennen. Sie wußten nicht weiter, bis ihnen ein Notausgang einfiel. Er führte zum Archiv im Turmzimmer und lag etwa in Höhe der Festsäle. Von dort würden sie sich an einer Strickleiter hinunterlassen können.

Die beiden Männer räumten sich den Weg frei. Als sie aber an dem Notausgang angelangt waren, schlugen ihnen auch hier die Flammen entgegen. Es gab kein Hindurch; sie mußten wieder zurück – und hinauf auf den Turm. Schon stark entkräftet, klommen die beiden Männer Zentimeter für Zentimeter an der freischwebenden Eisenstange wieder in den Turm zurück. In der Zwischenzeit war unter ihnen das Archiv in Flammen aufgegangen. Aus der durchgeschlagenen Öffnung drang dichter Qualm und Funkenregen in den Turm. Der Rauch drohte die drei Männer zu ersticken – da lenkte der einsetzende Feuersturm die Hitze seitwärts aus dem Turm. Vorläufig waren sie gerettet. Doch für wie lange?

Der Kassierer sah vom Turm aus das Haus brennen, in dem er wohnte, bemerkte, wie die Steine des Turmes, in dem er und seine beiden Gefährten gefangen waren, durch die Hitze morsch zu werden und nachzugeben drohten, und hatte innerlich schon jede Hoffnung auf Rettung aufgegeben, als er auf einmal seinen Namen rufen hörte – von den Feuerwehrleuten.

Die Feuerwehrmänner hatten das Feuer auf der westlichen Rathausseite inzwischen eingekreist und zum Teil niedergekämpft, jetzt näherten sie sich dem Turm. Doch sie kamen auf den ausgebrannten Treppen nur bis auf Rufweite an die drei Männer heran und konnten ihnen nicht helfen, weil die Säle rechts und links vom Turm noch immer lichterloh brannten.

Erst gegen Morgen beruhigte sich auch in den Festsälen der Brand, und die Feuerwehrleute konnten Aufsteckleitern herantragen, die mit ihrem äußersten Ende gerade die Plattform des Turmes erreichten. Langsam, wegen der gefahrvollen Schwankungen eng an die Sprossen der Leiter gepreßt, erreichten die drei Männer endlich sicheren Boden. Sie waren noch einmal davongekommen; andere hatten nicht soviel Glück.

Der Widerstandskampf

Erst als immer deutlicher wurde, daß der Krieg verloren war und jeder Tag, den er noch andauerte, die Niederlage nur verschlimmerte, wuchs der Widerstand in der Bevölkerung. Abgesehen von einigen Fanatikern und solchen, die nichts mehr zu verlieren hatten, waren die Deutschen endgültig erwacht – die Soldaten an der Front, die mitbekamen, daß sie von Hitler und seiner Clique bedenkenlos geopfert wurden, genauso wie die Frauen, Männer und Kinder in der Heimat, die unter dem von den Nazis herausgeforderten Bombenterror der Alliierten litten und starben. Alle hatten nur den einen Wunsch: Der Krieg möge nun bald zu Ende sein.

Ein Charlottenburger, der gleich zu Anfang des Krieges Widerstand leistete, erzählt: *Die Mitglieder unserer Widerstandsgruppe waren junge Leute aus verschiedenen Kreisen. Drei von uns hatte man als sogenannte »Halbjuden« oder »Mischlinge« eingestuft. Wir wollten etwas gegen das Regime tun und hatten keine Ahnung vom Widerstand. Zuletzt waren in der Gruppe siebzehn Personen. Ende August 1939 kam es zum Pakt zwischen Hitler und Stalin, und darüber waren viele Kommunisten furchtbar empört. Einer davon, der 1934 in Rußland für die illegale Arbeit ausgebildet worden war und dann nach Deutschland zurückgekehrt war, stellte sich nun uns zur Verfügung. Sein Deckname war »Erwin«.*

»Erwin« besorgte die Flugblätter; er brachte uns bei, wie wir uns beim Transport von Flugblättern zu benehmen hatten, wie Flugblätter verteilt wurden. Er lehrte uns auch, auf den richtigen Fluchtweg zu achten ... Alle Vor-

sichtsmaßregeln hat er bis zum Erbrechen immer wieder und wieder mit uns durchgesprochen. Er fiel uns manchmal sogar auf die Nerven, denn er hat uns regelrecht abgefragt und examiniert. Er benahm sich wie ein Lehrer, so wie man ihm das selber in der Sowjetunion beigebracht hatte. Letztlich hat sich diese Vorsicht auch bewährt; aber wie sehr er recht hatte, das ist uns erst später aufgegangen.

Unser Treffpunkt war das »Café Wien« am Kurfürstendamm, und zwar der Billardsaal. Eine kleine Gruppe von Menschen fällt dort am wenigsten auf, wo viele Menschen zusammentreffen und auch noch laut sind. Genau das war im Billardsaal der Fall ... Unsere Flugblätter richteten sich an die Arbeiter mehrerer Betriebe. Sie enthielten die Aufforderung, die Rüstungsproduktion zu sabotieren, um den Krieg zu verkürzen.

Im »Café Wien« traf sich nie die ganze Widerstandsgruppe auf einmal, sondern nur Untergruppen, z. B. unsere Untergruppe, die für das Stahlwerk Hennigsdorf eingeteilt war. Wir wußten daher nur von unseren Aktionen, nicht aber überflüssige Einzelheiten von den anderen Untergruppen. Das hätte nur gefährlich werden können ... Bei einer Aktion wäre ich fast geschnappt worden: Wir fuhren mit der S-Bahn nach Hennigsdorf. Jeder von uns setzte sich mit den Flugblättern, die er bei sich hatte, in ein anderes Abteil. Wäre bei einer Kontrolle einer gefaßt worden, dann hätten die beiden anderen noch entkommen können. An diesem Tag herrschte ein Sauwetter, den ganzen Tag über nieselte es leicht. Wir waren darüber ganz froh, denn wir sagten uns: »Heute nacht wird der Werkschutz nicht draußen sein!« In Hennigsdorf machten wir uns nun ans Auslegen der Flugblätter auf dem Werksgelände: Einer von uns blieb unten vor der Mauer des Geländes, einer stieg auf die Mauer, und ich stieg über die Mauer, um die Blätter auszulegen. Da stand plötzlich – trotz des Nieselwetters – ein Werkschutzmann vor mir – mit Hund. Der Mann leuchtete mir ins Gesicht ...

Jetzt rief mein Kamerad oben auf der Mauer: »Wenn Sie den Hund loslassen, schieß ich Sie über den Haufen!« – Der Werkschutzmann war starr vor Schreck, und wir konnten entkommen.

»Erwin« hatte uns immer wieder eingehämmert, daß wir in einem solchen Falle nicht eben etwa zum S-Bahnhof zurückkehren sollten (dort hätte sicher die Gestapo auf uns gewartet), sondern einen anderen, vorher festgelegten Fluchtweg einschlagen sollten. Unser Fluchtweg ging über Heiligensee und Spandau, und am Morgen gelangten wir dann nach Ruhleben und sind mit der U-Bahn nach Hause gefahren.

Gefaßt wurde ich später, weil ich nicht auf »Erwin« gehört hatte. Obwohl er uns eingeschärft hatte, bei unseren Aktionen keine auffälligen Taschen zu be-

nutzen, hatte ich bei der Hennigsdorf-Aktion eine nagelneue Aktentasche dabeigehabt. Der Werkschutzmann erinnerte sich an diese Tasche, und deshalb gelang es der Gestapo, mich zu verhaften. Ich verriet keinen Kameraden, aber ich selbst kam ins Konzentrationslager, u. a. nach Auschwitz.

In den letzten Kriegsjahren kämpften Menschen aus allen Schichten und Bevölkerungsgruppen gegen Hitlers verbrecherische Diktatur. Die meisten von ihnen wurden gefaßt und hingerichtet, viele davon im Strafgefängnis Plötzensee, das zu Charlottenburg gehört. Hier nur drei der bekanntesten Widerstandsgruppen, von denen viele Mitglieder in Plötzensee ihr Leben ließen:

1. Die Gruppe des Berliner Arbeiters Herbert Baum. Sie setzte sich zusammen aus im Untergrund arbeitenden Mitgliedern des Kommunistischen Jugendverbandes sowie Mitgliedern sozialistischer Jugendgruppen und des »Ring-Bund Deutsch-Jüdischer Jugend«. Die Gruppe Baum führte Sabotageakte an Elektromotoren durch und legte am 18. Mai 1942 mehrere Spreng- und Brandsätze an eine von den Nazis gestaltete Hetzausstellung gegen die Sowjetunion. Der Anschlag gelang, einige Besucher trugen Verletzungen davon, viele Ausstellungsstücke verbrannten. Herbert Baum, seine Frau und einige andere Gruppenmitglieder aber wurden kurz darauf von der Gestapo verhaftet. Einige der Widerstandskämpfer wurden zu Tode gequält, andere im Gefängnis Plötzensee hingerichtet. Als Vergeltungsmaßnahme für den Anschlag auf die Ausstellung ließen die Nazis für die fünf jüdischen Mitglieder der Widerstandsgruppe 500 Juden festnehmen. 250 davon wurden sofort erschossen, die anderen in ein KZ eingeliefert.

2. Die »Rote Kapelle« – eine international organisierte Widerstandsgruppe. In Berlin standen an ihrer Spitze Harro Schulze-Boysen, ein Offizier im Reichsluftfahrtministerium, und Dr. Arvid Harnack, Oberregierungsrat im Reichswirtschaftsministerium. Dieser Gruppe gelang es zahlreiche Gegner der Nazi-Diktatur in den Widerstand zu integrieren: Kommunisten, Sozialdemokraten, gläubige Christen, Arbeiter, Künstler, Wehrmachtsangehörige. Die Mitglieder der »Roten Kapelle« erarbeiteten die illegale Zeitschrift »Die innere Front«, die sie an die Frontadressen von Wehrmachtsangehörigen schickten, und verfaßten Flugblätter und Handzettel, die sie an Häuserwände klebten oder in Telefonzellen und Verkehrsmitteln liegenließen. Außerdem funkte die »Rote Kapelle« kriegswichtige Informationen nach Moskau, um das Ende des Hitler-Regimes zu beschleunigen. Für den Widerstand war es ein schwerer Verlust, als am 30. August 1942 über 100 Personen dieser

Gruppe verhaftet und vier Sendegeräte sowie zwei Vervielfältigungsapparate beschlagnahmt wurden. 46 Mitglieder wurden in Plötzensee hingerichtet.

3. Die Gruppe um Oberst Claus Graf Schenk von Stauffenberg. Die Gruppe sah ihr Hauptziel darin, Hitler zu beseitigen, die Macht an sich zu reißen und den Krieg zu beenden, bevor es für einen ehrenvollen Waffenstillstand zu spät war. Als Stabschef des Ersatzheeres hatte Stauffenberg Zutritt zu den Lagebesprechungen im Führerhauptquartier. Am 20. Juli 1944 ließ er in dem Raum, in dem Hitler seine Lagebesprechungen abhielt, eine Aktentasche mit einer Zeitzünderbombe stehen. Die Bombe explodierte, Hitler aber wurde nicht getötet, sondern nur verletzt. Stauffenberg und einige andere Mitglieder dieser Widerstandsgruppe wurden noch am gleichen Tag erschossen, andere nahmen sich, bevor sie verhaftet werden konnten, selbst das Leben. Ihre Leichen wurden erst verscharrt, dann wieder ausgegraben, verbrannt und die Asche auf die Berliner Rieselfelder verstreut.

Weitere Mitglieder dieses Kreises hoher Wehrmachtsoffiziere, die aber auch Verbindung zu sozialdemokratischen und kirchlichen Widerständlern hatten, wurden erst später gefaßt und am 8. August 1944 durch Strangulieren getötet, ein besonders qualvoller Tod. Hitler ließ diese »Sonderaktion« filmen und sah sich den Film mehrmals an.

In den Wochen und Monaten nach dem Attentat war das Strafgefängnis Plötzensee überfüllt; viele der Männer und Frauen des 20. Juli wurden hier hingerichtet. Ordentliche Gerichtsverhandlungen aber fanden nicht statt. Nach kurzen Schauprozessen unter Vorsitz der berüchtigten Präsidenten des »Volksgerichtshof«, Roland Freisler, der die Angeklagten nur anschrie und beleidigte, anstatt sie zu Wort kommen zu lassen, wurden die Widerständler meist schon in der darauffolgenden Nacht ermordet. Freisler wurde bei einem Bombenangriff auf Berlin von einem niederstürzenden Balken erschlagen.

Die Charlottenburgerin Elisabeth-Charlotte Gloeden wurde im November 1944 in Plötzensee hingerichtet, nur weil sie den steckbrieflich gesuchten General Fritz von Lindemann, der ebenfalls am Aufstand vom 20. Juli beteiligt war, für kurze Zeit in ihrer Wohnung beherbergt hatte. Frau Gloedens Mann und ihre Mutter wurden am selben Tag hingerichtet – als Mitwisser.

Nach Elisabeth-Charlotte Gloeden wurde später der Gloedenpfad benannt. Aber auch andere Charlottenburger Straßen und Plätze wurden nach namhaften Widerstandskämpfern benannt:

Bernhard-Lichtenberg-Straße

Bernhard Lichtenberg, Domprobst von St. Hedwig, starb am 5.11.1943 auf dem Transport in das Konzentrationslager Dachau.

Bonhoefferufer

Dr. theol. Dietrich Bonhoeffer, Vertreter der »Bekennenden Kirche« und bis 1931 Bezirksverordneter der Zentrumspartei, wurde am 9.4.1945 im Konzentrationslager Flossenbürg hingerichtet.

Dr. jur. Klaus Bonhoeffer, ebenfalls am Widerstand aktiv beteiligt, wurde am 23.4.1945 in Berlin-Moabit von der SS durch Genickschuß ermordet.

Breitscheidplatz

Dr. Rudolf Breitscheid, bis 1933 Fraktionsvorsitzender der SPD im Reichstag, starb am 28.8.1944 im Konzentrationslager Buchenwald.

Dahrendorfzeile

Gustav Dahrendorf, bis 1933 Reichstagsabgeordneter der SPD, starb am 30.10.1954 an den Folgen seiner Haftzeit während des Nationalsozialismus.

Delpzeile

Pater Alfred Delp wurde am 2.2.1945 in Plötzensee als Mitglied der Widerstandsgruppe »Kreisauer Kreis« hingerichtet.

Friedrich-Olbricht-Damm

General Friedrich Olbricht war Teilnehmer des Aufstands vom 20. Juli und wurde noch am gleichen Tag im Hof des Bendlerblocks erschossen.

Goerdelerdamm

Carl Goerdeler, bis 1937 Oberbürgermeister von Leipzig, war ebenfalls Teilnehmer des Aufstands vom 20. Juli 1944. Er wurde am 2.2.1945 in Plötzensee hingerichtet.

Habermannzeile

Max Habermann wurde am 30.10.1944 wegen illegaler Aktivitäten für die verbotenen freien Gewerkschaften verhaftet. Um Freunde nicht zu verraten, beging er in der Haft Selbstmord.

Haeftenzeile

Hans-Bernd v. Haeften, Mitglied der Widerstandsgruppe »Kreisauer Kreis«, wurde am 15.8.1944 in Plötzensee hingerichtet.

Werner v. Haeften, Ordonnanzoffizier Stauffenbergs, den er während des Aufstands vom 20. Juli in das Führerhauptquartier begleitete, wurde ebenfalls am 20. 7. 1944 im Hof des Bendlerblocks erschossen.

Halemweg

Nikolaus v. Halem, Mitglied der Widerstandsgruppe »Solf-Kreis« und an der Planung eines Attentats auf Hitler beteiligt, wurde am 9.10.1944 in Plötzensee hingerichtet.

Haubachstraße

Dr. phil. Theodor Haubach, bis 1933 Pressereferent im preußischen Innenministerium und Mitglied der Reichsleitung des »Reichsbanners«, wurde am 23.1.1945 in Plötzensee hingerichtet, nachdem er seit 1933 wiederholt in Haft – u.a. im Konzentrationslager Esterwegen – gewesen war.

Heilmannring

Ernst Heilmann, seit 1933 in Haft, wurde am 3.4.1940 im Konzentrationslager Buchenwald bei medizinischen Versuchen umgebracht.

Hofackerzeile

Oberstleutnant Cäsar v. Hofacker war Teilnehmer des Aufstands vom 20. Juli. Er wurde am 20.12.1944 in Plötzensee hingerichtet.

Hüttingpfad

Richard Hütting, kommunistischer Leiter einer Häuserschutzstaffel in Charlottenburg, wurde am 14.6.1934 in Plötzensee hingerichtet.

Kirchnerpfad

Johanna Kirchner organisierte Fluchtmöglichkeiten für Verfolgte und half Verhafteten. Sie emigrierte 1935 nach Frankreich, wo sie deutsche Emigranten betreute. An die Gestapo ausgeliefert, wurde sie 1943 zunächst zu 10 Jahren Zuchthaus, dann zum Tode verurteilt und am 9.6.1944 in Plötzensee hingerichtet.

Klausener Platz

Dr. Erich Klausener, bis 1933 Leiter der Polizeiabteilung im preußischen Innenministerium und Leiter der »katholischen Aktion« im Bistum Berlin, wurde am 30.6.1934 ermordet.

Klausingring

Oberleutnant Friedrich Karl Klausing, Adjutant Stauffenbergs, wurde am 8.8.1944 in Plötzensee hingerichtet.

Letterhausweg

Bernhard Letterhaus, bis 1933 preußischer Landtagsabgeordneter und Verbandssekretär der westdeutschen »Katholischen Arbeitervereine«, war Teilnehmer des Aufstands vom 20. Juli. Er wurde am 14.11.1944 in Plötzensee hingerichtet.

Leuningerpfad

Karl Leuninger, ehemals Generalsekretär der Vereinigung der christlichen Mitarbeiter, wurde am 1.3.1945 in Plötzensee hingerichtet.

Mierendorffplatz

Dr. Carlo Mierendorff, bis 1933 Reichstagsabgeordneter der SPD, von 1933 bis 1937 in Konzentrationslager-Haft, gehörte der Widerstandsgruppe »Kreisauer Kreis« an. Er kam bei einem Luftangriff am 4.12.1943 in Leipzig ums Leben.

Nikolaus-Groß-Weg

Nikolaus Groß, bis 1933 in der Leitung der christlichen Bergarbeiter-Gewerkschaft, war Teilnehmer des Aufstands vom 20. Juli. Er wurde am 23.1.1945 in Plötzensee hingerichtet.

Popitzweg

Prof. Dr. Johannes Popitz, von 1933 bis 1944 preußischer Finanzminister, erhielt 1937 das »Goldene Parteiabzeichen« der NSDAP. Nach dem Progrom vom November 1938 (»Reichskristallnacht«) reichte er sein Abschiedsgesuch ein, das abgelehnt wurde. Er nahm Kontakt zu Widerstandsgruppen auf und beteiligte sich aktiv an den Vorbereitungen des Aufstands vom 20. Juli 1944. Er wurde am 2.2.1945 in Plötzensee hingerichtet.

Reichweindamm

Prof. Dr. Adolf Reichwein, bis 1933 Professor für Geschichte und Staatsbürgerkunde sowie Referent im preußischen Kultusministerium, danach Dorfschullehrer, war Mitglied der Widerstandsgruppe »Kreisauer Kreis« und wurde am 20.10.1944 in Plötzensee hingerichtet.

Scheppenhorstweg

Ernst Scheppenhorst, bis 1933 Reichstagsabgeordneter der SPD, wurde am 24.4.1945 in der Haftanstalt Lehrter Straße ermordet.

Schwambzeile

Ludwig Schwamb, bis 1933 Staatsrat im hessischen Innenministerium, wurde im Zusammenhang mit dem Aufstand vom 20. Juli verhaftet und am 20.10.1944 in Plötzensee hingerichtet.

Schwanenfeldstraße

Ulrich-Wilhelm Graf Schwerin von Schwanenfeld wurde am 20. Juli 1944 im Bendlerblock verhaftet und als Teilnehmer des Aufstands am 8.9.1944 in Plötzensee hingerichtet.

Stieffring
Generalmajor Hellmuth Stieff war Teilnehmer des Aufstands vom 20. Juli und wurde am 8.8.1944 in Plötzensee hingerichtet.

Strünckweg
Dr. jur. Theodor Strünck war Teilnehmer des Aufstands vom 20. Juli und wurde am 9.4.1945 im Konzentrationslager Flossenbürg hingerichtet.

Teichgräberzeile
Richard Teichgräber wurde wegen illegaler Aktivitäten für die verbotenen freien Gewerkschaften 1934 verhaftet und kam am 25.2.1945 im Konzentrationslager Mauthausen ums Leben.

Terwielsteig
Maria Terwiel nahm Kontakt zur Widerstandsgruppe »Schulze-Boysen/Harnack« auf, um u. a. die Predigten des Bischofs v. Galen gegen Euthanasie zu verbreiten und Juden zu helfen. Sie wurde 1943 zum Tode verurteilt und am 5.8.1943 in Plötzensee hingerichtet.

Wiersichweg
Oswald Wiersich, aktiv am Widerstand der verbotenen freien Gewerkschaften beteiligt, wurde im Zusammenhang mit dem Aufstand vom 20. Juli am 1.3.1945 in Plötzensee hingerichtet.

Wirmerzeile
Dr. Joseph Wirmer, bis 1933 Abgeordneter der Zentrumspartei, war Teilnehmer des Aufstands vom 20. Juli und wurde am 8.9.1944 in Plötzensee hingerichtet.

Auch mehrere Charlottenburger Schulen sind nach Widerstandskämpfern benannt worden. U. a. die Dietrich-Bonhoeffer-Grundschule am Spandauer Damm, die Mierendorff-Grundschule in der gleichnamigen Straße, die Helmuth-James-von-Moltke-Grundschule am Heckerdamm, die Goerdeler-Grundschule in der Sybelstraße, das Erich-Hoepner-Gymnasium in der Bayernallee, die Poelchau-Oberschule im Halemweg.«

Über 1.800 Menschen wurden in den Jahren zwischen 1933 und 1945 in Plötzensee hingerichtet, darunter so bekannte Persönlichkeiten wie Wilhelm Leuschner, Julius Leber, Helmuth James Graf von Moltke, Carl Friedrich Goerdeler und Erwin von Witzleben, nach denen in anderen Berliner Stadtbezirken oder in anderen Städten Straßen benannt wurden. Ständig klebten rotumrandete Plakate, die die Vollstreckung der Todesurteile öffentlich bekanntgaben, an den Berliner Litfaßsäulen. Jeder hat sie gesehen, und bei vielen erreichten die Nazis ihr Ziel der Abschreckung. Anderen haben diese Plakate Mut gemacht.

Noch heute ist das Innere der düsteren Richtstätte zu besichtigen. An der Decke sieht man die Schiene mit den Haken, an denen die Opfer aufgehängt wurden ... Und es gibt wohl niemanden, der sich beim Anblick dieser Räume nicht fragt, was die Menschen, die hier so bestialisch ermordet wurden, in ihrer letzten Stunde gedacht haben. Eines der Opfer, Pater Delp, schrieb am Tag seiner Hinrichtung mit gefesselten Händen: *Es sollen einmal andere besser und glücklicher leben dürfen, weil wir gestorben sind.*

An dem schmalen Hüttigpfad hinter der Strafanstalt ist nach dem II. Weltkrieg eine Mahn- und Gedenkstätte errichtet worden. Die schlichte Gedenkmauer trägt die Inschrift: *Den Opfern der Hitlerdiktatur der Jahre 1933-45*, und eine große Urne auf der rechten Seite der Grünanlage enthält Erde aus den verschiedenen Konzentrationslagern der Nazis. Seit Juli 1961 weist ein 12 m hohes Gedenkkreuz am Hüttigpfad den Weg zu diesem Mahnmal, und die Kirche »Regina Martyrum« wurde bewußt nahe der Hinrichtungsstätte errichtet – zum Gedenken an die Opfer des Kampfes um Glaubens- und Gewissensfreiheit während des Nationalsozialismus.

Die West-Berliner City

In der Nacht vom 8. zum 9. Mai 1945 wurde im sowjetischen Hauptquartier in Berlin-Karlshorst die bedingungslose Kapitulation der deutschen Wehrmacht unterzeichnet. Damit war der Krieg vorüber.

Deutschland aber lag in Trümmern, viele Tote waren zu beklagen – gefallen an der Front oder umgekommen im Bombenhagel. Vom Osten her ergoß sich ein Flüchtlingsstrom ins deutsche Restgebiet: zwölf Millionen Ost- und Sudetendeutsche, die aus ihrer ehemaligen Heimat geflohen oder vertrieben worden waren. Die Sieger jedoch hatten nicht nur die Ostgebiete Deutschlands abgetrennt, sie hatten auch das verbliebene Rest-Deutschland in vier Besatzungszonen eingeteilt. Aus den Besatzungszonen der Amerikaner, Engländer und Franzosen wurde später die Bundesrepublik, aus der sowjetischen Besatzungszone die DDR. Berlin, die ehemalige Reichshauptstadt, blieb ein Sonderfall. Sie wurde Besatzungshauptstadt der vier Siegermächte, und sie wurde neben der amerikanischen, britischen, französischen und sowjetischen Besatzungszone Deutschlands als Vier-Sektoren-Stadt eine Art fünfte Besatzungszone.

Krieg kaputt

Die letzten Kriegstage erlebten die meisten Charlottenburger in den Kellern ihrer Häuser. Während in den Straßen noch geschossen wurde, hofften sie, daß nun alles möglichst schnell vorbeiging und ihnen nicht noch in allerletzter Sekunde was passierte. Andere kämpften bis zum Schluß. Eine Zeitzeugin erzählt:

Weil wir in den Häusern kein Wasser mehr hatten, mußten wir zu den Straßenbrunnen. Der nächste Brunnen für uns war in der Potsdamer Straße. Als wir mit einer weißen Fahne zum Brunnen liefen, schossen in der Danckelmannstraße die Hitlerjungen von oben auf uns herunter. Sie waren von der Idee besessen, Hitler werde den Krieg doch noch gewinnen. Außerdem ging das Märchen von der Armee Wenck um, die uns befreien würde.

Wir haben diese jungen Menschen gesehen. Sie waren eigenartig kostümiert, von den Nazis in irgendwelche Phantasieuniformen gesteckt worden. Das war kein normaler »Volkssturm«, das waren fanatisierte Angehörige der Hitlerjugend, die man »Werwölfe« nannte ... Daß die feindlichen Flieger uns beharkten, das war für uns klar ... Aber daß unsere eigenen jungen Menschen von sechzehn, siebzehn Jahren aus dem dritten oder vierten Stockwerk von gegenüber auf uns runterschossen ... Sie wollten uns mit diesen Schüssen zum Widerstand aufstacheln. Weil sie glaubten, die Armee Wenck werde kommen, wollten sie uns wohl zwingen, noch die Straßen gegen die Russen aufzureißen. Das hat aber keiner getan.

Die Angst vor den »Russen«, wie die Soldaten der Sowjetunion verallgemeinernd genannt wurden, beherrschte damals viele. Sie waren auch begründet. Es waren ja die Deutschen, die in die Sowjetunion eingefallen waren und dort furchtbar gewütet hatten. Kaum ein sowjetischer Soldat, der nicht Familienangehörige hatte, die in diesem Krieg umgekommen waren. Was jetzt kam, war die Rache des Siegers – und die wurde ebenfalls grausam.

Hinzu kam, daß die Männer, Frauen und Kinder, als sie den sowjetischen Soldaten begegneten, noch im Kopf hatten, was ihnen die Hitlerclique über die »russischen Barbaren« eingeredet hatte: Alles Untermenschen, alle dumm, alle brutal; mit »Messern zwischen den Zähnen«. Ein bißchen was von dieser Propaganda war bei den meisten hängengeblieben, und die von der sowjetischen Führung »erlaubten« Plünderungen und Vergewaltigungen verstärkten dieses Bild noch.

Eine Frau aus Charlottenburg erzählt: *Bevor die Russen kamen, hatte man uns noch gewarnt: Ringe abnehmen, verstecken! Uhren abnehmen, verstecken! Ich hatte wegen der Propaganda ein bißchen Angst um mein Kind, aber man sagte uns: »Keine Angst, Kindern tun sie nichts!« Nun saßen wir da und warteten und waren auf alles gefaßt ... Ganz plötzlich wurde unsere Eisentür aufgerissen, und zwei große Männer erschienen: Russen europäischen Typs. Möglicherweise waren es Offiziere. Sie trugen Lederkappen. Sie kamen rein und sagten: »Guten Morgen! Krieg kaputt! Hitler kaputt!« Sie sprachen deutsch und grüßten uns ziemlich freundlich. Bei uns im Keller hingen noch ein paar alte Blätter, Luftschutzplakate oder so was Ähnliches. Die Russen versuchten, sie zu lesen, und lachten sich tot, weil darauf auch der Name »Hitler« stand. Sie sagten: »Weg! Weg!« Sie sagten auch: »Wir nix tun. Aber nach uns Russki – schlimm, schlimm!«*

Sie waren kaum wieder weg, da ging es los: Dauernd ging die Tür auf, Besoffene kamen rein: »Wodka her!« Das waren die einfachen Russen. Immer wenn ein Trupp raus war, kam der nächste. Sie nahmen auch ein paar Leute mit, die aber dann wiederkamen, vor allen Dingen Frauen ...

Es gab Frauen, die haben sich absichtlich alt und häßlich geschminkt, um nicht aufzufallen und vergewaltigt zu werden. Andere haben sich – dünn waren nach dem Krieg ja fast alle – als Kinder oder Jungen verkleidet. Doch natürlich gab es auch andere sowjetische Soldaten, solche, die sich um die Verpflegung des ausgehungerten Feindes kümmerten, die nicht plünderten, sondern halfen und die Kinder in die Arme nahmen und ihnen schenkten, was sie gerade bei sich trugen.

Leben in Ruinen

Zwei Monate lang war die Sowjetunion alleinige Besatzungsmacht in Berlin und damit auch in Charlottenburg. Erst Ende Juni 1945 erzielten die Oberbefehlshaber der Besatzungsmächte eine Übereinkunft über den Einzugstermin der Truppen der westlichen Alliierten und eines französischen Kontingents in Berlin. In den ersten Julitagen rückten die amerikanische und die englische Besatzungsmacht in die ihnen zugewiesenen Stadtgebiete ein, am 11. Juli trat die Alliierte Kommandantur der Stadt Berlin zu ihrer ersten Sitzung zusammen, und im August übernahmen schließlich die Franzosen ihren Sektor. Charlottenburg gehörte zum britischen Sektor Berlins.

Die Situation in Berlin war katastrophal. Es waren nicht nur zwei Drittel aller Wohnhäuser zerstört, auch die Versorgung der hungernden Bevölkerung mit den einfachsten Lebensmitteln war nur schwer in den Griff zu bekommen. Dazu kam die Gefahr, lebensgefährlich zu erkranken. Durch die nach dem Ende der Kampfhandlungen überall herumliegenden Leichen und Tierkadaver, der unterbrochenen Wasserversorgung und dem Versagen der Kanalisation entstanden überall in der Stadt Seuchenherde. Mehr als 2.000 Fälle von Typhus und Ruhr sowie über 1.000 Tuberkuloseerkrankungen wurden im Jahr 1945 allein in Charlottenburg gezählt. Zwischen Mai und November starben in unserem Stadtbezirk über 7.000 Menschen – in den Jahren zuvor wurden pro Jahr nur etwa 3.000 Sterbefälle registriert.

Um die Versorgung mit Lebensmitteln wieder in Gang zu bekommen, wurden zuallererst die in den Geschäften noch vorhandenen Waren überprüft. Dann, am 10. Mai 1945, gab die Rote Armee der

Sowjetunion die erste Lebensmittelkarte aus, und am 15. Mai setzte die Anlieferung von Lebensmitteln ein.

Die Wohnungsnot war nicht so leicht zu beheben: Von den 102.000 Charlottenburger Wohnungen waren 37.000 total zerstört. 32.000 waren schwer, 26.000 mittel bzw. leicht beschädigt und lediglich 7.000 galten als unbeschädigt.

Im Mai 1945 erklärte man schließlich 33.903 Charlottenburger Wohnungen für »benutzbar«. Bei einer Bevölkerungszahl von nur noch 151.000 Menschen ergab das pro Wohnung einen Durchschnitt von 4,45 Bewohnern – egal, wie groß die Wohnungen waren. Doch es blieb nicht bei den 151.000 Menschen, die in Charlottenburg eine Wohnung benötigten; innerhalb weniger Wochen stieg die Bevölkerungszahl wieder an: Aus dem Krieg heimgekehrte Soldaten, die ihre Wohnungen zerstört vorgefunden hatten, Gefangene, die die Konzentrationslager überlebt hatten, vertriebene Juden und politisch Verfolgte, die ins Ausland emigriert waren, irrten durch die Straßen; Flüchtlinge und Vertriebene aus den Ostgebieten drängten in die Stadt. (Flüchtlinge waren jene, die vor der näherrückenden Armee der Sowjetunion geflohen waren, Vertriebene jene, die geblieben waren und nach der neuen Grenzaufteilung von der polnischen und der tschechoslowakischen Regierung mit Unterstützung der Alliierten zwangsweise umgesiedelt wurden.)

Schon nach wenigen Wochen zählte Charlottenburg wieder 300.000 Einwohner, die sich die etwa 34.000 vorhandenen Wohnungen teilen sollten. Im Durchschnitt bedeutete das, auf jede Wohnung kamen 9 Menschen. Gewalttätige Auseinandersetzungen um den wenigen Wohnraum begannen, und meistens ging es um die Wohnungen überlebender Nazis, die dieser Wohnungen beraubt werden sollten – sozusagen als »Strafe« dafür, daß sie Deutschland ins Chaos gestürzt hatten. Das ging soweit, bis sich die britische Besatzungsmacht Ende Juli 1945 veranlaßt sah, die Beschlagnahmung von Wohnungen und die Ausweisung der Inhaber strikt zu verbieten.

Rund um den Zoo

Die Wohnverhältnisse besserten sich nur allmählich. Auch 1950 waren in Charlottenburg erst wieder 37.650 Wohnungen nutzbar. Trotzdem spürte man die Wohnungsnot nicht mehr ganz so schlimm, da die Einwohnerzahl durch Abwanderung und Umzug inzwischen auf 224.377

zurückgegangen war. Viele Menschen lebten auch in Baracken oder anderen selbsterbauten Provisorien. Neubauten entstanden in jener Zeit nur sehr wenige; der erste Charlottenburger Nachkriegsbau – 33 Kleinwohnungen in der Wernigeroder Straße 1 – konnte erst im Jahre 1950 abgeschlossen werden.

Es darf nicht vergessen werden. Damals ging es nicht nur darum, neue Häuser zu bauen; zuallererst mußten die zahllosen Ruinen- und Trümmerfelder beseitigt werden. Und das so, daß die brauchbaren Ziegelsteine weiterverwendet werden konnten. Dazu mußten sie sorgsam von Putz und Mörtel befreit und aufgestapelt werdem. Von Hand wurde das getan und fast nur von Frauen, den sogenannten Trümmerfrauen, die lange Zeit das Stadtbild bestimmten.

Trotz aller Not begannen sich aber schon 1945 die ersten Gewerbezweige neu herauszubilden, und Charlottenburg mit seinem zerstörten Kurfürstendamm (von den insgesamt 235 Häusern waren im Mai 1945 nur noch 43 bewohnbar) wurde zu einer Art neuen Vergnügungszentrum: Bereits im Mai 1945 wurden in Charlottenburg wieder 201 Gastwirtschaften, 39 Cafés und 25 Kinos registriert, die alle in Betrieb waren. 1950 waren es dann 523 Gastwirtschaften, 96 Cafés, 28 Hotels und 157 Pensionen – und damit begann eine neue, die West-Berliner City zu wachsen.

Bis vor dem Krieg war die Gegend um Gedächtniskirche und Kurfürstendamm der vornehme Westen gewesen. Jetzt, da die alte, noch schlimmer zerstörte Innenstadt in Ost-Berlin lag, mauserte sich Charlottenburg zur »westlichen Innenstadt«. Geschäftsleute, die eine länger andauernde Spaltung Berlins offensichtlich vorausahnten, regten deshalb schon 1947/48 einen städtebaulichen Ideenwettbewerb »rund um den Zoo« an. Die Diskussion darüber zog sich bis 1954 hin, dann aber liefen die Planungen an, und 1955 begannen zwischen Zoo und Breitscheidplatz die ersten Entrümpelungsarbeiten. Von 1956 bis 1959 schließlich entstand gegenüber dem Bahnhof Zoo ein Hochhaus mit Geschäftsräumen und gleich daneben der Zoo-Palast, der 1957 eröffnet wurde und die Tradition des alten, im Krieg zerstörten Ufa-Palastes fortsetzen sollte. Anschließend begann man, gegenüber der Gedächtniskirche, entlang des Breitscheidplatzes, einen 200 m langen, sechsgeschossigen Flachbau zu errichten, und an der auf den Breitscheidplatz mündenden Kantstraße wurde 1959 das Schimmelpfenghaus fertiggestellt.

Natürlich überlegte man auch, was aus der im Krieg schwer beschädigten Kaiser-Wilhelm-Gedächtniskirche werden sollte. Bauexperten rieten zum ersatzlosen Abriß, aber die Kirchenleitung war anderer Meinung und setzte sich durch: Eine neue Gedächtniskirche an gleicher Stelle sollte errichtet werden. 1957 gewann Egon Eiermann den Architektenwettbewerb. Allerdings hatte er zunächst nur einen Kirchenneubau vorgesehen. Die Berliner protestierten, sie wollten ihren »hohlen Zahn« behalten – als Mahnmal gegen den Krieg! Also änderte Egon Eiermann seine Pläne und bezog die Turmruine in den Neubaukomplex mit ein – ein Resultat, mit dem alle zufrieden sein konnten. 1961, nach zweijähriger Bauzeit, wurde die Gedächtniskirche dann so, wie wir sie heute kennen, eingeweiht.

Auch entlang der Hardenbergstraße wurden zahlreiche Gebäude wieder aufgebaut oder neu errichtet. Dazu gehören Gebäude der Technischen Universität – (aus der Technischen Hochschule war 1945 die Technische Universität geworden) – der Musikhochschule, der Hochschule für bildende Künste und – auf der gegenüberliegenden Seite – das Bürogebäude der Firma Hoechst am Steinplatz (1954). Auf der Nordseite der Hardenbergstraße, auf dem Gelände der alten Königlichen Artillerie- und Ingenieurschule, hatte schon 1953 die Berliner Bank ihre Zentrale eröffnet. Im gleichen Jahr zog in das alte Gebäude des Königlichen Oberverwaltungsgerichts das Bundesverwaltungsgericht ein, und direkt gegenüber entstanden zwischen 1957/58 die Neubauten des Verwaltungs- und Oberverwaltungsgerichts. Unmittelbar vor den Gerichtsgebäuden wurde 1957 der Neubau des Amerika- Hauses eingeweiht; eine amerikanische Einrichtung, die aus einer zunächst provisorischen Buchausleihstelle hervorgegangen war und sich zu einem wichtigen Informationszentrum entwickelte.

Durch diese Entwicklung wurde das alte Zentrum Charlottenburgs zwischen Otto-Suhr-Allee, Bismarck- und Schloßstraße ein wenig in den Hintergrund gedrängt – und das war gut so, denn auf diese Weise blieb noch ein kleines bißchen vom alten Charlottenburg erhalten.

Immer auf dem Ku'damm

Die »Hauptstraße« der West-Berliner City war von Anfang an der Kurfürstendamm. War der Ku'damm in den ersten Nachkriegsjahren noch ein eher provisorisches Vergnügungszentrum der Stadt, so wurden ab 1950 wieder die ersten namhaften Gastronomieunternehmen wie das

Café Kranzler, das Hotel am Zoo, Kempinski oder Unterhaltungsstätten wie der neue Gloria-Palast eröffnet. Zahlreiche sogenannte bessere Geschäfte kamen hinzu, und bald erinnerte der Ku'damm wieder ein wenig an jenen Renommierboulevard von einst. Gänzlich jedoch hat er seinen um die Jahrhundertwende geprägten Charakter nicht zurückerlangt. Es wurde nicht behutsam gearbeitet in jenen »neuen Gründerjahren« nach dem II. Weltkrieg, sondern schnell – und schnell bedeutet meist billig.

Auch in den Jahren danach, als wieder mehr Geld da war, hat man den Kurfürstendamm ein bißchen »verwildern« lassen. Nur wer viel einnimmt, kann die teuren Ladenmieten dort bezahlen. Die dicksten Geschäfte aber werden oft durch die dünnsten (und dümmsten) Angebote gemacht.

In den Jahren zwischen 1960 und 1990 war der Kurfürstendamm nicht mehr nur Vergnügungszentrum oder »Touristenmeile«, er wurde immer mehr zu jener Straße Berlins, ja sogar ganz Deutschlands, in der am meisten demonstriert wurde. Jedesmal, wenn sich ein Demonstrationszug bildete, um gegen etwas zu protestieren oder für etwas einzutreten, führte der Zug auch über den Ku'damm. 1961 – nach dem Bau der Mauer – bejubelten die Berliner auf dem Kurfürstendamm die zur Verstärkung der Berliner Garnison herangeführten amerikanischen Truppeneinheiten, 1963 den amerikanischen Präsidenten John F. Kennedy bei seinem Berlin-Besuch. Die meisten politischen Demonstrationen in der zweiten Hälfte der sechziger Jahre aber richteten sich gegen die USA; vor allem in jenen Jahren, als die Amerikaner in Vietnam Krieg führten.

Es waren größtenteils junge Leute, die gegen diesen Krieg demonstrierten. Außerparlamentarische Opposition nannten sie sich: viele sprachen auch von der »Studentenbewegung«. Wenn die Demonstrationen von der Polizei aufgelöst werden sollten, kam es rund um den Kurfürstendamm oft zu regelrechten Straßenschlachten, so aufgeladen war zu jener Zeit die politische Situation. Bei einer dieser Demonstrationen gab es dann einen Toten: Benno Ohnesorg, Student, 26 Jahre alt.

Es geschah am Abend des 2. Juni 1967. Viele Menschen in der Stadt protestierten an jenem Tag gegen den Besuch des Schahs von Persien in Berlin. Der Journalist Jürgen Henschel war in unmittelbarer Nähe der Demonstranten und schildert diesen Abend so: *Zu den härtesten Auseinandersetzungen kam es dann am Abend anläßlich eines geplanten Opernbesuches (des Schahs). Tausende säumten den Kaiserdamm, obwohl die Deutsche*

Oper abgeriegelt war. Das Vorspiel begann damit, daß Journalisten den ersten Ärger mit der Polizei bekamen, als sie am Filmen und Fotografieren gehindert wurden. Plötzlich bekam die Polizei den Befehl, die Straße vor der Oper »freizumachen«. Brutal gingen die Beamten vor. Das Foto von der aus einer Kopfwunde blutenden Frau stammt aus dieser Situation. Die Demonstranten, vermischt mit Schaulustigen, wurden gewaltsam in die Nebenstraßen, vor allem in die Krumme Straße, gedrängt. Die Wut der Demonstranten über die Brutalität der Polizei wuchs ständig – die Polizisten wurden angeheizt mit Mund-zu-Mund-Propaganda, einer ihrer Kollegen sei getötet und andere seien verletzt worden. (Die Polizei war aber auch damals schon mit Funk ausgerüstet und hätte sich selbst vom Wahrheitsgehalt solcher Parolen überzeugen können!)

Etwa zur Zeit, als Benno Ohnesorg sterben mußte, war ich Zeuge, wie ein Polizeioffizier seine »lahmen Ärsche« beschimpfte, weil sie nicht forsch genug den Bürgersteig und die Hauseingänge räumten! Ich gebe das alles so ausführlich wieder, weil es zeigt, in welcher hochgeputschten Situation wir uns alle befanden.

Wir Journalisten machten unsere Arbeit, angesteckt von der allgemeinen Stimmung. Ich pendelte hinter, vor und zwischen den Polizeilinien. So kam ich auch in den Garagenhof, wo ein kopfverletzter Jugendlicher gerade von einer jungen Frau, die offenbar nicht zu den Demonstranten gehörte, versorgt wurde. Ich wechselte mit der Frau einige Worte, machte eine Aufnahme, auch noch, als der Jugendliche auf einer Trage in ein Sanitätsauto gebracht wurde. Spät in der Nacht erst endeten die Auseinandersetzungen.

Am nächsten Morgen teilte der Rundfunk mit, daß ein Jugendlicher bei dem Polizeieinsatz »zum Schutz der Öffentlichen Ordnung« ums Leben gekommen war. Am späten Vormittag dann kam der »Abend« mit einem Foto des erschossenen Benno Ohnesorg heraus ...

Der »kopfverletzte Jugendliche«, den der Journalist Henschel beobachtet und fotografiert hatte, war Benno Ohnesorg. Der junge Mann war von einem Polizisten erschossen worden, der nicht in Notwehr geschossen und deshalb »objektiv falsch gehandelt« hatte, wie die 14. Große Strafkammer des Landgerichts Berlin in ihrem Urteil feststellte. Dennoch wurde der Kriminalobermeister, der die tödlichen Schüsse abgefeuert hatte, freigesprochen, weil ihm seine Schuld nicht zweifelsfrei nachgewiesen werden konnte, er hatte geglaubt, in Notwehr zu handeln.

Infolge dieser Todesschüsse wurden die Demonstrationen noch heftiger, die Fronten – hier die Studenten, dort die Polizisten – noch unversöhnlicher. Am 19. September 1967 mußte wegen der Vorfälle um den

Schah-Besuch der damalige Berliner Innensenator zurücktreten, drei Tage später der Polizeipräsident, sieben Tage später der Regierende Bürgermeister (Pastor Heinrich Albertz).

Im Februar 1968, zum Abschluß des Internationalen Vietnam-Kongresses, der in der Technischen Universität stattgefunden hatte, zogen die Teilnehmer und viele andere Demonstranten über den Kurfürstendamm zur Deutschen Oper – dorthin, wo Benno Ohnesorg sein Leben lassen mußte. Ein Teil der Presse berichtete darüber sehr polemisch; eine Tatsache, die die Spannungen in der Stadt noch verstärkte. In diesem Stimmungsklima löste im April 1968 ein Attentat auf Rudi Dutschke, den bekanntesten Wortführer der studentischen Opposition, schwere und gewaltsame Auseinandersetzungen mit der Polizei aus. Zunächst ging es gegen die Gebäude des Axel-Springer-Verlages in der Kreuzberger Kochstraße, in den folgenden Tagen aber verlagerten sich die Demonstrationen immer mehr in den Bereich Gedächtniskirche/Kurfürstendamm/Zoologischer Garten. Wieder gab es Verletzte und – bei Münchner Demonstrationen aus demselben Anlaß – zwei Tote.

Doch auch nach dem Abflauen der Osterunruhen von 1968 waren Kurfürstendamm, Breitscheidplatz, Joachimsthaler- und Kantstraße immer wieder Schauplätze politischer Kundgebungen und Demonstrationen; viele friedlicher Natur, andere böse Zerstörungen hinterlassend.

Kahlschlag und Verkehr

In den fünfziger und sechziger Jahren konnten dann endlich auch wieder mehr Wohnungen gebaut werden. So wurden zwischen 1956 und 1961 die Siedlung Siemensstadt um 4.000 Neubauwohnungen erweitert und in der Paul-Hertz-Siedlung im Osten Charlottenburgs zwischen 1961 und 1965 2.700 Wohnungen neu geschaffen.

Ein Wohngebäude von ungewöhnlichen Dimensionen (mit 527 Wohnungen) war 1957 anläßlich der Internationalen Bauausstellung in der Nähe des Olympia-Stadions auf einer Anhöhe am Heilsberger Dreieck entstanden – die »Unité d'habitation« des schweizerisch-französischen Architekten Le Corbusier. Nicht weit davon entfernt entstand Ende der sechziger Jahre/Anfang der siebziger Jahre an der Glockenturmstraße/Angerburger Allee ein ganzes Viertel neu – das »Grüne Dreieck«. Ein anderes größeres Neubauprojekt mit mehr als 1.000 Wohnungen entstand in der zweiten Hälfte der sechziger Jahre zwischen Zille-

und Bismarckstraße und an der südlichen Seite der Bismarckstraße: das Opernviertel.

Ende der sechziger Jahre, als die schlimmste Wohnungsnot vorüber war, ging es dann nicht mehr allein darum, schnell neue Wohnungen zu schaffen. Man begann auch alte Wohnhäuser zu sanieren. Eine »Kahlschlagsanierung« wie in anderen Berliner Stadtbezirken gab es in Charlottenburg nicht, dennoch: Das Vorgehen der Neuen Heimat Berlin im Sanierungsgebiet Klausener Platz führte zu viel Ärger in der Bevölkerung. Dort wurden die Häuser blockweise aufgekauft, alle laufenden Reparaturen unterlassen (»eingespart«) und damit der Verwahrlosung keinerlei Einhalt geboten. Viele dieser Wohnungen blieben lange leer stehen, andere wurden an Ausländer vermietet, also an sogenannte »Restnutzer«. Das Umsetzen der Mieter wärend der Modernisierungsarbeiten und die Aussicht auf spätere Mietpreissteigerungen führte dann zu sozialen Konflikten, die schließlich zur »Instandbesetzung« mehrerer leerstehender Häuser im Bereich Nehring-/Knobelsdorffstraße führten.

Charlottenburg als »Innenstadtbezirk« ist aber nur wenig von Wohnungsneubauten oder Sanierungen geprägt worden. Viel bedeutsamer für das neue Erscheinungsbild Charlottenburgs wurden öffentliche Einrichtungen und Verkehrseinrichtungen wie zum Beispiel der Ernst-Reuter-Platz am ehemaligen Knie. Dieser Platz veränderte sein Aussehen völlig, entwickelte sich aber nicht zu einem Stadtplatz im üblichen Sinn, sondern zu einem Verkehrsknotenpunkt, der von Hochhäusern umgeben ist: Hochschulgebäude der Technischen Universität und Verwaltungseinrichtungen von Industriefirmen.

Gerade der Ausbau der Verkehrseinrichtungen wurde für Charlottenburg besonders wichtig. So mußte zum Beispiel Charlottenburgs ältester Fernbahnhof, der Bahnhof Zoo, trotz baulicher Unzulänglichkeiten die Rolle des Zentral-Bahnhofs in West-Berlin übernehmen, weil alle anderen im Krieg nicht oder nur teilweise zerstörten Fernbahnhöfe in Ost-Berlin lagen. Citylage und diverse Umsteigemöglichkeiten (U-Bahn, S-Bahn, Bus) begünstigte das.

Große Bedeutung für Charlottenburg besaß auch der Ausbau der U-Bahn- Verbindungen. Waren die alten Charlottenburger U-Bahn-Streckenführungen West-Ost-Verbindungen in Richtung auf die alte Berliner Innenstadt zu, so trugen die U-Bahn-Bauten der Nachkriegszeit der Teilung der Stadt Rechnung. Sie erschlossen Gebiete im Norden und Süden und verbanden sie mit der neuen Innenstadt West-Berlin.

1961 wurde die Linie zwischen Leopoldplatz und Spichernstraße eröffnet. Der Bahnhof Zoo erhielt dadurch einen neuen, tiefer gelegenen U-Bahnhof, der U-Bahnhof Kurfürstendamm entstand neu als Umsteigebahnhof. 1978 wurde eine U-Bahnverbindung vom Fehrbelliner Platz zum alten Charlottenburger Zentrum, dem Richard-Wagner-Platz, und 1980 die Verlängerung dieser Strecke bis Rohrdamm eröffnet, die später bis nach Spandau weitergeführt wurde.

Etwas völlig Neues für die Stadtplaner war der stetig wachsende Autoverkehr. Obwohl mit dem Kurfürstendamm, den Straßenzügen Hardenbergstraße/Otto Suhr-Allee/Spandauer Damm und Straße des 17. Juni/Bismarckstraße/Kaiserdamm/Heerstraße leistungsfähige Verkehrsstraßen zur Verfügung standen, suchte man nach zusätzlicher Entlastung. Deshalb begann man 1957 mit dem Ausbau der Lietzenburger Straße als Südtangente und gab 1960 den in West-Ost-Richtung verlaufenden Tunnel auf der Nordseite des Engpasses Breitscheidplatz für den Verkehr frei.

Wichtigstes Projekt im Hinblick auf den Kraftfahrzeugverkehr aber wurde die Autobahn, die die unzureichenden Nord-Süd-Verbindungen entlasten sollte. Von 1956 bis 1960 konnte, angelehnt an die Ringbahn, in einem ersten Bauabschnitt die Teilstrecke Mecklenburgische bis Halenseestraße fertiggestellt werden. Und von 1957 bis 1963/64 wurde die Stadtautobahn nach Norden bis zum Jakob-Kaiser-Platz verlängert, wobei die Ring-, Stadt- und Fernbahnanlagen am Rand des Schloßgartens und auch die Spree durch die Rudolf-Wissell-Brücke überquert wurden. Die einst für den Automobil-Rennsport gebaute Avus wurde an die Stadtautobahn am Autobahndreieck Funkturm angeschlossen, nachdem zuvor die Nord-Steilkurve abgetragen worden war.

Charlottenburger Museen

Wie in London, Paris, St. Petersburg und anderen großen Städten befinden sich auch in Berlin viele weltberühmte Museen. Allerdings lagen sie früher allein in der alten Innenstadt, auf der Museumsinsel und Umgebung. Nach dem I. Weltkrieg kamen die Dahlemer Museen hinzu, nach dem II. Weltkrieg sind in West-Berlin weitere Museen und Museumsbauten hinzugekommen.

Der Grund dafür: Im II. Weltkrieg wurden die wichtigsten Schätze der Berliner Museen fortgebracht und an verschiedenen Orten ganz Deutschlands gelagert, um sie vor den Bomben zu schützen. (Trotzdem ging vieles für immer verloren.) Nach dem Krieg bemühte man sich darum, alle geretteten Kunstschätze wieder nach Berlin zu bringen. Inzwischen aber war die Stadt in West und Ost geteilt. Wohin also mit den Kostbarkeiten? Man faßte folgenden Entschluß: Alles, was in der DDR aufgefunden wurde, kam in die Museen in Berlin (Ost), und alles, was in der Bundesrepublik Deutschland und West-Berlin wiederauftauchte, kam nach Berlin (West). Auf diese Weise gelangte nicht jedes Stück wieder an seinen alten Platz, und in West-Berlin mußten eigene Museen geschaffen werden.

Das Ägyptische Museum in der Schloßstraße, Ecke Spandauer Damm, ist eines dieser neugegründeten Museen. Es ist untergebracht in einem der beiden von Säulen getragenen Kuppelgebäude direkt gegenüber dem Schloß, die Friedrich Wilhelm IV. zwischen 1851 von dem Architekten August Stüler als Kasernen für das Regiment Garde du Corps erbauen ließ. 7000 Jahre alte Kunstwerke aus dem alten Ägypten kann man dort bewundern, darunter die 3.300 Jahre alte Büste der ägyptischen Königin Nofretete, die berühmteste »Berlinerin«, wie viele meinen. In dem Gebäude gegenüber, auf der Westseite der Schloßstraße, befindet sich das Antikenmuseum, nicht so berühmt wie das Ägyptische, aber auch sehr ansehenswert. Zu den Museen alter Kunstschätze traten solche mit Werken unseres Jahrhunderts wie das Bröhan Museum für Art Deko und Kunst der Zwanziger Jahre in der Schloßstraße 2 oder das Heimat-Museum Charlottenburg auf der gegenüberliegenden Seite.

Und noch ein fünftes Museum befindet sich im Bereich des Schlosses Charlottenburg: das Museum für Vor- und Frühgeschichte, das im ehemaligen Schloßtheater seinen Platz gefunden hat.

Schon Sophie Charlotte ließ sich einst im Schloßgarten ein kleines Opernhaus errichten. Aufführungen für die Hofgesellschaft fanden damals hier statt. Nach ihrem Tode verfiel das Gebäude allmählich, bis es so baufällig geworden war, daß Friedrich Wilhelm I. es zum Abriß freigab. Da weder er noch sein Sohn Friedrich II. sich längere Zeit in Charlottenburg aufhielten, war das Schloßtheater überflüssig geworden.

Friedrich Wilhelm II. vermißte das Theater. So beauftragte er den Architekten Langhans, ein neues Theatergebäude zu entwerfen, das zwischen 1788 und 1791 an der Westseite des Schlosses erbaut wurde. Darin konnten nun wieder Opern und Theaterstücke vor der Hofgesellschaft aufgeführt werden. Für die Öffentlichkeit war es nach wie vor nicht bestimmt.

1902 baute man dieses Theater zu einem Möbelspeicher um; Möbel, die man im Schloß nicht mehr benutzen konnte oder wollte, wurden darin aufbewahrt. Im II. Weltkrieg wurde das Schloßtheater dann schwer beschädigt, aber nach alten Fotos und Zeichnungen konnte es 1957 in seiner äußeren Form wiederhergestellt werden. Seit 1960 ist es Museum.

Die Gegenstände, die im Museum für Vor- und Frühgeschichte ausgestellt werden – Werkzeuge, Waffen, Gefäße, Knochenreste usw. – stammen alle aus der Stein- oder Bronzezeit. Sie geben uns ein Bild vom Leben der Menschen Europas vor Tausenden von Jahren und vermitteln uns die Erkenntnis, daß auch nach uns die Geschichte weitergehen wird; daß wir also nur zu Besuch sind auf unserer Erde und nachkommende Generationen unsere Zeit genauso kritisch und neugierig untersuchen werden, wie wir die unserer Vorgänger.

Wo steckt der Große Kurfürst?

Auch das Charlottenburger Schloß war bei den Luftangriffen im November 1943 schwer beschädigt worden. Der von Nering errichtete Mittelbau und der größte Teil des Knobelsdorff-Flügels brannten sogar völlig aus. Sollte man das alles wieder aufbauen, fragten sich die Menschen, waren Wohnungen nicht wichtiger?

So mancher Experte hielt einen Wiederaufbau für sinnlos und zum gegebenen Zeitpunkt auch nicht für ratsam. Glücklicherweise wurden diese Experten überstimmt, und so begannen schon im Sommer 1946 die Instandsetzungsarbeiten. Im Jahr darauf fanden bereits die ersten Ausstellungen statt, und fortan war das Charlottenburger Schloß wieder einer der vielen kulturellen Mittelpunkte Charlottenburgs und ganz Berlins.

Eine interessante Geschichte gibt es vom Großen Kurfürsten zu erzählen, der vor dem Schloß in Richtung Schloßstraße reitet. Wer das Reiterdenkmal dort stehen sieht, könnte denken, der Große Kurfürst hätte schon immer dort gestanden. In Wahrheit hatte dieses Reiterdenkmal seinen Stammplatz vor dem einstigen Berliner Stadtschloß.

In Auftrag gegeben hatte dieses Denkmal Friedrich I. Er wollte seinen Vater damit ehren. Geschaffen aber hat es der berühmte Bildhauer Andreas Schlüter, nach dem später die Charlottenburger Schlüterstraße benannt wurde.

Der Guß des Denkmals fand im Jahre 1700 statt. Friedrich I. und seine Sophie Charlotte sahen dabei zu und gaben der Sache mit ihrer Anwesenheit einen würdigen Rahmen. Anschließend an den Guß stiegen sechs Gießgesellen durch eine auf dem Rücken offengelassene Stelle in den Leib des Pferdes, um sich dort an einem Gläschen Wein zu erfrischen und auf das gelungene Werk und das Wohl des Königspaares anzustoßen. Das war so üblich damals. Der Guß eines Denkmals war eine feierliche Angelegenheit, ähnlich einer Schiffstaufe. Deshalb gehörte auch ein bißchen Feuerwerksknallerei dazu. Und alles fand das Wohlwollen von Friedrich I. und seiner Charlotte, wie berichtet wird.

Später entstanden dann noch die vier Sklaven, die den Sockel des Denkmals umgeben, und so galt das Reiterdenkmal vor dem Berliner Schloß zweieinhalb Jahrhunderte lang als Zierde der Stadt, bis es im II. Weltkrieg luftschutzsicher verpackt und weggebracht wurde, damit es nicht etwa durch Bomben zerstört werden konnte.

Und dann war es weg, das wertvollste Barockreiterdenkmal Deutschlands, richtig weg! Denn als der Krieg vorüber war, wußte niemand mehr, wo es hingebracht worden war. Bis der Große Kurfürst eines Tages wiederentdeckt wurde – in einem gesunkenen Lastkahn stehend, Pferd und Reiter über dem Wasserspiegel, als ob der Große Kurfürst durch den Tegeler Hafen ritt.

Folgendes war geschehen: Das Denkmal war auf ein Schiff verladen worden und hatte die gesamten Kriegsjahre auf einsamen märkischen Gewässern verbracht. Dann war das Schiff unter seiner sieben Tonnen schweren Last schadhaft geworden und hatte gerade noch den Tegeler Hafen erreicht, bevor es völlig unterging. Und da lag es nun auf Grund, und der Große Kurfürst mußte im Wasser bleiben, weil es lange an einem geeigneten Hebekran fehlte.

Schließlich aber ist der Große Kurfürst doch noch aus seiner feuchten Umgebung befreit worden. Ein zweites Schiff, mit einem Hebekran, fuhr an das gesunkene Schiff heran, hob zuerst nur Reiter mit Pferd heraus und lud ihn auf ein drittes Schiff, das sich für den Transport schwerer Lasten besonders gut eignete. Danach wurden dann die Sklavenfiguren gehoben, die unter dem Wasserspiegel gestanden hatten und dick mit Schlamm bedeckt waren. Tausende kleine Muscheln hatten sich auf ihnen angesiedelt. Andreas Schlüter aber hatte sein Reiterstandbild in Bronze gegossen, die ist wetterfest, und so konnte das Kunstwerk in einer Wilmersdorfer Gießerei wieder aufgefrischt werden.

Doch wo sollte es nun hin? Das Berliner Stadtschloß lag im Ostsektor der Stadt, und zwischen Ost- und West-Berlin gab es nach dem II. Weltkrieg vierzig Jahre lang nicht gerade freundliche Beziehungen. Also stellte man den Großen Kurfürsten vor das Charlottenburger Schloß. Und da sollte er auch stehenbleiben. Das zerstörte Berliner Stadtschloß ist ja nach dem II. Weltkrieg nicht wieder aufgebaut, sondern abgerissen worden. Und vor dem Gebäude, das jetzt dort steht, wo sich einst das Schloß befand, dem »Palast der Republik«, würde sich ein barockes Reiterdenkmal sehr merkwürdig ausnehmen.

Die Studentenstadt

Charlottenburg ist aber nicht nur der Stadtbezirk der Museen und Denkmäler, sonder auch ein Stadtbezirk der Studenten.

Früher gab es in Berlin nur eine Universität; die Humboldt-Universität Unter den Linden. Dort wurden Ärzte, Juristen und Pädagogen ausgebildet. Mit der Entwicklung des Industriezeitalters jedoch wurde es notwendig, auch Studienmöglichkeiten für technische Berufe zu schaffen. Da es in Berlin seit 1799 bereits eine Bauakademie gab, die Architekten ausbildete, und seit 1821 eine Technische Schule – von 1866 an Gewerbe-Akademie –, entschloß man sich 1879, beide Akademien zu einer Technischen Hochschule zu vereinigen. Für diese neue Hochschule wurde ein Gelände gesucht und in Charlottenburg gefunden, und zwar im westlichen Teil des Tiergartens, unweit des heutigen Ernst-Reuter-Platzes.

Anfang November 1884 wurde die neue Hochschule im Beisein des Kaiserpaares feierlich eingeweiht. Es war ein prunkvoller Bau geworden, dessen Errichtung die stolze Summe von 8.261.578 Mark gekostet hatte. Doch dieses Geld war nicht umsonst ausgegeben worden, denn die Technische Hochschule genoß bald einen guten Ruf weit über die Grenzen Deutschlands hinaus. Junge Menschen aus vielen Ländern studierten hier, und bis 1931 wurden der Technischen Hochschule immer weitere Institute hinzugefügt, die umfangreiche Erweiterungsbauten erforderten.

Leider überstanden auch die Gebäude der Technischen Hochschule die schweren Bombenangriffe vom 22./23. November 1943 nicht unbeschadet, und Plünderungen und Demontagen nach dem Ende des Krieges schädigten sie noch zusätzlich. Trotzdem wurde schon am 9. April

1946 der Lehrbetrieb wieder aufgenommen; eintausendfünfhundert Studenten zogen in die verschiedenen Fakultäten ein.

Am 2. Februar 1950 kam dann auf Drängen der britischen Besatzungsmacht, die nicht die alte Hochschule, sondern eine Institution neuer Prägung eröffnen wollte, noch eine Humanistische Fakultät hinzu, und aus der TH wurde eine TU – eine Technische Universität. Im gleichen Jahr wurde auch intensiv damit begonnen, die Kriegsschäden zu beseitigen, vorhandene Gebäude zu erweitern und notwendige neue Gebäude zu errichten. Und die rapide Entwicklung der Technik sorgte dafür, daß diese Bautätigkeit nie lange zum Stillstand kam. Immer wieder kamen neue Institute hinzu, und so dehnte sich die TU ständig weiter nach Norden aus, hinein in das alte Charlottenburger Industriegebiet zwischen Spree und Landwehrkanal. 1991 zählte die TU fast 38.000 Studenten. Der gute Ruf der TU in aller Welt ist längst wieder unbestritten.

1975 wurde dann noch eine weitere Charlottenburger Hochschule gegründet – die Hochschule der Künste in der Hardenbergstraße. Es gab auch vorher schon Hochschulen für künstlerisch begabte Menschen in Berlin, aber die arbeiteten getrennt voneinander – eine war die Staatliche Hochschule für Musik, die andere die Staatliche Hochschule für bildende Künste.

Die Hochschule für bildende Künste hat eine sehr lange Tradition. König Friedrich I. und seine Sophie Charlotte waren es, die sie ins Leben riefen. Dieses Königspaar war ja schon immer sehr an Kunst und Wissenschaft interessiert, und damals gab es in ganz Europa nur zwei Akademien der Künste – davon keine in Deutschland. Friedrich I. und Sophie Charlotte aber wünschten, daß eine Akademie entstand, die vor allem Künstler aus dem eigenen Land ausbildete, und förderten die Gründung einer solchen Akademie in Berlin. 1696 wurde sie eingeweiht, und von 1702 bis 1704 war der berühmte Andreas Schlüter Direktor dieser Akademie.

Die erste deutsche Akademie der Künste hatte aber noch eine andere Aufgabe zu erfüllen: Sie sollte den Staat in Fragen der Kunst beraten. Das klingt einfach und selbstverständlich, ist es aber nicht. Viele Monarchen hielten sich selbst für die größten Kunstkenner; wer sie »beraten« wollte, fiel leicht in Ungnade.

Aus der Akademie der Künste wurde später die Hochschule für bildende Künste. Noch später, 1869, kam eine »Hochschule für ausübende Tonkunst« hinzu, also eine Hochschule für Musik.

Beide Hochschulen waren im alten Berlin ansässig, bis zwischen 1898 und 1902 in der Hardenbergstraße neue Gebäude errichtet wurden (denen später noch Erweiterungsbauten folgten), die beide Hochschulen in sich aufnahmen. Trotzdem blieb jede Hochschule eine selbständige Einrichtung.

Im II. Weltkrieg wurden einige dieser Gebäude so schwer beschädigt, daß ein Wiederaufbau nicht in Frage kam. Neubauten mußten errichtet werden, um die noch vorhandenen Gebäude zu ergänzen. 1975 wurden beide Hochschulen zusammengeschlossen.

Der Kalte Krieg – und sein Ende

Charlottenburgs heutiges Aus- und Ansehen hat viel mit der Entwicklung Berlins in der Nachkriegszeit zu tun. Jene Zeit aber war bestimmt vom Kalten Krieg zwischen Ost und West. Obwohl es auch in den siebziger Jahren unseres Jahrhunderts Phasen leichter Entspannung gab, setzte eine wirklich tiefgreifende Entspannung erst zum Ende des Jahres 1989 ein. Davor gab es immer wieder Krisensituationen zu bestehen, und oft stand dabei die Stadt Berlin im Brennpunkt des Geschehens.

Den ersten größeren Berliner Konflikt gab es schon kurz nach dem Krieg. Es ging um das »Haus des Rundfunks« in der Masurenallee. Das nur geringfügig beschädigte Gebäude wurde am 2. Mai 1945 von sowjetischen Soldaten besetzt und bereits am 13. Mai wieder in Betrieb genommen. Der Berliner Rundfunk strahlte von dort sein Programm aus – allerdings unter der Kontrolle sowjetischer Offiziere, weshalb es schon bald zu Differenzen mit der britischen Besatzungsmacht kam, die mit der Personalpolitik und auch dem Programm des Senders nicht einverstanden war.

Am 24. Juni 1948 kam es dann zur Blockade West-Berlins. Das bedeutete, daß alle Land-, Wasser- und Schienenwege von und nach West-Berlin für den Güter- und Personenverkehr gesperrt wurden. Mit diesem »Aushungerungsversuch« wollte die Sowjetunion die Einbeziehung West-Berlins in das westliche Wirtschaftsnetz verhindern – und damit auch die politische Anbindung West-Berlins an die drei Westzonen der späteren Bundesrepublik. Der Versuch schlug fehl, über die sogenannte Luftbrücke wurde die Bevölkerung West-Berlins bis zum 12. Mai 1949 –

also knapp elf Monate lang! – mit allem Notwendigen versorgt. Rund 200.000 Einsätze flogen die britischen und amerikanischen Piloten mit ihren »Rosinenbombern«, 950.000 Tonnen Kohle und 438.000 Tonnen Lebensmittel brachten sie in die Stadt. Siebzig Angehörige der alliierten Luftstreitkräfte und acht deutsche Hilfskräfte verunglückten bei diesen Hilfsmaßnahmen tödlich: Das Luftbrückendenkmal vor dem Flughafen Tempelhof erinnert an sie.

Dieser Erpressungsversuch durch die Sowjetunion verschärfte die Auseinandersetzung um das »Haus des Rundfunks« noch. Die britische Militärregierung verlangte die Hoheitsrechte über das Funkhaus – schließlich lag es im britischen Sektor – , die sowjetische Militärregierung lehnte eine Übergabe ab. Als Antwort darauf verbot die britische Militärregierung alle Lautsprecherübertragungen von Rundfunksendungen auf den in ihrem Bezirk gelegenen Bahnhöfen. Keine sehr einschneidende Maßnahme, aber schließlich konnte man wegen eines Funkhauses keinen III. Weltkrieg beginnen.

Erst 1950 begann die Sowjetunion mit der Räumung des Funkhauses in der Masurenallee, indem sie nach und nach alle technischen Anlagen demontierte und nach Ost-Berlin brachte. 1952 schließlich stellte das Funkhaus seinen Sendebetrieb ein, nur ein sowjetisches Wachkommando blieb zurück und bewachte vier Jahre das nun leerstehende Gebäude. 1956 wurde das inzwischen sehr heruntergekommene »Haus des Rundfunks« dem West-Berliner Senat übergeben, 1957 erhielt es der SFB zur Nutzung, 1965 wurde es ihm übereignet.

Die Blockade West-Berlins besiegelte auch die Teilung der Stadt. Zunächst verließen die Vertreter der Sowjetunion nach dem Kontrollrat auch die Alliierte Kommandantur, dann, am 6. September 1948, besetzten Demonstranten das in Ost-Berlin gelegene Stadthaus und hinderten die Berliner Stadtverordnetenversammlung an der Fortsetzung ihrer Sitzung. Daraufhin wichen die nichtkommunistischen Abgeordneten in den Westteil der Stadt aus. Erst tagten sie in der Technischen Universität in Charlottenburg, dann im Rathaus Schöneberg, das später Sitz des West-Berliner Regierenden Bürgermeisters wurde.

Am 30. November 1948 wurde im sowjetischen Sektor von Berlin Friedrich Ebert (der Sohn des ehemaligen Reichskanzlers gleichen Namens) zum ersten Oberbürgermeister Ost-Berlins gewählt und danach damit begonnen, eine eigene Stadtverwaltung aufzubauen. Die am 5. Dezember 1948 fällige Neuwahl des Berliner Parlaments konnte deshalb nur noch in den drei Westsektoren stattfinden. Ein halbes Jahr später, am

24. Mai 1949, trat das Grundgesetz für die Bundesrepublik Deutschland in Kraft, am 7. Oktober 1949 verkündete die DDR ihre Verfassung. Das Grundgesetz der Bundesrepublik Deutschland benannte »Groß-Berlin« als Land der Bundesrepublik, die Deutsche Demokratische Republik beanspruchte Berlin als Hauptstadt der DDR. In der Folge wurden die drei Westsektoren der Stadt in das westliche System der Bundesrepublik eingegliedert (obwohl West-Berlin kein vollberechtigtes Bundesland war), Ost-Berlin wurde Regierungssitz der DDR.

Eine neue Krise um Berlin gab es um den 16./17. Juni 1953. Anlaß dafür war die schlechte Versorgungssituation in der DDR. Die Regierung der DDR reagierte auf diese Notlage, die sie selbst verschuldet hatte, mit der Parole *Erst mehr arbeiten, dann besser leben* und erhöhte per Gesetz die Arbeitsnormen, um die Produktivität zu steigern. Die Ost-Berliner Bauarbeiter waren damit nicht einverstanden. Sie streikten und protestierten dagegen, daß sie für die verfehlte Politik ihrer Regierung die Köpfe hinhalten sollten. Schließlich aber verlangten sie mehr als nur die Rücknahme der Normenerhöhung; sie forderten auch die Freilassung der politischen Gefangenen und freie Wahlen. Arbeiter in fast allen größeren und kleineren Städten der DDR schlossen sich an, besetzten die Betriebe und stürmten die Gefängnisse. Der Streik wurde zum spontanen Aufstand, war deshalb nicht organisiert und mußte scheitern. Er mußte aber auch aus einem anderen Grund scheitern: Mit der Forderung nach freien Wahlen rüttelten die streikenden Arbeiter, ohne es direkt zu wollen, am Status quo in Europa und forderten so auch die Sowjetunion heraus. Die Sowjetunion, die sich anfangs abwartend verhalten hatte, weil sie längt wußte, daß Staatsführung und Volk der DDR nicht viel miteinander gemein hatten, sah sich gezwungen einzugreifen und walzte mit ihren Panzern den Aufstand nieder.

267 Arbeiter, 116 Volkspolizisten und Funktionäre sowie 18 sowjetische Soldaten sollen während dieses Aufstandes getötet, 1.017 Arbeiter verletzt, 1.500 Menschen zu hohen Zuchthausstrafen verurteilt und bis zu 100 Personen standrechtlich erschossen worden sein. Bestätigt worden sind diese Zahlen von der DDR-Regierung allerdings nie.

Natürlich ging der 17. Juni 1953 auch an den West-Berlinern nicht spurlos vorüber. Manche mischten sich wohl auch ein in die Kämpfe; die Behauptung der DDR-Führung jedoch, der ganze Konflikt sei von West-Berlin aus angezettelt worden, war eine Lüge. Daß vielen unter den DDR-Maßnahmen ja ebenfalls leidenden West- Berlinern ein Sturz der DDR-Regierung schon damals sehr gelegen gekommen wäre, ändert daran nichts.

Eine Folge der Niederschlagung dieses Aufstands war die Fluchtbewegung, die nun in der DDR einsetzte. Bereits von 1949 bis Ende 1952 waren 675.000 Personen aus der DDR geflüchtet, allein 1953 kamen 330.000 hinzu; bis zum 13. August 1961, dem Tag, an dem in Berlin alle Grenzübergänge gesperrt wurden, wurden es drei Millionen.

Doch es kamen nicht nur Flüchtlinge über die bis zum 13. August 1961 offene Grenze zwischen den beiden Berlins, auch sogenannte Grenzgänger passierten sie täglich: z. B. Menschen, die in Ost-Berlin lebten und in West-Berlin arbeiteten oder solche, die Verwandte und Freunde besuchten, Kinobesucher, Einkäufer von Waren, die es in Ost-Berlin nicht gab. Aber aber auch viele West-Berliner nutzten die offene Grenze, um in Ost-Berlin günstig einzukaufen (soweit das möglich war). Dafür schleppten andere westliche Qualitätswaren zu ihrer Verwandtschaft in Ost-Berlin.

Die Sowjetunion, im Bündnis mit der DDR-Regierung, versuchte schon 1958, dieses Loch zwischen den beiden Systemen zu stopfen. Binnen sechs Monaten, so verlangten sie, sollten die Westmächte ihre Truppen aus Berlin abziehen und West-Berlin eine selbständige politische Einheit werden. Die Schutzmächte wiesen dieses Ultimatum zurück, die Zeit verstrich – und es geschah nichts, abgesehen davon, daß die DDR versuchte, den Flüchtlingsstrom durch verstärkte Grenzkontrollen und strengste Bestrafung von »Republikflüchtigen« einzudämmen. Das gelang auch für kurze Zeit, endete aber damit, daß bald noch mehr Menschen die DDR verließen. Im Juli 1961 waren es 30.000 Menschen, Anfang August 1961 fast jeden Tag zweitausend. Am 13. August 1961 schließlich war es dann soweit: An den Verbindungsstraßen zwischen Ost- und West-Berlin wurde das Pflaster aufgerissen und Stacheldraht gezogen. Wenige Tage später begann der Bau der Mauer.

Von nun an war jeder Versuch, ohne Erlaubnis der DDR-Behörden die Grenze zu passieren, lebensgefährlich. Diese Erlaubnis aber erhielten in den ersten beiden Jahren nach dem Bau der Mauer weder Ost- noch West-Berliner. Erst zu Weihnachten 1963 wurde in langen, zähen Verhandlungen zwischen Vertretern beider Stadtteile das erste Passierscheinabkommen erreicht – allerdings nur für West-Berliner. Zwischen dem 19. Dezember 1963 und dem 5. Januar 1964 durften sie ihre Verwandten im Ostteil der Stadt besuchen.

Viele Menschen in der DDR wollten unter diesen Bedingungen nicht bleiben und versuchten, trotz aller Gefahren zu flüchten. Einige hatten Glück und gelangten unversehrt oder verletzt über die Grenze, andere ließen an der Mauer ihr Leben; Tausende wurden verhaftet und kamen in die DDR-Gefängnisse.

Der Stadtbezirk Charlottenburg, längst West-Berliner City geworden, wuchs fortan noch mehr in diese Rolle hinein. Viele Einrichtungen, die zentrale Funktionen für West-Berlin hatten, entstanden hier; egal, ob in den Bereichen Kultur, Wissenschaft, Wirtschaft, Verkehr oder Sport.

Am 9. November 1989 schließlich mußte die DDR – nach über achtundzwanzig Jahren gewaltsamer Trennung – die Grenzen wieder öffnen. Überall in Berlin gab es Jubelszenen und Freudenfeste, der Kurfürstendamm wurde zu einem einzigen Festplatz.

Die DDR-Regierung hatte zu dieser Maßnahme greifen müssen, nachdem sie durch erneute starke Fluchtbewegungen in die bundesdeutschen Botschaften in Prag, Warschau und Budapest und die immer umfangreicher werdende Protestbewegung zwischen Rügen und Sachsen keine andere Möglichkeit mehr sah, der Unruhe in der DDR-Bevölkerung zu begegnen. Sowjetische Panzer, das wußten die Menschen in der DDR, würden diesmal nicht kommen, um die Protestbewegung niederzuwalzen. Die Politik der Sowjetunion hatte sich in der zweiten Hälfte der Achtziger zu wandeln begonnen.

So wie die beiden »Deutschlands« wird nun auch Berlin wieder zusammenwachsen – und Charlottenburg seine Rolle als »City« verlieren? Nein! Nicht nur die Stadt Berlin wird in den nächsten Jahren sehr viel größer werden, auch die City der Stadt wird wachsen. Vom Alexanderplatz bis zum Theodor-Heuss-Platz wird sie reichen, rund um den Tiergarten herum wird sie liegen. So wäre es ja auch gekommen, wenn es keinen II. Weltkrieg und keine Teilung der Stadt gegeben hätte. Ob uns das gefällt oder nicht, die Geschichte bleibt nicht stehen – und Großstädte werden nun mal nicht kleiner.

Anhang

Quellenmaterial bzw. übernommene oder überarbeitete Textpassagen aus:

Edmund Fischer/Walter Eckler/Gisela Scholtze
Erzählungen aus der Geschichte Charlottenburgs
Colloquium Verlag, Berlin 1987
Dieter Schütte
Charlottenburg
Colloquium Verlag, Berlin 1988
Schon damals fingen viele an zu schweigen
Quellensammlung zur Geschichte Charlottenburgs von 1933-1945, Hrsg. Bezirksverordnetenversammlung von Charlottenburg
Adolf Streckfuß
500 Jahre Berliner Geschichte
Goldschmidt Verlag, Berlin 1900
Heinz Frick
Mein Gloria-Palast
Universitas-Verlag, München 1986
Wolfgang Ribbe/Jürgen Schmädeke
Kleine Berlin-Geschichte
Landeszentrale für politische Bildungsarbeit,
Berlin, Stapp Verlag, 1988
CheSchahShit – Die sechziger Jahre zwischen Cocktail und Molotow
Elefantenpress, Berlin 1984
Klaus Kordon
Diktatur. Wie war es, als ... Was wäre wenn ...
Otto Maier Verlag, Ravensburg 1983
Klaus Kordon
Wir haben halt einfach zugepackt.
Mit Volldampf ins Wirtschaftwunder
Otto Maier Verlag, Ravensburg 1983